コーチングの哲学

スポーツと美徳

佐良土茂樹

青土社

コーチングの哲学　目次

コーチングの哲学　スポーツと美徳

序章　美徳なきコーチングの時代

私たちの出発点

　今、スポーツ界のコーチングを一言で言い表すとすれば、「美徳なきコーチングの時代」[1]だと私は言いたい。もちろんこれは、「美徳が皆無なコーチングの時代」ということではない。日本にも世界にも美徳を備えた優れたコーチたちが、素晴らしいコーチングを行っている事実もある。しかし、全体として見れば、この「美徳なき」という表現がもっともふさわしいように思われる。そして、この「美徳なきコーチングの時代」には、おおよそ三つの含意がある。

　一つは、コーチたちのみならず、コーチを取り巻く多くの人々も同じような状態に陥っていると言えるだろうが、コーチの美徳よりも優先されているもの、求められているものがあるという現状である。この場合、美徳が無視されてしまっている。わかりやすいところで言えば、戦績や功績がコーチの評価の主な対象となっている点である。「優れたコーチとは誰か」という質問をすれば、多くの人が「勝っている」コーチの名前を挙げることだろう。例えば、オリンピックのメダリストを育てたコーチ、プロリーグで優勝したコーチ、甲子園で優勝した監督、インターハイで優勝したコーチなどである。確かに彼らは勝利を基準にした場合には優れたコーチであるかもしれない。しかし、ここで考えてもらいたいのは、優れたコーチをまさに優れたコーチたらしめている事柄とは一体何であるか、という点である。それは、勝利数であろうか。あるいは、優勝であろうか。そのように答える人がいれば、私はその人に向かってこう問うだろう。「コーチングしているアスリート[2]が良かったから、多くの試合もしくは大きな試合に勝利できたコーチをあなたは優れたコーチだと言うのですか」、と。ここでポイントになっているのは、大きな試合に勝ったことや類まれな勝利数を達成したことという結果は、必ずしもその人が「優れた」コーチであることを保証するわけではないということである。

　そこで、「コーチングの技能」と類比的に「料理の技術」の例を考えてもらいたい。よい食材が手に入れば、よほど料理が下手でない限り、ある程度は美味しい料理を作れるだろう。最高級のサーロインとステーキソースが手に入ったとすれば、少々の火炙りで最高のステーキができるだろう。また、最高級の魚が手に入れば、魚をさばく腕さえあれば、それを使って最高の刺し身ができるだろうし、最高級の野菜が手に入れば、最高のサラダを作ることができるだろう――ただし、人には好みがあるから刺し身やサラダ自体が好きではない人には最高の料理にならないが。もちろん、素材がよくても、火加減を間違えた、切る部分を間違えたなど、料理に失敗することは考えられるが、素材がよければ、それほど技術がなくてもよい結果が出る傾向にある。反対に、手頃な肉や魚しか手に入らないときは、それをうまく料理するために技術が必要になる。必ずしも「よい」とは言えないような素材であっても、技術があればそれを活かすことができるだろう。コーチングの技能もそれと類比的に考えることができるとすれば、コーチングの結果だけを見てそのコーチが優れているかどうかは判断できないはずである。つまり、「コーチとしての環境」と「コーチングそれ自体」は区別して考えなければならないのである。[3]このような事情がありながらも、多くのコーチたちは「勝利」という物差しのみによって測られてしまっているという現状がある。

さらに言えば、所属している組織が優れているから、そのおかげで優れたプレーヤーを獲得できるという場合もある。財力があるプロスポーツクラブや大規模な大学や高校、また資金がある組織や評判が良い組織などは、リクルートに関して圧倒的に有利な立場にある。読者の皆様の頭にもすぐに具体例が浮かぶに違いない。そうした組織に属しているコーチたちは、その時点ですでに優位に立っている。コーチ自身の手腕や美徳以外にも、プレーヤーを惹きつける要素に恵まれているのである。他方で、類まれな美徳や卓越性を身につけた者は組織を超える存在にもなり得る。コーチ以外の事例だが、例えば、スティーブ・ジョブズはアップルにいたから人々の注目を集めたというよりも、スティーブ・ジョブズのおかげで組織そのものも圧倒的に大きくなることができた。ジョブズは、比類なき経営者としての卓越性を持っていたのである。また、マイケル・ジョーダンもシカゴ・ブルズに属していたから名声を獲得したのではない。むしろ、マイケル・ジョーダンがいたからこそ、シカゴ・ブルズというチームは名声を獲得することができた。これはひとえにバスケットボールプレーヤーとして持ちうるさまざまな卓越性をジョーダンが兼ね備えていた結果だろう。さらに、コーチとしては、ジョン・ウッデンのような伝説的な大学バスケットボールコーチも、同じように組織を超える卓越した存在と言えるだろう。

「美徳なきコーチングの時代」の二つ目の含意は、美徳とは反対の「悪徳」がコーチングのさまざまな場面で幅を利かせているという現状である。もちろん、すべてのコーチが悪徳にまみれているわけではないが、一定数のコーチたちが悪徳に基づくコーチングを積極的に行っているという現状がある。悪徳は私たちの日常生活ではあまり使われない言葉であるかもしれない。例えば、「悪徳商法」やそれを行う「悪徳業者」などの用法で使われることがほとんどであるが、その場合「悪徳」は違法行為をしてでも儲けようとする性格特性や相手を騙しても意に介さない性格特性のことを指している。[4]それと同じように、違法な行為や禁止されている行為、また非倫理的なやり方など、いかなる手段を使ってでも勝とうとするコーチはある種の悪徳を持ったコーチと見なすことができるだろう。そうした極端な「勝利至上主義」は、たいてい、何らかの悪徳に基づいているのである。また、そうした悪徳に基づいて、体罰や暴言、ハラスメントなどを行うコーチもいる。そして、何より重要な点として、悪徳があるところに、美徳は生息することができない。悪徳を持っているコーチが美徳の芽を備えたアスリートを喰い物にすることもあるかもしれないし、美徳を身につけている他のコーチを抑え込んで、潰してしまうことさえもあるだろう。

さて、以上のような「美徳とそれ以外の価値あるものの対立」、「美徳と悪徳の対立」という軸の他に、三つ目を挙げるとすれば、「美徳そのものの価値が忘れられている」という点がある。この「美徳」は、スポーツ界では今や忘れさられた言葉であり、コーチたちの目的にはされていない現実がある。いわば美徳そのものの価値が認識されていないのである。

それに対して本書では、この「美徳」を発揮することを通じてこそ、コーチは初めて本当の意味で「善いコーチ」になることができ、そして「善く生きること」ができるようになると主張したい。これこそが、本書がさまざまな議論を通して最終的に主張したいことであり、それを示すことが本書の目的である。誤解を恐れず言えば、本書はコーチングを通じていかにして善く生きることが可能になるかを示したものである。その意味で本書は、コーチングの本とも言えるし、哲学の本とも言えるだろう。

これは言ってみれば、哲学や倫理学の議論に馴染みのある人たちにとって本書は、コーチングに対する理解を深めるために役立つということであり、反対に現場でコーチングを実践してきた人たちにとっては、哲学や倫理学に対する理解を深めるために利用できるということである（さらに、その両方にあまり馴染みのない人でも、その両方に対する入門にもなりうることを私としては願っている）。

美徳なきコーチングの時代を浮き彫りにする

それでは、「美徳なきコーチングの時代」を象徴する一つの資料を見てみよう。それは神奈川県バスケットボール協会が二〇一九年四月に発表した「体罰等不適切な指導に関するアンケート結果について」（以下「アンケート結果」と略記）という資料である。[5] この資料ではコーチによる体罰、暴言、ハラスメントについての実体験がまとめられており、コーチング現場の実情が見えてくる貴重な資料である。発表された当時、ツイッターなどで現役のコーチやプロアスリートなどが取り上げ、SNSのなかでは多くの人の目に触れる機会があった資料であるから、すでに目を通した読者の方もいるだろう。

これを見て「そんなのはバスケットボールだけで起こっていることだ」と口にする他競技のコーチもいるかもしれない。しかし、数こそ以前より減っているとはいえ、近年刊行された文献やメディアの報道を見る限り、いまだに体罰、暴言、ハラスメントは多くの競技で、さまざまなカテゴリーで起こっている。[6] また、国際的な人権団体が日本のスポーツ界の闇の部分をアスリートの声から取り上げて、国やスポーツ団体に対してさまざまな提言を行っている。[7] さらに、私自身の経験から言えば、大学の授業のなかで学生に「体罰を受けたことがあるか」と聞くと、一定数の学生が体罰を受けたことを口にするという避けられない現実もある。

さて、先に述べた「アンケート結果」の資料によれば、二〇一八年四月から、調査が実施された一二月~翌年三月までの間に「活動中、体罰はありましたか」という質問に対しては、六七六件の回答があり、そのうちの二〇・二%にあたる一三七人が「あった」と回答している。その内訳（複数選択可）は、「なぐる」が三三件、「ける」が三五件、「たたく（ビンタ）」が三八件、「髪の毛をつかむ」が二二件、「耳をつかむ」が二〇件、「物やボールをなげる」が七五件となっている。また、暴言については、同様の期間で、五七五件の回答があったうち、「（暴言を）吐かれた」が実に四九・三%の二八四件にのぼる。暴言としては「ばか」「死ね」「消えろ」といったものであり、二九一件のうち七一・一%の二〇七件が一〇回以上暴言を吐かれたと回答していることから、その暴言は常態化していることがうかがわれる。また、監督、コーチなど上下関係を利用してのいじめ、無視といったパワーハラスメントは六三一件の回答のうち、三四・七%にあたる二一九件が「（パワーハラスメントが）あった」と回答している。

また、二〇一九年度には、四七一件の回答があり、そのうち三〇が「体罰があった」としており、ここでも「ける」「たたく（ビンタ）」「なぐる」などがあったとされている。また、体罰がどれくらいあったかについては、一〇回以上という答えが一六件あり、未だに体罰が常態化している現場があることが示唆される。また、暴言については、四六一件の回答のうち一一〇件が「暴言を吐かれた」と答えている。

コーチの体罰やハラスメントの問題を扱うときによく引き合いに出されるのが、このような「××％のアスリートがこれまでに体罰やハラスメントを受けたことがある」という話であろう。確かに、このような統計的な数字は現状を明らかにするためには非常に重要である。しかし、個々のアスリートやその家族にとってより重要なのは、自分もしくは自分の家族が実際に体罰やハラスメントを受けているかどうかである。たとえ、統計的な調査で〇・〇〇一％というかなり少ない割合のコーチしか体罰を用いたコーチングをしていないという事実がわかったとしても、もし自分自身のコーチが体罰を行っていたら、そのような調査はアスリート自身の活動には大した影響を及ぼさないし、むしろ自分の不幸を際立たせる要素になってしまうのである。

このような事情を考えたときに、本書においていわゆる統計的な数字を示して、「多くのコーチが体罰を行っていますね。それをやめさせるためにはどうしたらいいでしょうか」ということを抽象的なレベルで語っても、どれほどの意味があるのか。統計から暴言、体罰、ハラスメントが多く発生していることがわかるが、私たちがここで注目したいのは、より具体的にスポーツの現場でどのような事態が起こっているかである。先の「アンケート結果」には「伝えたいこと抜粋」という項目があり、大部分が悲痛なる叫びともいえるような、プレーヤーや保護者の生の声で埋め尽くされている。そこにこそ、問題の根源が潜んでいるのではないか。

ミニバスケットボールのあるプレーヤーは「何をやってもコーチに怒鳴られる。練習に行ってもストレスでしかない」と訴え、またある保護者たちは「日常的に暴力暴言がありました」、「怒鳴って罵倒しまくれば子どもは言うことを聞く！という指導は大間違い」、「お昼中に外食に行き飲酒。その後、必要以上に普段より増して子供たちに絡んで怒ったり、女子に抱きつくなどのセクハラ」などと訴えている。

では、こうした美徳なきコーチングの背後にはどのような論理があるのだろうか。ここで、「美徳なきコーチングの時代」に跋扈《ばっこ》するコーチたちの類型を具体的に考えてみることにしたい。

感情過多のコーチ

テレビで放送されたスポーツのドキュメンタリーで指導者が少年少女のアスリートを怒鳴りつけている映像を観たことがある人は多いだろう。私自身の記憶を辿れば、小学校のドッジボールチームの練習や高校のバレーボールの練習で、極めて厳しい練習と共にコーチが罵声を浴びせている場面を鮮明に覚えている。また、最近は減ってきているが、いくつかの種目の日本代表のトップコーチたちが選手たちに汚い言葉で叱りつける映像を観た人たちもいるだろう。罵声を浴びせている当のコーチたちは「演技だ」と言うかもしれないが、明らかに激烈な感情が溢れ出てしまっているのは否めない。

気性が激しいということで私の頭にすぐに浮かぶのは、アメリカのインディアナ大学の男子バスケットボールチームを長年率いて、輝かしい成績を収めたボブ・ナイトである。[8] 試合中に審判の判定が気に入らず、相手がフリースローを打っているのに対してイスを投げ込んだり、練習中にプレーヤーを激しく怒鳴りつけたり、一九八四年のロサンゼルスオリンピックでアメリカ代表を率いたときにはプレーの出来がよくなかったマイケル・ジョーダンに対してロッカールームで怒鳴り散らしたり、激しい気性のエピソードには枚挙にいとまがない。

これに対して、「徳は中間にある」という中庸説がある。[9] これは古代ギリシアの哲学者アリストテレスが『ニコマコス倫理学』という著作のなかで唱えている学説である。高校で倫理の授業を受けたことがある人にとってはおなじみの説だろう。その中庸説によると、感情の過多は美徳とは一線を画している。つまり、人間が持ちうるさまざまな人柄の徳は、超過でも不足でもない、その中間にある。例えば、勇気という美徳の例を考えてみよう。勇気は恐れという感情に関わり、その恐れがあまりにも多すぎると人は臆病になってしまうが、逆に恐れがまったくなければ無謀になってしまう。臆病と無謀という悪徳のどちらにも陥ることなく、自らの置かれた状況と自分がやるべきことを踏まえたうえで、適切な恐れを持つことで、人は勇敢に行為することができるという。また、快さをあまりにも求めすぎると人は放埒《ほうらつ》になってしまうが、逆に快さをあまりにも求めすぎなければ人は無感覚になってしまう。その中間として、快さをしかるべき仕方で、しかるべき程度に享受することが節制ある人ということになる。では、怒りの感情についてはどうだろうか。例えば、この怒りの感情がさまざまな場面で適切であれば、しかるべきときに怒るということが可能になる。しかし、怒りという感情があまりにもなさすぎれば、どのような状況でもまったく怒らない人になってしまい、他方で怒りが多すぎれば、さまざまな仕方でその怒りを表現することになってしまう。怒りが少なすぎても、怒りが多すぎても悪徳に陥ってしまうのである。そのなかでも、怒りの超過に関わる者として「苛立ちやすい人」[10]は、すぐに怒り出し、本当は怒るべきではない相手や怒るべき以上に激しく怒るとされ、その短気さゆえに気持ちを露わにして報復行動に出ると考えられる。また、ささいなことにも、どんなときにも癇癪《かんしゃく》を爆発させるような、「極端な癇癪持ち」のような人も考えられる。[11]

このような怒りの感情をコーチングに持ち込む事例が考えられる。冒頭で触れた例はその典型例であり、他にも例えば、先の「アンケート結果」では、「コーチが感情的になりやすく暴言が酷い。子どもが指示通りに動かないと、「バカなの？　おまえら脳みそ空っぽなんじゃない」、時々死ねとも言われる事もあると子どもが話していた」、「ミニ〔バスケット〕のコーチはどのチームも威圧的で感情的でひどい」、「試合結果が気にいらなくて、四時間も走らせたこともあります」、「ヒステリックのため、みんなが顔色見て意見も言えず、部活どころじゃない」といった実例が挙げられているが、これは怒りの超過という悪徳を伴ったコーチングと言っていいだろう。

そうした悪徳を持った人の特徴は、自分のやっていることが悪いことだと思っていない点である。そのコーチは「自分を怒らせるようなことをしたのは相手だから、怒って当然だし、その感情に従うことは悪いことではない。それに人間なんだから自然に出てきた感情に従うのは普通だ」と言うだろう——尚、自分のやっていることが悪いと思って後ろめたさや後悔を感じている人は、この後で紹介することになる「抑制のない人」である。

そもそも怒りという感情が出てくるのは心のうちでどのような部分であろうか。この点についてアリストテレスは、『弁論術』という著作で「理性」や「欲望」に対して、「気概〔激情〕」という心の部分を挙げている。[12]それはいわば怒りの座であり、激情が湧き出てくる部分である。アリストテレスの師であった哲学者プラトンも『国家』という著作のなかで同じように魂を三部分に分けており、その気概をライオンや番犬に譬《たと》えている。[13]それは外敵に対して誇りを持って戦うものであり、気概は本来的に外からやってくる欲望を焚きつける快楽に対して戦うのである。他方で、気概は大きくなりすぎると理性とも戦ってしまうことがある。例えば、古代ギリシアの詩人ホメロスが歌うアキレウスの気概と理性の葛藤を見てみるとそれは明確に現れる。「アガメムノンがこういうと、ペレウスの子〔アキレウス〕は怒りがこみ上げ、毛深い胸のうちでは、心が二途に思い迷った。――鋭利の剣を腰より抜いて傍らの者たちを追い払い、アトレウスの子〔アガメムノン〕を討ち果たすか、あるいは怒りを鎮め、はやる心を制すべきかと」[14]と言われている。このなかでアキレウスは、気概を解き放って自らの誇りを護るために戦うか、理性的になって怒りを鎮めるべきかを考えるのである。この気概は自らの体面を保つことは言うにおよばず、何よりも勝つことにこだわる性質を持つ。人間には誰しも相手よりも抜きん出たいという気持ちが多かれ少なかれあるものだが、それはこの「気概」によるものである。

感情過多のコーチたちは、欲望よりも、むしろ気概に突き動かされている。しかも、この気概から出た怒りは何らかの快さを生じさせる可能性がある。つまり、怒りによって自分の気持ちが解放されることで快さがもたらされるのである。そうした快さを伴って突き動かされるゆえに、当人はそこにある種の正当性を感じてしまうのかもしれない。しかし、その怒りはしかるべき対象に、しかるべき理由で、しかるべき仕方で向けられたものであるのか。そうした適切ではない怒りに満ち溢れたコーチは美徳からは程遠い。そして、場合によっては、そうした過度の怒りによって体罰や暴言という不適切な手法を使ってしまうのである。

抑制のないコーチ

このように感情に駆られて劣悪なコーチングをしてしまう事例があるが、細かい部分に目を向けると、そこには一定の区別を見ることができる。つまり、感情過多で劣悪なコーチングが常態化しているコーチがいたとして、その悪徳を持ったコーチは自分自身の怒りの過多を何ら悪いものだと思っていないのに対して、行為としては同じような悪い行為をしてしまうが、完全に心から同意してそのような行為をしているわけではないコーチ、つまり心から悪徳に染まったわけではないコーチがいると考えられる。それは、頭では駄目だとわかっていながらも、感情や快楽のゆえに、ついつい劣悪な行為を行ってしまう人である。[15] いわば、怒りを抑制することができない人である。

それは、先の「アンケート結果」の資料でも言われているが、一〜二回のような少ない回数の体罰・暴言を行っているコーチのことであろう。そのコーチは、そうした感情過多による行為が常態化していないという意味で、端的に悪徳を持っているとは言えない。いわば怒りに対して抑制がないのである。それに対して、怒りの感情の過多が常態化しており、怒りに関わる悪徳を持っている人たちは、すでに述べた「苛立ちやすい人」や「極端な癇癪持ち」である。抑制の対象となるのは怒りだけではなく、快楽への欲求なども抑制の対象となる。その快楽の点で抑制のない人もいれば、快楽をためらうことなく無際限に追求するという悪徳を持った人もいて、それは「放埒な人」[16]と呼ばれる。

アリストテレスは、快楽に関して「抑制のない人」について鮮やかな分析を行っている。[17]快楽に関して「抑制のない人」は、頭では「健康でいるためには甘いものを食べすぎるべきではない」という原則をわかっていて、知識として持っていながらも、そのときの快さといった快楽に駆られて、ついつい甘いものを食べすぎてしまう。この場合、「抑制のなさ」は、「健康でいるためには甘いものを食べすぎるべきではない」という原則を、言葉としては理解できていても、その目の前にある甘いもののせいでその原則がうまく働かず、快楽を求める欲求のほうに従ってしまう傾向性を指す。こうした事態を専門用語を使って学術的に説明すれば、アリストテレスの「実践的推論」[18]では、その原則は大前提にあたり、「ここに甘いものがある」というのが小前提となるが、快楽への欲求のせいでその大前提がうまく機能せず、「甘いものは味わうべきである」という異なった大前提が一時的に作動してしまう。そこで、この人は、その大前提と小前提の組み合わせから、「甘いものを食べる」という抑制のない行為を実行してしまう。また、実際に甘いものを目の前にしたときに食べるかどうか迷うことがあるが、それは、その二つの大前提のどちらを取るかで葛藤が生じている状態である——尚、「健康でいるため」という目的の部分には、人によって「太らないため」とか「節約するため」とかさまざまな目的が入りうる。

節制ある人の実践的推論
大前提：健康でいるためには甘いものを食べすぎるべきではない
小前提：ここに甘いものがある
結論：食べない（行為）

抑制のない人の実践的推論
大前提：（健康でいるためには甘いものを食べすぎるべきではない↓）甘いものは味わうべきである
小前提：ここに甘いものがある
結論：食べる（行為）

（荻野（2003: 273）の図を参考に作成）

行為に際してそうした葛藤を抱えている場合、先ほど言及した「放埒」という悪徳を持っている人の行為とは大きく異なっている。というのも、その悪徳を持っている人は、「健康でいるためには甘いものを食べすぎるべきではない」という原則をそもそも全く持っておらず、代わりに「甘いものは何でも味わうべきである」という原則しか持ち合わせていないが、他方で抑制のない人は「健康でいるためには甘いものを食べすぎるべきではない」ということを基本的な信条として持ち合わせている。それでも、快楽への欲求ゆえにそれに従うことができないのである。アリストテレスは「放埒な人」

と「抑制のない人」の対比を次のように述べている。「抑制のない人は、決すべきすべての議案を決議し、すぐれた法律も整備しておきながら、それを全然活用しないような国に似ている。（…）これに対して〔放埒などの悪徳を持った〕劣悪な人は、法を活用するが、その法そのものが劣悪な国に似ている」[19]。セクシャルハラスメントを行うコーチについては、この快楽への欲求に駆られる「放埒な人」と「抑制のない人」から、その実態を明かすことができるだろう。

アリストテレスが主に論じているのはそのような快楽を対象とした「抑制のない人」であるが、そのなかでは、同じような種類の人として怒りという感情を抑えられない人、怒りに関して「抑制のない人」にも言及している。[20]快楽も怒りも身体の状態を一変させてしまうような情念だからである。私たちの主題であるコーチングの場合、怒りという感情に駆られてついつい手を出してしまうコーチの例が考えられる。コーチングをするなかで、「誤ったプレーやミスをするプレーヤーに対しては、言葉を使って丁寧に指導すべきである」という原則を通常は持ち合わせていながらも、極度の怒りに駆られて、一時的にそのような原則に反して、思わず手を出してしまうという事例が考えられる。あるいは、駄目だとわかっていながらも、葛藤して手を出してしまうという事例も考えられる。もちろんこのようなコーチングは許されるものではない。しかし、悪徳に基づく行為と比べればまだマシとも言える。まず、悪徳を持つコーチは自分の信条に逆らわずに行為しているので何も後悔が起こらないし、むしろ自分のしている行為は正しいとすら思っているが、抑制のないコーチは自らの信条に反した行動をしているので感情から解放されると後から後悔の念や羞恥心が生じてくる。このような後悔や羞恥心が次の行為を改める布石となり得るのである。それゆえ、アリストテレスは、悪徳を持っている人は何か慢性的な病にかかった人であり、抑制のない人は急性の病に一時的にかかった人のようだと指摘している。[21]「抑制のないコーチ」は感情のせいで——感情に支配されて——正しい分別に反して自分を忘れてしまうが、その感情は怒りや快楽を無制限に追求させるほど何か支配的なものではなく、一時的なものであり、その意味で回数も少なくなる。もちろん、行為が一時的であったり、回数が少なかったりということで許容されるわけではなく、行為そのものは非難されるべきものである。しかし、その行為が悪いものだと認識している限り、そこにはまだ改善の余地が残されていると言える。むしろ、私たちの経験からすれば、人間はそのような失敗を繰り返して、段々と怒りの感情を制御《コントロール》できるようになったり、快楽ともうまく付き合っていけるようになったりするものである。さらに徳を身につければ、そもそものような怒りや快楽への欲求も起こらなくなるだろう。その意味で、「抑制のない人」から、葛藤の後に忍耐することができる「抑制のある人」、さらには理性と感情の方向性が一致している「徳を持っている人」への成長や向上ということも十分に考えられるのである(これに対して、感情過多が常態化している悪徳にまみれたコーチの徳への道のりは、不可能ではないが、極めて険しいものと言わざるを得ない)。

快楽と怒りに関わるさまざまな類型

・節制がある人	・穏和な人
・抑制のある人	・怒りに関して抑制のある人
・抑制のない人	・怒りに関して抑制のない人
・放埓な人	・苛立ちやすい人、極端な癇癪持ち

では、どのようなコーチがそのような抑制のなさに陥っているのだろうか。単純に生まれ持った性格の問題もあるだろうが、それだけではなく、日々のストレスが積み重なって爆発してしまうこともあるかもしれない。また、プライベートがうまくいっていない場合や、学校の業務が多すぎる場合、さらにはプレーヤーとの人間関係が築けないなどの場合も考えられる。それ以外には、勝利に対する圧力がプレッシャーとなって爆発してしまうことも考えられる。野球関連の体罰に対して反対論を展開する元永知宏は、『殴られて野球はうまくなる!?』のなかで、高校野球の状況について、負けたら終わりのトーナメントで勝たなければならない状況に追い込まれ、極度のストレスから暴力的な指導をしてしまうコーチがいる可能性を指摘している。つまり「監督のストレスが暴力的な指導となって選手に向かい、爆発することもきっとあるだろう」[22]というのである。だからといって、そうした行為が許されるわけではないのは言うまでもない。そこには、「徳への学び」が必要になるのである。

無知なコーチ

先の「アンケート結果」の資料には、「吐いても走るのをやめさせてはくれない。夏は水分をとらせてもくれなかった」というコメントが寄せられている。これはいわゆるコーチの「科学的知識」が欠けているという意味で「無知」によるコーチングと言えるだろう。そのようなトレーニングを行うことによって、身体は著しい損傷を受けて、最悪の場合には死へと至ることさえあることは、これまでの事例のなかで立証されている。また、不合理なほどの厳しい練習を課すコーチが一様に口にするのは「肉体の限界を超えた鍛錬をするから精神が鍛えられる」という言葉であるが、そもそもそれは本当のことであろうか。それこそ、根拠薄弱ではないだろうか。そのときはアスリートのほうも厳しい練習に耐えたということで何らかの達成感があるかもしれないが、それがアスリートとして必要とされる精神力が鍛えられることに直接的につながるとは言い切れない。「理不尽な練習」によって鍛えられる精神は「理不尽な練習に耐えられる精神」でしかないかもしれない。あるいは、厳しい場面では我慢することばかり考えて、本当の意味で考えることを放棄してしまう悪癖すらついてしまう可能性があるのではないか。

巨人軍の伝説的な監督である川上哲治は自著のなかで「とことん考えようとすれば、風邪もひかない」、「人間は精神を緊張させているときには、病気もよりつかないのだろう」[23]と述べている。もしかすると、精神を緊張させることで免疫力を高める行動に自然とつながることがあるかもしれないが、精神を緊張させたから風邪をひかない、病気にならない、と言うことは無理がある。これは、自身のことについて語っているのでまだよいのかもしれないが、風邪をひいたプレーヤーに対して、「それは緊張感がないからだ」、「集中してないから風邪をひくんだ」などと言えば、それは科学的に極めて不合理である。むしろ、高強度の激しい運動をすることによって風邪をひきやすくなるというデータも存在すると言われる。[24]もちろん、身体のケアを怠ったことが原因で風邪をひく場合には、プレーヤー自身の責任であろうが、精神的に集中しているだけで風邪をひかないというのは明らかに不条理である。もちろん、科学的な知見をただひたすら信じることはよくないが、妥当だと思われる科学的知識については、コーチは踏まえておくべきである。[25]コーチングに役立つ科学的知識を「学問」という言葉で表せば、医学、生理学、バイオメカニクス、栄養学、心理学など、さまざまな学問がある。[26]コーチであれば、自分が接しているアスリートやチームのためにできる限り知識を持たなければならないはずだ。

こうした科学的知識に加えて、コーチングには競技に固有の専門的知識が必要になるが、「無知なコーチ」は、欲求や気概が適切であっても、知識が欠けているために誤った練習を繰り返させたり、誤ったスキルや戦術を導入したりして、失敗してしまう。むしろ、「アスリートを勝たせてあげたい」と心から願っていればいるほど、皮肉なことに、その間違った専門的知識によってアスリートを追い込んでしまうこともあるだろう。極端なことを言えば、乗り物を使ってどんなに急いで向かっても、その向かう先が間違っていれば、目的地からは離れてしまう一方である。コーチ自身は悪気もなく、自らの無知に従ってコーチングに邁進してしまうのである。

さらに、近年では体罰を科学的に否定する動きがあることは注目に値する。アメリカ心理学会の声明によれば、子どもに対する体罰にはいくつものネガティブな効果があると科学的証拠が示しているという。[27]その研究によれば、体罰は、親が長期的な目標とする子どもたちの攻撃的で反抗的な振る舞いを減らし、自制的で社会的に適応した振る舞いを促進するということに関して有効ではないとされている。この研究は主に親と子どもの関係について述べているが、コーチとアスリートの関係にも十分適用可能である。そうした科学的な根拠があることを考えれば、アスリートを向上させようと考えて体罰を行っているコーチは無知に陥っていると言うことができるだろう。

獣的なコーチ

コーチング学を専門とする図子浩二は、勝利至上主義による画一的なコーチングや短絡的な早期専門化によってバーバリアンアスリートが生み出され、そのバーバリアンアスリートが引退後にバーバリアンコーチとなって、さらなるバーバリアンアスリートを生み出してしまうという悪循環を指摘している。[28]バーバリアンとは、ギリシア語の「バルバロイ」を起源に持つ言葉で、バルバロイは「バルバル」というよくわからない言葉を話している野蛮人を意味した。そこから派生した、英語のbarbarianは「①未開人、野蛮人、②無教養な人、粗野な田舎者」などを意味する。[29]この場合、バーバリアンアスリートもバーバリアンコーチも、理性的ではない野蛮なアスリートやコーチを意味することは容易に想像できる。

バーバリアンコーチがバーバリアンアスリートを育てるということの一例として考えられるのは、自分がアスリートとして暴力的な指導を受けてきてそれで成功したから、その方法を自分がコーチになっても繰り返すことである。その場合、コーチは暴力的な指導の効力を積極的に認めていることになる。しかし、それは、他のさまざまな方法と比較してのことであろうか。他のさまざまなやり方の効力を知ってのことであろうか。そのような他のさまざまなやり方に無知で、暴力的な指導を行っているのは、無知なコーチであり、獣的なコーチの一つの典型とも言えるだろう。

アリストテレスは、「悪徳を持っている人」と「抑制のない人」の他に、「何か獣のような性向を持つ人」がいると指摘している。[30] このような性向を持つ人も暴力やハラスメントを行うコーチとなってしまう可能性を持っている。アリストテレスによれば、獣的な性向を持っている人は、言葉に出すのが憚《はばか》られるような残忍な行為を行う。[31] このような性向を持ってしまうことには、さまざまな原因が考えられるが、そのうちの一つとして子どもの頃よりさまざまな暴行を受けることでそのような習慣を身につけてしまうことがある。[32] これは例えば、子どもの頃に自分が多くの暴行を受けることで、自分の子どもにも同じように暴行を行ってしまうことである。プレーヤーの頃に体罰を受けたコーチが、何らその方法を反省的に見ることなく、同じように自分のプレーヤーに対しても体罰を行うこともある。そのようなコーチは、おそらく自分でもよくわからないままに、なぜかそのような行為に及んでしまうだろう。それはもしかすると、感情や無知とはまた異なる次元で、無意識に自分のうちに埋め込まれた記憶が原因なのかもしれない。この場合、獣性を持ったコーチは、自分自身での考えの向けかえというよりも、むしろ心理療法による治療が必要になるだろう。

名誉心の強いコーチとその他のコーチたち

感情を抑えることができない抑制のないコーチや悪徳を持ったコーチ、さらには無知なコーチや獣的なコーチなど、一見しただけで優れていないことがわかるコーチがいる一方で、外見的には優れているように見えるコーチがいる。ここで「外見的に」と強調しているのは、その反対語である「内面的に」いくつかの問題を抱えている場合があるからである。

通常のコーチング実践においては、全体として気配りができ、コーチとしての知識を備えており、アスリートとも良好の関係が築けるような優れた人物がいるとする。練習ではアスリートのプレーに対してしかるべきときに適切な助言をすることができるし、緊迫した試合の場面でも勇気ある思い切った采配を振ることができる。そうしたことも功を奏して、チームの成績は良好である。そうすると、おそらく多くの方々は文句のつけようのない優れたコーチだと思うだろう。しかし、徳という観点からすれば、ここにも考慮すべき事柄が潜んでいる。それはコーチの「動機」である。例えば、このコーチがこのようなコーチングをするのが、周囲からの評判を高めるためという理由からであれば、どうだろうか。一見すると優れた行動は、いわば評判のためにやっているのである。この場合、コーチの視線はアスリートではなく、それ以外に向けられている。また、アスリートを勝利に導くことで、組織や社会での自分の地位を高めたい、あるいは、多くの金銭を得たいという願望を持っているのはどうだろうか。この場合には、コーチの視線はアスリートではなく、自分が所属する組織やそれを取り巻く社会に向けられている。[33] さらに、コーチ自身が所属している組織には、極めて詳細にまとめられたマニュアルがあって、いわば機械的にそのマニュアルに定められた規則に沿ってコーチングをしているにすぎない場合はどうだろうか。コーチ自身が何ら考えて判断していないのであれば、思考停止に対して非難を向けられることはあれ、賞讃に値するということはないだろう。これらの場合、確かに、こうした名誉心や金銭欲の強いコーチは「有徳に見える」こともあるかもしれないが、実際には「有徳」とは言えないのである。

それに対して、やさしすぎるコーチもいる。どのようなことでも過度になると美徳から遠ざかってしまうものである。アスリートが何をしても全く叱ることをしないコーチや、アスリートのために時間を使いすぎて自分の家庭を全く顧みないコーチがいれば、それも美徳からは遠ざかっているのではないだろうか。

さらに、無気力なコーチもいるだろう。上からの指示でコーチをしている者（例えば、やりたくもないのに顧問に任命された教師）に多いが、金銭や何か他の利益のためにコーチングに携わっており、そもそもコーチングに対してモチベーションがないコーチである。自分の関わっている競技にもあまり関心がなく、人と何かを一緒に行うことも好きでないコーチは、コーチとしても人間としても美徳からは大きく遠ざかっている存在と言えるだろう。

マキアヴェッリ的な悪徳を誇るコーチ

先の「アンケート結果」では、「あからさまな体罰ではなく、計算してギリギリのことをしてくる顧問がいる」と言われている。おそらくこの一文を見たとき、「不正なコーチングではないのならいいのではないか」と思われる読者もおられるかもしれないが、もしこのコーチングが以下で語るような狡知《こうち》に基づくコーチングであれば、それは極めて厄介なものであることが見えてくるだろう。「狡知」という悪徳に基づくコーチングのあり方を考えるうえで、マキアヴェッリの『君主論』は一つの類型を与えてくれる。[34]『君主論』では、文字通り政治において君主がどのように統治するのが望ましいのかについて指南がなされているが、君主とコーチの役割の類似性から、『君主論』の内容はコーチにも適用が可能である。[35]

マキアヴェッリの『君主論』では、人間は邪悪な存在である、というような前提がある。[36] 例えば、部下は信義を守らないものであり、平時では自分のすべてを差し出すと約束するものの、いざ命の切迫した場面になると上司である君主を平気で見捨てる存在として描かれている。[37] そうしたなかで君主として国を統治するのは大変な事業であるが、マキアヴェッリは美徳と悪徳をうまく活用することを提案する。

マキアヴェッリの挙げる美徳には、気前のよさ、慈悲深さ、信義、猛々しく豪胆《ごうたん》、丁重、潔癖、律儀、堅固、信心深さなどがある。[38] これらは一見すると人間が備えるべき優れた性質のように見えるかもしれない。おそらく『論語』などで君子の道を説いた孔子であればそうした優れた性質を君子は持つべきだと主張するだろうが、[39]マキアヴェッリはそうではない。美徳こそが君主を窮地に追いやってしまうと述べている。例えば、気前のよさに基づいて行動していれば、結果的に人に侮られ、憎まれることに追いやられるという。なぜなら、気前がよいことを示すために財を消費すれば、それによって自らの財は減ってしまい、それによって貧しくなれば人々に侮られることになり、また貧しくなるのを避けるために財を追い求めるうちに強欲になってしまい、結果的に人々から憎まれることになるからである。このような理由から、「気前が良いと呼ばれたいばかりに、憎しみにまみれた悪評を生み出す強欲という名前へ陥ってゆくよりは、むしろ憎しみの混ざらない悪評を生み出す吝嗇《けち》ん坊という名前を身につけていくほうが、はるかに賢明なのである」[40]と言われている。このようにして、マキアヴェッリは美徳と悪徳の位置づけを一般常識と逆転させている。

では、マキアヴェッリがいう悪徳にはどのようなものが含まれているだろうか。それは、けち、強欲、冷酷、信義破り、意気地なし、傲慢、狡猾《こうかつ》、軟弱、軽薄、不信心などである。[41]君主が悪徳なくして政権を救うことが困難である場合には、悪徳のなかへ入ることを恐れてはならないとされる。悪徳と呼ばれるものであっても、結果的に、それによって自身や組織の安寧や繁栄を手に入れる可能性があるからだ。ここには明確な帰結主義的な考え方がある。例えば、上に立つ者は、殺人や略奪といった悲惨な状況を生み出しかねない無秩序な状態を慈悲のゆえに見逃すのではなく、見せしめの処罰をするという「冷酷」によって、かえって部下に結束と忠誠心を保たせることができる。そして、上に立つ者は「冷酷」から生じる人々の恐れの感情をうまく利用するべきである。マキアヴェッリは、その点について次のように述べている。

慕われるよりも恐れられていたほうがはるかに安全である。なぜならば、人間というものは、一般に、恩知らずで、移り気で、空惚《そらとぼ》けたり隠し立てをしたり、危険があればさっさと逃げ出し、儲けることにかけては貪欲であるから、彼らに恩恵を施しているあいだは一人残らずあなたの側へついてくるが、先にも言ったように、それは必要が差し迫っていないかぎりのことであり、あなたのために自分たちの血も、財産も、命も、子弟も差し出しますとは言うが、いざその時が迫れば、あなたに背を向けてしまうのだから。[42]

このようにして、マキアヴェッリにとって悪徳は人々を統率するうえで、支配するうえで重要な要素となる。他方で、美徳は一見すると素晴らしいものであるように見えるかもしれないが、逆に美徳のゆえに破滅に至ってしまう者たちもいる。自分が信義という美徳を守って行動しても、部下が信義に従って行動しなければ不利益を被ることがあるし、現実に部下の多くは信義を破って行動する。そうなると、そもそも自分が信義を守って行動する理由はなくなるのである。

こうした事情からマキアヴェッリは美徳と悪徳について二つの助言をする。一つは、実際に美徳に従って行動するのではなく、人々に自分が美徳を持っているように見せかけ、美徳を持っていると信じさせればいいということである。[43] そうすれば、少なくとも自分が悪徳の悪評に陥ることはなくなるし、美徳を身につけてそれに基づいて行動することで害を被ることはなくなる。逆に、自分が美徳を身につけるふりをすればそれは有益なのである。ここでは、美徳をうまく利用することが重要になる。組織を維持するために「時に応じて信義に背き、慈悲心に背き、人間性に背き、宗教に背いて行動することが必要」[44]なのである。もう一つは、自分が成功を収めて、組織を維持することができれば、それによりその手段も正当化され、自らも称賛されるということである。この点についてマキアヴェッリは次のように述べている。

> 君主たる者は、したがって、ひたすら勝って政権を保持するがよい。手段はみなつねに栄誉のものとして正当化され、誰にでも称賛されるであろう。なぜならば、大衆はいつでも外見と事の成行きに心を奪われるのだから。そしてこの世に存在するのは大衆ばかりだから、大多数の者たちが拠り所をもつかぎり少数の者たちが入り込む余地はない。[45]

コーチの場合はどうだろうか。コーチがいかなる手段を使っても勝利を重ねればその手段は肯定され、周囲の多くの人たちがそのコーチを称賛することは珍しいことではない。それを観る人たちは、その華やかな勝利や戦績、それに付随する名声に魅了されるからである――そして通常、その勝利や戦績、名声や評判しか見ないものである。

『君主論』で述べられる、このような美徳と悪徳の利用と、勝ち続けることによる手段の正当化や賛美は、現在スポーツ界で行われている体罰や暴言といった手法を活用することと共通点がないわけではない。例えば、チームをうまく統率をするためには、自分の冷酷さに端を発する体罰を使って、アスリートたちに恐怖心を与えて、自分の言うことを聞かせることが必要だとするのはその典型であろう。一人のアスリートをターゲットにすることで、それ以外のアスリートたちの恐怖心を間接的に煽るという狡猾な手段も可能である。NBAのシカゴ・ブルズで一九九〇年代に黄金時代を築いたフィル・ジャクソンによれば、このターゲットにされる者は「鞭打たれる少年《ウィッピングボーイ》」と呼ばれ、それは当時「プロチームでは極めて普通に行われていること」[46]であったという。そうしたことは勝つことを宿命づけられたプロに限らず、学校の部活動でもよく使われる手法であろう。また、勝ち続けることで手段が正当化されることは、さまざまな視点から行われる。つまり、アスリートからも、その保護者からも、関係者からも、その理由は色々であれ、体罰という暴力的な手段を使ったとしても、それは勝利によって正当化されてしまうのである。

この種のコーチは、とりわけ「狡知に長けている」と言える。自分がどのように見えているか、どのように見なされているかを熟知し、全体での結果を出すために必要な要素を勘案し、その「結果以外のもの」を簡単に切り捨てることができる。そして、喜びや怒りといった感情に一切囚われることなく、その一連のプロセスを自分の中で正当化することができるのである。

スパルタ的なコーチ

マキアヴェッリ的な悪徳に付随する体罰の正当化に対して、日本の著作で体罰そのものの有効性を正面から肯定している著作がある。それは、一九六九年に刊行された石原慎太郎『スパルタ教育』である。[47] 親の躾《しつけ》や教育について述べたこの著作は、本全体を見ると好ましい主張がいくつもある。例えば、子どもに対して「親は自分の仕事にプライドを持っていることを知らせよ」、「不器用さをはげましてやれ」、「時代を超えて変わらぬ価値のあることを教えよ」、「つねに〝なぜ〟ということを考えさせよ」などである。特に、この「〝なぜ〟を考えさせること」は、子どもが主体的に考えることを促すという意味で、教育的に極めて重要な要素である。他方で、いくつか問題含みの主張もある。例えば、「父親は子どものまえでも母親を叱ること」、「子どもの可能性を信じるな」、「暴力の尊厳を教えよ」、「子どもに酒を禁じるな」といった主張である。これらは節タイトルを抜き出しており、内容を読んでみるとタイトルほど過激な主張ではないものもあるが、そのうちでも極めて問題含みなのは「子どもをなぐることを恐れるな」という主張である。[48] そのなかでは、子どもを成長させ、社会人として生きていくために知っておくべき人間の模範を徹底的に教えるには、体罰が最も効果的な方法であるとされている。体罰を通じた肉体対肉体のやり取りが重要なのである。子どもの頃にちょっとした「大冒険」に出て、帰宅が遅くなって親に心配をかけた際に、父親に自分の責任を問われて殴られて、石原は次のように父親の愛情を感じたという。「わたくしは非常に不本意にその体罰を受けたが、しかし同時に、大きな手がほっぺたに炸裂したときのあの畏怖感のなかに父親の愛情を感じたのを、いまだに覚えている」。このような経験を経て、「子どもは幼ければ幼いほどなぐらなくてはならぬ。なぐることで親は、はじめて親の意思を直截《ちょくさい》に、なんの飾りもなく子どもに伝えることができる。その意思こそが愛情にほかならない」という信念を持つようになったと回顧する。

ここには、体罰を肯定する論理が潜んでいる。一つは、何かを教えるうえで体罰が最も効果的な方法であるというわゆる功利的な理由があるという点である。もう一つは、親はなぐるほど愛情を持っていて、体罰はそれを伝える手段となっているという点である。ここでは親の愛情から語られているので、「親は子どもを成長させるために体罰をすべきである」と言われているが、それがそのままスポーツの「コーチ」に適用できるものとは主張されてはいない。親であるからこそ、子どもをなぐってもよい、という主張とも考えられる。しかし、ここで類推解釈が成り立つのであれば、成長を効果的に促す方法として、コーチも体罰を行ってもよいという主張にもなってしまう可能性がある。そして、実際にそのような論理をコーチングに持ち込んでいるコーチもいる。大阪市立桜宮高校の男子バスケットボール部の顧問の体罰がきっかけで主将の生徒が自殺した件では、元顧問は「何とかこれで強くなって欲しいと思って」体罰を行っていたと述べている。[49] また、別の可能性として、親がコーチを兼ねている場合に、プレーヤーが自分の子どもならなぐっていいのかという問題も考えられる。先の「アンケート結果」ではそのような事例が報告されており、「蹴る、つき押す、暴言。他の選手にはありませんが、その現場を目の当たりにし萎縮していました。「俺は怖いんだからみんな言うこと聞けよ。」というような無言の圧力を感じました。又、自分の子供に怒って何が悪いという様子でした」とされている。

殴るほどの愛情をもって接しているという点に関して言えば、それが本当に愛情なのか疑問に思われる。体罰による痛みを伴っても成長してもらいたいくらい愛情を持っているということなのであろうが、ここには帰結主義的な考えのみならず、自らの力や偉大さを誇示しようとする何らかの欲求も見え隠れするのである。それは「愛情」という名前で呼ばれることもあれば、「支配欲」という名前で呼ばれることもあるだろう。本人は愛情と言うが、それはもしかすると自分自身に対する愛情でしかないのかもしれない。「愛情があるから厳しくすることができる」という言葉には、どこかそのような自らの偉大さの誇示や支配欲や自己愛とも切り離せない何かが隠れている可能性もある。この点についてアリストテレスは、人間にとって「支配することは最大限に快い」と分析している。[50]

弱肉強食の利己的なコーチ

先の「アンケート結果」の資料のなかでは「「監督」という立場を利用して、子どもという弱者をいじめています」という声が寄せられている。この場合は、コーチとしての地位にある自分がプレーヤーという地位にある弱者よりも優位に立つことに何らかの快や喜びを覚えているという事態が考えられる。そのとき、このコーチの背後にはどのような論理があるのだろうか。この点は、次の逸話が解明のための導き手となるだろう。

プラトンは、『ゴルギアス』という対話篇の著作にカリクレスという賛否両論の思想を持った人物を登場させている。[51]この人物は、いわゆる「自然の正義」や「快楽至上主義」といった思想と、それに付随するさまざまな考え方を持っている。この人物の主張を要約するとおよそ次のようになるだろう。

この人間の世界では、優れた者や有能な者は自分の望むものを、劣った者や無能力な者よりも多く持つことが自然である。そして、正義とは、強い者が弱い者を支配し、弱い者よりも多く持つことである。広く動物の世界を見れば、弱肉強食の世界になっているわけだから、人間のうちでも強い者が弱い者を支配し、弱い者よりも多く持つという自然との共通のあり方には正当性が認められる。これが「自然の正義」にほかならない。[52] しかし、そのような世界において弱い者たちは、自分たちの分け前に与《あずか》ることができない。そこで、自分たちの分け前に与るために、法律を制定し、規則を設けて、また慣習を確立して、強い者が多くの分け前に与るのを妨げようとしている。そして、多くを取る強者に対して、それを醜いことだとみなして、「不正」だと糾弾し、「平等」を訴える。強者がその力を発揮しないように、さまざまな手段を使って、小さい頃から性格を型にはめて、呪文のように「平等に持つべきだ」「平等は美しいことだ」と言い聞かせているという。このような状況のなかでも、真の強者であれば、人々が作った規則や呪文を振り払い、自然の反する法律や慣習を破壊して、弱者たちの上に立とうとする。カリクレスはこの強者の生き方について、自分自身の欲望を抑えることはしないで、できるだけその欲望を肥大化させてそのままにしておくべきだと強烈に主張する。[53] これがいわゆる「快楽至上主義」である。さらにカリクレスは、いついかなるときでも頭脳を駆使して怯《ひる》むことなく欲望の充足を求めて行動することを勧める。逆に、弱い者たちがいう節制や正義などは人を不幸にする性質として退けるように勧める。むしろ、自分を支える背後の力がしっかりとしているのであれば、贅沢や放埒や自由といったことが、人間にとって必要な性質ということになる。[54] 他方で、弱い者たちは自分に欲望を充足させ快楽を得る実力がなく、意気地もないから、表面的な綺麗事である節制や正義といったものを称賛しているにすぎないという。[55] このような一連の主張と併せて、カリクレスの思想の重要な部分としては「快い」ということが「善いこと」であると、それらを同一視している点である。それゆえ、その肉体的な「快楽」や精神的な「快さ」「楽しみ」「喜び」こそが、人間が特に求めるべき大きな要素ということになる。これは、さまざまな善いものを求めながらも、最終的に「快楽」を目指すという意味で「快楽至上主義」の真骨頂と言えるだろう。そして、この快楽至上主義の最大の特徴は、それが最終的に目指されるのが自分自身の快楽という意味で、結局ある種の利己主義に陥ってしまう点である。「肥大化した自分自身の欲望を満たすために快楽を求め続ける」というのが、利己的快楽主義者の本性なのである。

ここでカリクレスが「力を持つものが多く持つのが自然」と言っている場合の「力」の内実はさまざま考えられる。文字通りに「腕力」も考えられるし、「頭脳の力」も考えられる。これらはその人が持っているものとして内的な要素と言えるが、それに対して「権力」「地位」「財力」といった本人にとって外的な要素も考えられる。それは例えば、「自分はこれこれの地位についているから、多く取るのが正しい」というような主張につながる。大人と子どもの関係性のなかでは、往々にして、大人はそうした力を持つ者になり、子どもはそうした力を持たざる者になるという構図がある。

こうした一連の議論のなかでカリクレスは、建前的な話ではなく、むしろ自分の本音として主張を行っている。その対話相手となっているソクラテスも「他の人たちなら、心に思っていても口に出しては言おうとしないことを、君はいま、はっきりと述べてくれている」[56]と応じて、その率直な語り口にある種の感心した様子である。確かに、このような自らの主張をためらいもなくはっきりと口にできる人はなかなかいない。

コーチに目を移してみれば、体面を気にして、一般受けのする意見を述べるコーチが多い。落合博満は、このようなコーチは、プレーヤーのほうを向いているというよりも、一般大衆に向けて話していると分析している。[57]「本音と建前」が違うのである（それに対して優れたコーチはむしろ、プレーヤー自身のことを「一番に考えて」、プレーヤーのほうを向いて話しているという）。また、多くのコーチたちから話を聞いたり、あるいは著名なコーチの著作を読んでいたりすると、この世の中には悪いコーチなどほとんどいないのではないかと感じることさえある。それは、表面上は皆、よいことを言い、素晴らしいことを主張するからだろう。その点、カリクレスは極めて「誠実」で「正直」である。そして、自分が思っていることをためらいもなく、対話相手であるソクラテスにぶつけている。

問題は、「自分がカリクレスのような思想を持っていながらもそれに負い目を感じて隠している指導者」、さらには「自覚なきカリクレス的指導者」がいる点である。どちらも同じくらい厄介だが、自覚がないほうが手に負えない。何しろ、その人を説得しようとしても自分は正しい考え方を持っていると思っているからだ。また、カリクレス的な考え方の一部分だけを自覚なきままに信じている指導者もいる。例えば、有能かどうかはさておき、自分の地位を利用して、何よりも自分の欲望を満たすことを目指す快楽主義的な指導者である。もしかすると、節の冒頭で言われた地位を利用して好き放題にやっているコーチはそのような快楽主義者なのかもしれない。

すでに述べたマキアヴェッリ的なコーチとこの利己的なコーチは、行動だけ見れば、かなり似通っているかもしれない。しかし、マキアヴェッリ的なコーチはあくまで全体がうまくいくことを考えているが、利己的なコーチは自分自身の利益を求めている点で、大きく異なっている。この場合、その人を突き動かしているのは、一方は狡知というある種の知的能力とそれに従う欲求であり、他方は利己的な欲望とそれを実現するための打算的な能力だと言えるだろう。

本書の構成：これから向かうところ

以上見てきたように、美徳なきコーチングの時代は、さまざまなタイプのコーチたちが作り上げている。[58] これは、何よりコーチ自身の問題であるが、たびたび触れてきたように、それを取り巻く人々の問題でもある。あなたはそのどちらとしてこの問題に接しているだろうか。当のコーチ自身が気づくことができればいいが、そうでなければコーチの周りにいる人たちが気づかせるようにするべきか。あるいは、詳細な規則とそれに違反した場合の罰則を設けてコーチたちの行動を制御するべきであろうか。それでコーチが表面的に劣悪なコーチングをしなくなったとしても、コーチの動機がよくない場合はどうすればよいだろうか。それ以外にも、私たちにとっては考えるべき事柄が山ほどある。

そこで一つの指針としたいのは、「人はみな祖父伝来のものではなく、善いものを求めている」[59] というアリストテレスの言葉である。本書では、ここから特に「美徳なきコーチングの時代」を生きるコーチたちとコーチングに関わる人たちを念頭に置きつつ、徳を備えた「善いコーチ」とその卓越したコーチングのあり方を示すことにしたい。

そうしたなかにあって本書では、まずここまでのところ、私たちの出発点として現在のコーチングにまつわる問題意識を共有し、「美徳なきコーチングの時代のコーチたち」の具体例を見てきた。それによってある程度、問題の核心を抉り出すことができたと思われる。例えば、体罰やハラスメントを行うコーチに見られる悪徳や抑制のなさや論理、また結果を出すコーチのうちに潜む動機の不純さや欲望などである。それらを踏まえたうえで、続く第1章と第2章では、まずそもそもコーチングがどのような営みであり、どのようなコーチが「善いコーチ」であるかを考えることとする。これらの章では、コーチングに関わる共通言語を構築していくことを通じて、いわばそれ以降の議論の道筋を舗装することを目指す。そのうえで、続く第3章と第4章では、「善いコーチ」を考えるうえで基盤となる「目的論」や「幸福」などの概念を見ていく。これらの章は、その多くをアリストテレスの倫理学に負っており、哲学的な議論に親しみのない読者の皆様は若干読みづらい印象を受けるかもしれない。しかし、「善いコーチ」を描き出すうえで欠かすことのできない概念であり、本書の議論にとってはガードレールと言ってもいい箇所なので、理解することができればその後の章を読む上でも頼りになると考えて、読み進めてもらいたい。さらに、第5章から第8章では、これまでの一連の流れに基づいて「善いコーチ」が備えている美徳や卓越性としてコーチングの技能、思慮、人柄の徳を明らかにして、さらに、善いコーチがアスリートとどのような関係性を構築するかについても考えてみることとする。この第5章から第8章が、コーチの美徳や卓越性を主題的に扱うという意味で本書の最も核となる部分であるが、その箇所で美徳や卓越性について説明的な記述を羅列しただけでは、ある種の理想論を綴っているだけのように見えてしまうかもしれない。そうすると、そんなコーチは現実には存在しない、と思われてしまうのが関の山だろう。しかし、本書で述べたいのは空疎な理想論ではない。

そこで、本書、特に第5章から第8章では、現実に存在して「善いコーチ」のお手本となるようなコーチをたびたび引き合いに出すこととする。それは、「コーチK」ことマイク・シャシェフスキー（Mike Krzyzewski）という人物である。[60] コーチKは、長年アメリカのデューク大学で男子バスケットボール部のヘッドコーチを務めてきた人物であるが、彼の言動とその背後にある考え方には多くの点で本書が思想的な基盤とするアリストテレス倫理学の思想と共通点が見られ、しかも本書が目指している「善いコーチ」とも軌を一にしている。それゆえ、そのアリストテレスの哲学とコーチKの言動や考え方の接合点のうちに、本書が目指す「善いコーチ」をより真なるものとして描き出すことができると私は考えている。

第1章　コーチングを哲学する

ひとがどんなことを議論するにしても、そこからよき成果をあげようとするなら、はじめにしておかなければならないことが一つある。それは、議論にとりあげている当の事柄の本質が何であるかを、知っておかなければならないということだ。それをしないと、完全に失敗することになるのは必然である。ところが、大多数の人々は、それぞれの場合に問題にしている事柄の本質を、自分が知っていないという事実に、全然気がつかないでいる。[1]
（プラトン『パイドロス』二三七B－C）

コーチと馬車

数年前、英国のリヴァプールでコーチング関連の国際学会に参加したときのことだ。その学会の懇親会がリヴァプール大聖堂という壮麗な建物で開催された。その聖堂へとつづく道に「No coaches beyond this point（コーチたちはこれより先に入るべからず）」という看板が立っていた。それを見かけたとき、コーチたちが多く集まる会合で、一瞬これは何を意図したものか考えたが、そこより先に"coach"が意味する「車両」が入ることができないという意味だとわかった。英語のcoachは、スポーツを指導する人を意味するのみならず、馬車やバスなども表す。実のところ、もともとの意味としては馬車やバスという乗り物が先行する。オーストラリアのシドニー空港の国際線乗り場から出てすぐのところにあるバス停にもcoachesと大きく書かれているのを見れば、今もその用法が使われていることがわかるし、日本の東急電鉄「電車とバスの博物館」で「東急コーチ」と名づけられた昔のバス車両が展示されているのを見れば、日本においてもそのような意味で使われていたことを実感するだろう。有名な（そして高級な）ファッションブランドのCOACHのバッグには馬車の絵が描かれたタグがついており、それがコーチの語源とともによく説明される。こうした事例からすると、移動車両とコーチの関係が見えてくるだろう。

少し前までは授業で「コーチの語源は馬車」という話をすると、多くの学生が「はじめて聞いた」というコメントをくれることが多かった。しかし近年、その話はかなり知られるようになってきたと感じる。「コーチの語源は馬車」というフレーズは、馬車が乗客を目的地に連れていくもので、それと類比的にコーチのやるべきこと、つまり「指導を受けるものを一定の目的地へと送り届ける」[2]という役割を示すときに使われる。例えば、アーティスティックスイミングの井村雅代や北海道日本ハムファイターズの栗山英樹のような著名なコーチも馬車の例を使っている。井村は次のように語っている。

「コーチ」という言葉の本当の意味をご存知ですか？　語源は、四輪の大型馬車です。コーチとは、元々、その馬車が最初に通りを走ったハンガリーの町の名だったそうですが、「馬車に乗せた人を目的地に連れていく道具」ということから、「指導者」の意味も合わせ持つようになったといいます。[3]

また、栗山は次のように語っている。ただし、その含意は井村と大きく異なっており、また内容も興味深い。

"coach"という英単語のそもそもの意味は、「馬車」、すなわち乗り物であり、「大切な人を、その人が望むところまで送り届ける」という意味合いから派生して、「指導」にも使われるようになったという。「教える」のではなく、「送り届ける」。これが僕にはしっくりときている。頭の中に漠然とあったイメージに、とても近い。指導者が馬、背中の男が選手である。男にはまず手綱の存在に気付いてもらう。男は手綱を取って、馬を操り、まだ見ぬ目的地へと向かう。やがて目的地に到着した男は、その道程で得た自信を糧に、また新たな場所を求め、馬にまたがる。どこへ向かうか、どう向かうか、その意思を持っているのは男である。[4]

このようにコーチを比喩的に説明することで、一定のイメージを持つことができるのかもしれない。しかし、私としてはこの語源的説明には敢えて従わないことにしたい。[5] 私たちが現在「コーチ」という言葉で理解している存在がこの語源に正確にあてはまる確証がないからである。

「馬車」は、馬、車体、御者、乗客から構成されている。このように考えた場合、問題となるのは、コーチが馬車を構成する「馬」なのか、「車体」なのか、「御者」なのか、あるいは、「馬」と「車体」

なのか、「御者」と「車体」なのか、さらにはその全てなのかがよくわからないという点である。井村の説明によれば、アスリートが「乗客」で、コーチが「馬」「車体」「御者」といった組み合わせになるだろう。それに対して栗山は、アスリートが「御者」で、コーチが「馬」であると解釈しているようである。しかし、スポーツの世界において、実際に競技を行うのはアスリートであるから、その場合、アスリートが「馬」であり、かつ「乗客」ということになるのではないか。そうすると、コーチは「御者」ということになるはずである。そのように考えた場合、コーチを馬車とする必然性はなくなり、「コーチは御者のようなもの」と言ったほうが正確だろう。それゆえ、「コーチは馬車」という語源的な説明を使用することで、「実際に競技をするのはアスリート」という現実がかえって見えにくくなってしまうのである。

　このような事情もあり、本書では「コーチは馬車」という比喩的な言い方は採用しないようにしたい。

　そうすると、今度は「コーチとはどのような人か」「コーチングとはどのような営みか」という本質にかかわる問題が浮上してくる。そこで、「コーチングとは何か」を考えてみることにしたい。この「何か」を問うことは、古代ギリシアの哲学者ソクラテスが日々取り組んできたことである。ソクラテスはさまざまな倫理的な事柄を問うたとされている。つまり、「徳を認識することこそが〔人生の〕終極目的であると考えて」[6]、「勇気とは何か」「善とは何か」「快楽とは何か」を問うたのである。[7]勇気に関して言えば、私たちは、スポーツの現場でどうやったらもっと勇敢に振る舞えるのかといった方法論を問うことはあるが、「勇気とは何であるか」という本質を問うことは稀だろう。もちろん勇気という言葉自体は私たちが日常的に触れている言葉で、手垢にまみれた言葉でもあるが、正面からそれがそもそも何であるかと問う機会は意外と少ない。そうした言葉を改めて問い直すことが「知恵を愛する」というギリシア語のフィロソフィアの意味である。ここでは、そのような「何か」を問うという意味での哲学を、私たちが日常的に行っている「コーチング」に対して行ってみたい。つまり、コーチングを哲学してみたいと思うのである。

「コーチング」を哲学する

神学者にして哲学者であるアウグスティヌスは、「時間」について興味深いことを言っている。

いったい時間とは何でしょうか。だれも私にたずねないとき、私は知っています。たずねられて説明しようと思うと、知らないのです。[8]

確かに、私たちは日常生活において「時間」のなかで生きており、楽しいときは時間が早く過ぎていき、いつも止まることなく流れているものであることなどをよくわかっており、その意味で「知っている」、「わかっている」と言っていいだろう。しかし、改めてそれが何であるかと正面から問われると説明することができないのである。多くのコーチにとって、「コーチング」はそれと同じようなものかもしれない。そこで、ここでは、「コーチング」について学術的に述べている三人の言葉を手がかりとして、コーチングが何であるかを考えていくことにしたい。

コーチング学を専門とする伊藤雅充は、「スポーツ指導者の資質能力向上のための有識者会議（タスクフォース）報告書」[9]の規定に基づいて、「競技者やチームを育成し、目標達成のために最大限のサポートをする活動全体がコーチングである」と述べている。[10]このようなコーチングの定義は、ビジネスコーチングで言われる「戦略的なコミュニケーションスキルのひとつ」という規定よりも広範囲にわたるものと捉える必要があると伊藤は指摘する。そのうえで、コーチング学の著名な研究者であるジャン・コティやウェイド・ギルバートと共同戦線を張って、そのコーチングの具体的な目的として、アスリートの「有能さの向上」、「自信、関係性、人間性の涵養《かんよう》」などを挙げている。[11]加えて、コーチングが「選手の社会的・心理的な幸福の向上」にも関わる必要があるとも主張している。つまり、コーチは競技における成績のみならず、その先にある幸福の次元も見据えなければならず、そうした目的を達成するために、コーチはアスリートやチームを支援するのである。また、伊藤は、コーチングに特徴的な事柄として、「文脈依存《コンテキスト》」を挙げている。コーチがどのように行動するかはその状況次第だからである。しかも、実際のコーチングの場面では、似たような状況が存在するものの、まったく同じ状況が現れることはなく、その状況も片時も止まることなく、動的で複雑なものである。このような状況にあってコーチは、「様々な状況を適切に読み、適切な意思決定と行動を行っていく必要がある」[12]。

これに対して、図子浩二は、「コーチングとは、選手・チームとの間に良好な関係性を築きながらパフォーマンスを向上させるための思考および行為」[13]と述べている。そして、コーチングにおける行動を「指導行動」と「育成行動」に区別したうえで、「指導行動」の目的を「自らの行うスポーツ種目のパフォーマンス、すなわち競技力の向上」とし、「育成行動」の目的を「人間としてのライフスキル、すなわち人間力の向上」としている。[14] コーチングにはこれら二つの目的があることから、それを「コーチングにおけるダブルゴール」と呼んでいる。[15] では、なぜ競技力の向上のみならず人間力の向上がコーチングの目的になるのか。図子によれば、人間力のうちに含まれる合理的な思考を持たず、それに基づいて行動することができない選手で正しい倫理観を持っていない場合、長期的に見ると、競技力を向上させることができないからである。また、それとは別の理由として挙げられるのは、人間力がないと引退後に優れたコーチになることができず、「社会に役立つ日本国民として幸せに生きることもこころもとない」からである。では、そうした目的を達成するための「指導行動」と「育成行動」の内実はどのようなものであるか。まず「指導行動」の内実は、図子が「創造・設計型トレーニングサイクル」と呼ぶ、循環モデルに基づいて、サイクルを遂行していくことである。コーチは、競技のスポーツパフォーマンス構造論を理解したうえで、トレーニングの目標論、手段論、方法論、計画論、実践論をそれぞれ遂行し、試合行動論に基づいて試合に臨み、試合の後にはその結果に基づいてトレーニングの評価《アセスメント》を行うという一連のサイクルを遂行し、さらに、トレーニングの評価《アセスメント》をもとに、またパフォーマンスの構造を検討する。そこにトレーニングサイクルの循環ができる。このように循環モデルに基づいて、アスリートの競技力《パフォーマンス》を向上させるのが「指導行動」と言われている。それに対して、「育成行動」は、「褒めると叱る」を軸にして、「話を聞くカウンセリング行動やライフスキルの教育」を含んでいる。[16]

こうした図子のコーチング論は、専門とする陸上トレーニングの観点からコーチングの営みを詳細に記述することができているが、その一方でコーチングの目的については議論の余地がある。それは、コーチングの目的が「ダブルゴール」とされながらも、結局のところ競技力の向上が主たる目的となっていて、人間力の向上はあくまで競技力の向上への補助的な要素、もしくは、引退後に役立つという意味で求められているにすぎず、それはアスリートとしてのあり方に関わるものではないからである。競技力の向上のために人間力の向上が必要であれば、それはコーチングの営みの目的に含まれるべきであるが、引退後のライフスキルを身につけることまでが、その目的に含まれるかは疑問が残るところである。それをコーチングのうちに含める必然的な理由がないからである。確かに、コーチがそのような目的を持ってコーチングをすることは可能である。しかし、そのことがコーチング一般の目的に含まれるとまでは言えないだろう。そもそも一定数のアスリートたちは引退後に指導者になろうと思っておらず、その競技、さらにはスポーツにすら関わらない人生を歩んでいく可能性がある。また、指導者としてのあり方を見据えてコーチングをしなければ、その行為は「コーチング」と言えなくなってしまうとは言い難い。「コーチングの目的としての人間力の形成」と「コーチング」を通じた人間力の形成」は、同じではない。コーチングの本質を明らかにするという観点からは、それ相応の理由なく「ダブルゴール」と宣言してしまうのは不用意だろう。

ここまで意見を見てきた伊藤は、日本スポーツ協会でコーチ育成に取り組むコーチトレーナーとして活躍しており、また図子は陸上の跳躍種目を専門とするコーチであり、コーチング学の研究者でもあった。それぞれが、コーチ育成やコーチングの現場で多くの経験を積み、さまざまな知識を備えている。それゆえ、その見解はコーチングの諸相を明らかにするうえで有益であろう。

　こうした見解に対して、体育哲学を専門とする佐藤臣彦は、コーチングの行動と目的を異なる観点から見ており、異なった視点を提供している。そのなかで佐藤は、アリストテレスの知の構造論に基づいて、コーチングという営みを明らかにしている。[17] 佐藤によれば、コーチングは「コーチが優れたパフォーマンスを「成果（作品）」として生み出そうとするクリエイティブな過程であり、本質的に「技術過程」に属している」[18]。ここでは、コーチングを「技術」そのものではなく、「技術」によって行われる「営み」だと規定されている点に特徴がある。この図式では、アスリートをコーチングすることは、医者が患者のうちに健康を作りだしたり大工が家を作りだしたりすることと類比的に考えられる。[19] つまり、医者の場合には、「健康とは何か（健康の本質）」という「理論知《エピステーメー》」を踏まえたうえで、それを生み出す過程で医術という「技術知《テクネー》」を行使するという構図があり、それをコーチとその営みであるコーチングに適用するのである。そして、この技術過程は、コーチングの目指す対象としての「成果」を生み出すという目的のもと、そもそもそれが何であり、どのようにすればそれを生じさせることができるかを考える「思考過程」と、アスリートに対して働きかける「制作過程」から構成されている。しかも、「思考過程」と「制作過程」は、別々に行われることもあれば、思考しながら制作するように、同時的に起こることもある。これをコーチングにあてはめれば、練習の計画を練っている思考過程があり、また練習を実施している制作過程のなかでも個々の局面に合わせてあれこれ思考することがあるということである。そうすると、確かにコーチングはある種の技術過程と見なされうるし、優れたコーチが「コーチングの技術を持っている」とする言い方は私たちの日常的な言葉遣いと適合するように思われる。[20]このようにコーチとコーチングを技術者とその技術過程との対比のなかで考えていくことで、コーチングの内実を明らかにすることができるように見える。この点はさらなる検討の余地があるだろう。

そこで、コーチとはどのような存在であるかをさらに他の技術者と比較することで明らかにすることにしたい。言うまでもなく、コーチの場合、コーチ固有の「働き」という自然本性を有しているが、他の技術者と比較すると、それが単純な成果を作り出すという通常の技術過程とは若干異なる点が見えてくるだろう。ここで比較の対象としたいのは、医者、教師、指揮官である。

(I) 医者

まず医者と対比した場合、対象に対して何か善いものを作り出す「技術」を持っているという類似点がある。医者は自らの技術によって患者の「健康」を作り出す、[21]あるいは「病気を治す」[22]。この技術は通常「医術」と呼ばれる。それに対して、コーチはプレーヤーやチームのスキルや技術や戦術遂行能力や身体能力やチームワークなどを向上させるという意味で「卓越性」を作り出す。この技術は、医術に対して、「コーチングの技術」と言うことができるだろう。ただし、コーチが「何かを作り出す営み《ポイエーシス》」のみに終始しているかというと、そうではない。その点にコーチと医者の相違点があると思われる。コーチは、作り出した卓越性を実際に試合で「発揮させる」という「実践的な営み《プラークシス》」にも関わっているからである。ここから、コーチの「目指すもの」としては、プレーヤーやチームの「(練習における)卓越性の向上」と「(試合における)卓越性の発揮」という二つが浮かび上がってくる。

(Ⅱ) 教師

また教師と対比した場合、対象に対して何か善いものを教え、伝えるという類似点がある。この点について、ジョン・ウッデンは、コーチは競技に必要な基礎的《ファンダメンタル》要素を教えるものであるから、「コーチは、まず第一に教師でなければならない」と述べている。[23] さらに、『ザ・コーチ』という著作を持つラルフ・サボックは、「最初に、コーチはどのような意味においてもよい教師でなければならない」と主張している。[24] 反対にコーチと教師の相違点としては、コーチの場合、自分が教えた技術やスキルやチームワークなどを元にプレーヤーたちとともに、競技によっては同じコートやフィールドに立って、試合を戦うことがあるが、教師の場合は、生徒に教科内容を教えつつも、それが必ずしも「試合」というような明確な競争の場を目指しているわけではないという事情がある。

(Ⅲ) (戦争の) 指揮官

さらに指揮官と対比した場合にも、多くの類似点が認められる。スポーツの試合が戦いとさまざまな類似性を有しているからである。単純な図式のなかで考えれば、指揮官は、戦いの前には自らの率いる手勢を鍛えること、優れた武器を調達すること、相手の情報を集めること、戦いの中では相手の弱点を突き、自分たちの強み(善さ)を最大限に活かすこと、そして戦いの後に勝利することが求められる。[25] 指揮官の目的はあくまで戦いにおいて「勝つこと」である。というのも、戦いに勝つことができなければ、死ぬこともあるし、相手の捕虜になってしまうこともあるからである。そうした戦いの中では、自らが率いる兵たちの「卓越性の発揮」のために、個別的な場面にその都度しかるべき「原則」を適用することが重要になってくる。その適用には、個別と普遍を媒介する知が必要になる。[26] それとほぼ同様のことが試合中のコーチに求められるのは、容易に想像できるだろう。ただし、コーチにとっては、試合の勝敗が生死に直結することはなく、勝利は絶対的な価値ではない。むしろ、目指される目的はあくまでアスリートやチームの卓越性を最大限に発揮することである。その目的の点において、指揮官とコーチは異なっていると言える。

こうした技術を持った者たちとの比較でコーチという存在を浮き彫りにすることができたが、まずコーチングという営みは「何かを作り出す営み《ポイエーシス》」という意味での「技術過程」だけに終始しているわけではなく、さらなる付加的要素が存在する点をより詳細に見ておきたい。つまり、医者との比較で明らかになったように、「何かを作り出す」という意味での技術過程としてのコーチングだけが、コーチのあらゆる営みを包含するわけではないのである。

佐藤は、コーチングが技術過程に関わるとしたとき、その例としてハンマー投げや一〇〇メートル走などの記録を争う種目を挙げており、一見して成果がわかりやすい競技を対象としていたが、それ以外の競技も考慮に入れると、異なる視点を加えなければならなくなる。例えば、「何かを作る」という意味での「アスリートやチームの卓越性を向上させること」は主に練習やトレーニングの段階に関わることであるが、ある競技のコーチたちには、それだけでなく、試合のなかで「その卓越性を発揮させること」も求められるのである。ただし、そうしたなかでコーチに求められることの度合いは種目によって異なっている。陸上や競泳や体操競技など、競技最中にコーチの役割が比較的多くない競技に比べて、野球、サッカー、バスケットボール、ハンドボールなどでは、コーチが選手に直接指示を出して、選手交替を行い、選手の動き方を左右するという意味で、コーチの役割が多岐にわたる。[27] こうした役割は、オーケストラの「指揮者」や戦争での「指揮官」などに比せられる。しかも、本質的に指揮者は合奏に、指揮官は戦いに埋め込まれた存在である。それはいくつかの競技のスポーツコーチでも同じである。例えば、バスケットボールでは、国際ルールのなかでチームの構成要素として一二人以内の選手に加えて、一人のコーチが挙げられている。[28] コーチはプレーヤーとともに同じフロアに立ち、試合の一部分になるのである。

他方で、指揮者と指揮官にも決定的な違いがある。指揮者はあらかじめ決められた楽曲を合奏するという意味で、偶然的な状況に出会うことは稀であるが、指揮官は常に相手と対峙することで、さまざまな個別的状況、つまり不測の事態に対処しなければならないのである。その種の人々には、「技術」のみならず、臨機応変さや柔軟性といった動的な場に対応する能力も必要とされる。[29] 具体的に言えば、戦場において「指揮官」は、あらかじめ自分が対峙する状況が決まっていないなかで、その都度その都度自分が出くわす戦局という個別的状況に対処していなければならない。そのなかでは適用可能な原理を個別的な状況を見極めて適用するという「実践的推論」が必要になる。コーチングでは、その都度の状況や環境に適した練習を行うことや、対戦相手によって異なるさまざまな戦術を用いたり、選手起用を工夫したりなどの事態が考えられる。その意味では、コーチは指揮官と同じような役割を担っているということになる。こうした個別性と偶然性を考慮に入れるならば、コーチングの営みでは、何かを作るという技術のみならず、個別的な状況を切り抜けるための臨機応変さや柔軟性も必要だということになる。

そうすると、コーチングの目的には、アスリートやチームの「卓越性を向上させること」のみならず、「卓越性を発揮させること」も含まれるということになるはずである。例えば、音楽教師の場合で言えば、「(1)楽器を弾く能力を身につけさせる段階」と「(2)その能力を実際に(演奏会などで)発揮させている段階」に相当する。あるいは、これをもう少し一般的な教師の場合で言い換えると、「知識を獲得させている段階」と「(テストなどで)知識を使って解答させている段階」ということになるだろう。[30]

一見すると、そうした卓越性を発揮させることに関わらないように見えるコーチたちもいると思われるかもしれない。それは、先に触れた陸上競技や競泳や体操競技のコーチたちであるが、そうした競技などにおいても、競技直前に気持ち《モチベーション》を高めるような言葉をかけることも「コーチング」の一種と考えられるならば、当然そうした競技のコーチたちも「卓越性を発揮させること」に関わっていると言える。したがって、おおよそ全てのコーチングは、「卓越性を向上させること」のみならず「(当該競技の中で)卓越性を発揮させること」を目指したものということになるだろう。

そのように考えると、以上のような対比から浮かびあがるコーチングの目的とその営みには、二つの要素があると思われる。[31]一つは、試合の場面で、対象となるプレーヤーやチームの「卓越性を向上させること」であり、その営みは「指導」である。またもう一つの目的は、試合の場面で「卓越性を発揮させること」であり、その営みは「指揮」である。[32] そして、「指導」と「指揮」という二つの主要な「営み」や「働きかけ」に対して、より具体的なコーチングの実践が規定されることになる。[33]

それでも、ここで注意しなければならないのは、コーチングの目的が「卓越性を向上させること」や「卓越性を発揮させること」と言った場合、その「卓越性」の内実は競技ごとに異なっているという点である。しかも、チームスポーツの文脈では、競技内での役割やポジションごとに向上させられるべき「卓越性」も異なっている。そうすると、スポーツにおけるコーチングの営みを考える場合、常にその目的となるアスリートやチームの具体的な優れたあり方を念頭に置かなければならない。アスリートが練習を行って、優れた技能や身体能力や人柄といった「卓越性」を身につけるのは、さらにその身につけた卓越性を試合などの場で活用するためである。能力の終極は、まさにその活用にあるのである。[34] そして、教師は生徒が実際にその知識を働かせていることを目の当たりにしたときに生徒が目的に到達したと考えるように、[35] コーチはアスリートが自らの卓越性を発揮しているのを見て、アスリート自身の目的に到達していると考えるのである。

このようにして本書では「コーチング」を「(a) 試合においてアスリートやチームの卓越性を向上させることと、(b) 試合の中でその卓越性を発揮させることを目指した営み」と規定する。

コーチングにかかわる二つの用語の確認

コーチングが何であるかが明らかになったところで、そのコーチングにまつわる二つの用語を整理しておくことにしよう。それは、「コーチングアプローチ」と「コーチングコンテキスト」である。

コーチングアプローチ

コーチングアプローチは、個別的な場面でどのようなやり方を活用するかに関わる。おそらく、よく知られているコーチングアプローチとして、「コーチングとティーチング」というものがある。

読者の皆様にも、「コーチングとティーチングは違う」といった言い方を聞いたことがある人は多いだろう。[36] あるいは、「指導のなかでコーチングとティーチングを使い分けることが大切」というフレーズを聞いたことがある人もいるだろう。例えば、「実際の指導現場では、どんな場合でもコーチングが適しているとはいえません。初心者、もしくは初めての技術の導入やトレーニング方法への理解を徹底したい場合には、ティーチングも有効な手段となりえるのです」[37] と説明されることがある。これはしばしばスポーツコーチングの講習会でも聞かれるフレーズである。その一例として、日本バスケットボール協会が刊行している『バスケットボール指導教本 改訂版 上巻』では、「プレイヤーの知らないことを教えるティーチングと、プレイヤーの能力を引き出すコーチングという二通りの指導法がある」[38] と説明されている。さらに、それぞれのプレイヤーたちの知識や経験に応じて、「ティーチングとコーチングを使い分けることが重要である」[39] とも言われている。この場合、ティーチングは教える・指示的行動という観点から、初心者を指導する場合やスキルが不十分なプレーヤーを指導する場合に有効であり、コーチングは引き出す・支援的行動という観点から、プレーヤーの自発性を引き出し、成長を促す方法として有効だとされる。しかし、このような「ティーチングとコーチングの区別」にはある種の混乱があると思われる。『バスケットボール指導教本』も、最後まで読んでいくと「プレイヤーの知識や経験のレベルに応じて「教え込む」という手法と、「引き出す」という手法を使い分けることが重要である。そこで、本書ではさまざまな手法を用いた指導全体を表す言葉として、スポーツコーチング、あるいは単にコーチングという言葉を用いることにする」[40]としている。このように指導全体をコーチングとするならば、「引き出すこと＝コーチング、教えること＝ティーチング」とする見方自体が余計なものとなってしまうのである。

このようなティーチングとコーチングの区別はいわゆるビジネスコーチングに端を発するもので、[41]結局のところ、スポーツのコーチングにあてはめることはできない。スポーツのコーチングでは、時と場合に応じて、プレーヤーに対して教えることもあれば、引き出すこともある。そこで、本書では、そのようなティーチングとコーチングの区別を使用しないことにする。[42]

では、「コーチングアプローチ」としてはどのようなものが考えられるだろうか。伊藤雅充は、「指示（Tell）、提案（Sell）、質問（Ask）、委譲（Delegate）」というアプローチを使っている。[43]この場合は、単純にどのアプローチが優れているというのではなく、コーチングのさまざまな状況に応じてそれぞれのアプローチを使い分けられるようにすることが重要だと考えられている。

現場での有用性を考えると確かにその四つのアプローチがわかりやすく有用であろうが、もう少し細かい区分も可能である。以下では、コーチングアプローチを明らかにするために、敢えてより詳細に区分してみることにしたい。ただし、本書ではさまざまな箇所でそれらのアプローチに言及することになるので、ここでは最小限の説明にとどめておく。

（1）伝える

この「伝える」はかなり広範囲にわたるが、コーチングでは主に競技の専門的な内容をアスリートに説明することがある。スキルのやり方を説明する、戦術の内容を述べる、ちょっとしたコツを教えるなどである。あるいは、そうした内容をメタの視点から語ること、例えば、あるスキル練習の重要性を伝える、ということもある。これは基本的に、一方的に内容を言うことになるので、受け取る側のアスリートがその内容を理解できることが前提となる。

（2）命じる

アスリートがやるべきことを命じることがある。戦術上の指示などはこれに含まれる。「～せよ」、「～してはならない」という命令形で表現されるため、「伝える」とは異なっている。ただし、「～すべきだ」「～しなければならない」は、言葉のうえでは命令形ではないものの、コーチとアスリートの関係性では命令の機能を果たしてしまうので注意が必要である。

（3）示す

この「示す」のうちには、（a）コーチ自ら手本を示すこと、（b）自分以外の人が手本を示すことがあり、他方で、（c）映像や画像を使ってアスリートの姿やチームの状態を示すこと、（d）映像や画像を使ってアスリート以外の対象を示すこと、などが含まれる。

（4）与える

コーチングとして大部分を占めるのは、練習課題を「与える」ことであろう。それ以外にはアスリートの学びのために書籍を「与える」ことなども考えられる。

（5）質問する

直接的に伝えるのではなく、質問をすることで、アスリートの考えを明確にすることができる。また、アスリートの考えを引き出すことも可能である。アスリートに直接質問することもあれば、最近では電子機器のアプリケーションを使って質問するという形態も考えられる。質問には、「はい」か「いいえ」で答えるクローズドクエスチョンと、「はい」か「いいえ」では答えられないオープンクエスチョンがある。クローズドクエスチョンを通して相手を自分の意図した方向に誘導する場合には、結局、「命じる」のと変わらない働きをすることもあるので、注意しなければならない。

（6）答える

アスリートに質問をされたのに対して答えることがある。広い意味では「伝える」に含まれるが、アスリートの側からの質問があって成立するもので、受動的な要素が含まれている。アスリートが主体性を持つとコーチの「答える」機会が多くなる。

（7）委ねる

委ねるにあたってコーチは必要最低限のことだけを伝えて、あとはアスリートやチームに任せることができる。それは自由を与えることとも密接に関係している。また、アスリートやチームの現在地を観察するために、ひとまず練習や試合のなかで委ねてみるというやり方もある。ただし、良かれと思って、アスリートに委ねて、自由を与えることが、「無関心」と解釈される可能性もあるので、その点は注意が必要である。[44]

（8）見守る

基本的にコーチが何か働きかけることなく、「見守る」ことである。外見的には何もしていないと受け取られることもあるかもしれないが、アスリートの行動や心情を気にかけることで、何か必要なときにはしかるべき行動を取ることができる。そのような行動の必要がなく、アスリート自身やチーム自体が自然と成長することもある。

以上見てきたアプローチはすべて他動詞で表現されており、コーチが主語にきて、アスリートが受け手となる。また、コーチがアスリートに対して何らかの働きかけをすることを「介入[45]」という言葉で表すことも可能である。

こうしたコーチングアプローチに対して、多くのコーチたちにとって馴染みなのはより具体的なコーチング実践であろう。それについては、例えば、以下に挙げるような練習と試合に関係する要素を実行することである。

（一）練習およびその前後の場面

・技術指導、戦術指導、メンタル指導、身体トレーニングの実施
・練習メニューの作成とその実施、練習中のメニューの修正とその実行
・練習中のプレーヤー（心・技・体）またはチーム（戦術やチームワークや一体感）の分析
・プレーに対する質問やフィードバックなど
・練習の実施と全体のタイムマネージメント
・練習後のチームミーティングでの話

（二）試合およびその前後の場面

・対戦相手のスカウティングや分析（それに伴う機器やアプリの操作など）
・ゲームプランの作成
・出場メンバーの選抜と選手交代の指示
・プレーヤーへの心的・身体的な準備の支援
・（ルール上ある場合）タイムアウトの要求
・パフォーマンスの分析と評価、戦術の分析と評価
・プレーヤーに対する声かけ（コミュニケーション）

・試合前後のプレーヤーたちとのミーティングの実施
・試合そのものの分析

(三) その他の場面
・活動理念や目的の設定
・コーチング哲学の構築
・年間計画の作成や競技成績目標の設定
・練習と試合に関わらない場面でのプレーヤーとの交流

こうしたさまざまな要素を見れば、コーチングのうちにはさまざまな営みがあることがわかるだろう。さらに、そうした営みも、すでに「コーチングアプローチ」として言われたような、「伝える」、「命じる」、「示す」、「与える」、「質問する」、「答える」、「委ねる」、「見守る」など、コーチの側からアスリートに働きかける極めて単純な要素に分解することができる。コーチングが目指すところは「卓越性の向上と発揮」に集約されるが、その目的を達成するために、コーチは実際にコーチングアプローチやコーチング実践など、さまざまな単純な要素を実行するのである。そして、具体的なコーチング実践は、私たちの身体におけるさまざまな目的を持った諸器官に相当するもので、それに対して、さまざまなコーチングアプローチは血液や筋肉といったより単純なものに相当すると言えるだろう。それらが有機的に組み合わさってコーチングという全体が成立しているのである。[46]

コーチングコンテキスト

ここで、コーチングにまつわるものとして「コーチングコンテキスト」という言葉についても触れておくことにしよう。伊藤がコーチングは「文脈依存《コンテキスト》」の特徴を持つと主張していることはすでに述べたが、この「依存」という強い言葉が示すように、コンテキストがどのようなものであるかを理解することはコーチングにおいて決定的な意味を持っている。英語のcontextは、日本語では文章のなかでの「文脈」や「前後関係」、それに加えて、より一般的には「事情」や「背景」や「状況」や「環境」などとも訳される。文章を意味するテキスト（text）からそれが文章に関係することは想像できるだろうが、文書の一部分のみならず、その「周り」にある文章にも関わるということで、「文脈」となる。しかし、この言葉は文章のみならず、より広い意味で状況についても適用される。つまり、状況に付随する背景や環境を指すようになったのである。「今、ここ」という個別的状況がテキストであれば、コンテキストはその「今、ここ」という状況とそれを取り巻くさまざまな環境を含めたものということになる。そうすると、「コーチングコンテキスト」といった場合には、第一義的には、「コーチを取り巻く環境（コーチとしての環境）」のことを指していると言える。その場合、コーチにとって密接不可分な存在であるプレーヤーもコンテキストのうちに含まれる。そのプレーヤーの年代や所属や目的によってもコーチングコンテキストは変化する。目的について言えば、楽しみを目的にしたレクリエーションのスポーツもあるし、高いレベルでの競争を目的にしたハイパフォーマンスのスポーツもある。また、指導の対象が何人いるか、どの性別であるか、といったことも、さらにはアスリートの障がいの有無も、コーチングコンテキストの構成要素である。さらに、「コーチとプレーヤーを取り巻く環境」も、コーチングコンテキストに含まれると言えるだろう。例えば、地域のクラブなのか学校の部活なのか、あるいは実業団チームなのかプロチームなのか、によってそのコンテキストは変わってくる。また、そうした環境のなかで活動を共にする人や組織もコンテキストに含めることができる。こうしたコーチングコンテキストには、歴史的な事実であったり物理的な性質であったりも含まれる。例えば、「私には指導対象としてアスリートが一二人いる」というのは、実際に数えることで真偽が明らかになる事実である。また、「このチームが所属するカテゴリーは大学である」ということも所属組織の性質を確認することで明らかになる事実である。

しかし、コンテキストについての注意点もある。まず、コーチングコンテキストのうちには、真偽が明らかになりやすい客観的な事実があるのに対して、プレーヤーの性格特性やチームの特徴など、真偽が明確になりにくい要素があるという点である。その一例として、自分はある一人のアスリートが打たれ強いと思っていたが、実はかなり繊細だったということがある。漫画『SLAM DUNK』(作・井上雄彦)に登場する陵南高校の田岡茂一《もいち》監督は、仙道彰を繊細で、福田吉兆を打たれ強いと考え、そうしたコンテキストに応じてコーチングを行っていた。具体的に言えば、仙道は褒めて伸ばそうと思い、福田は叱って伸ばそうとしたのである。しかし、実は福田のほうがかなり繊細で、叱られっぱなしであることにストレスを溜めて、その爆発の矛先が田岡監督に向かう大変な事態に発展してしまった。コーチングのコンテキストのうちでも、真偽が明らかになりにくい要素については、言わずもがな、しっかりとその真相を見極めることが重要である。それゆえ、コンテキストに対する認識能力も、コーチにとっては重要な能力の一つということになるだろう。[47]

また、コンテキストを構成する要素が膨大に存在しうる反面、どの要素を自分自身のコーチングコンテキストのうちに含めるかはそれを見るコーチ次第である。中には、アスリートの宗教的信条をコーチングコンテキストのうちに含めてコーチングに臨むコーチもいれば、そのような事柄に無自覚なコーチもいるし、触れたくないと思って意図的に無視するコーチもいるだろう。[48] コンテキストに関係のある要素とない要素を判別する能力も、コーチにとっては重要な能力の一つと考えられる。

以上のことを踏まえると、コーチは、自分自身がコーチとしてどのようなプレーヤーたちと活動をともにし、その周りにはどのような関係者がいて、どのような組織や社会のなかで活動をしているか、といったことを把握することが重要であるが、そうしたことを表す総称として「コーチングコンテキスト」という言葉があることを覚えておいてもらいたい。

第2章　善いコーチを考えるために

よい《グッド》コーチは試合を変えることができる。善い《グレート》コーチは人生を変えることができる。（作者不詳）

「名選手、名監督にあらず」

もはや使い古されている表現だが、「名選手、名監督（名コーチ）にあらず」という言葉がある。文字通りに解釈すれば、「すべての名選手は、名監督ではない（＝になることができない）」ということになる。しかし、野村克也や落合博満のように、名選手であっても名監督になった人もいるのだから、この全称否定命題は明らかに言いすぎだろう。もっと現実に即して、もう少し緩やかに解釈すれば、「名選手は、たいてい名監督にならない」となるだろうか。この「名選手、名監督にあらず」という表現が意味を持ってくるのは、現実問題として名選手が名監督になることができないという事実を示しているからではなく、むしろ、どのような選手であれば、指導者になったときに名監督になることができるのか、あるいはなることができないのか、という問題の位相を開いてくれるからである。

まず、当のコーチたちはどのように考えているだろうか。サッカーのイビチャ・オシムは「やはり選手と監督というのは別のものだ。いい選手が監督になった時は、自分がいい選手であったことを忘れるべきだ」[1]と述べている。自分がいい選手であったときの経験を引きずっていれば、よいコーチになることができないし、そうした経験を拭い去ってコーチングに向かうことで、コーチとしても成功する道が開けてくるという意味だろう。また、高橋尚子を育てた小出義雄は、「名選手、名監督にあらず」に賛同して、その理由を次のように述べている。「一流選手だった人は、どうしても自分がやってきたことがいちばん正しいと思い込んでいる。自分がやってきたことを、そのままほかの選手にも当てはめようとしてしまうのだ」[2]。言い換えれば、選手として成績を残してきたから、自分が受けてきたその方法が他のプレーヤーに対しても有効だと思ってしまう。いわば教育学者の苫野一徳が言うところの「一般化のワナ」[3]にハマってしまうのである。そして、小出の言い方は、「すべての名選手は名監督になることができない」という全称否定命題に近いニュアンスを帯びているように思う。また小出は、「人間の体は一人ひとり違うのだ。筋力も違えば、柔軟性も違う。また性格や考え方も違う。その違いを無視して、一律に自分のやり方を押しつけてもうまくいくはずがない」と述べ、選手一人ひとりの個別性を踏まえることがよいコーチになるために重要だと示唆している。

オシムと小出は、サッカーと陸上長距離と専門種目が異なりながらも、名選手が引退した後に、それまでのやり方を引きずっているようでは、よいコーチになることができないと述べている点では一致している。

こうした見解に対して、自身も現役時代に優れた成績を残して、名将にもなった野村克也は、名選手だからといって名監督になれないわけではないと主張する。自身が名選手にして名監督になったという自負が垣間見られるが、名選手が一流の監督になれないのは、選手としては一流でも、人間としては一流でなかったからだと指摘している。[4] ここには、「選手としてのよさ」と、「コーチとしてのよさ」を区別する考えがはっきりと見える。つまり、選手の場合は、人間的には少し問題があっても、競技力さえ高ければ一流になることができるが、コーチの場合、指導力と人間性が一流でなければならないというのである。当然のことながら、選手とコーチでは求められる資質能力が異なっている。

また、「現役時代に優れた選手であったからといって優れた指導者になるわけではない」ということについて言えば、多くの人が頭のどこかではそのことをわかっていながらも、コーチとしての手腕を測るときに、現役時代の成績がどうだったかを気にしてしまうものである。それは、コーチの周りにいる人たちのみならず、プレーヤーの側でも同じである。「あのコーチはいつも偉そうなことを言っているけど、自分自身は現役時代にどうだったんだ」と、プレーヤーだった人なら一度は考えたことがあるだろう。印刷資料や紙媒体しか正確な情報源がなかった一昔前と違い、いまではインターネットを調べれば、比較的若いコーチについては現役時代の所属チームや競技成績をすぐに見ることができる。そうしたなかで、現役時代の成績がたいしたことがないと発見したプレーヤーは、そのコーチに対してどう思うだろうか。もしかすると、「そんなコーチの言うことなど信じられない」と、言うことを聞かなくなってしまうかもしれない。しかし、コーチの現役時代の成績とコーチングの良し悪しはそれほど関係がないはずである。というのも、現に、プレーヤーとして高い競技成績を残していなくても、コーチとして高い手腕を発揮して優れた成績を残している人たちは大勢いるからである。例えば、水泳の平井伯昌[5]、バスケットボールの恩塚亨[6]、サッカーの佐々木則夫やジョゼ・モウリーニョ、野球の栗山英樹、ラグビーのエディー・ジョーンズ、陸上の原晋《すすむ》などである。一般的に、プレーヤーはそれぞれの競技におけるパフォーマンスの高い者が名選手とされ、コーチはその競技でプレーヤーのパフォーマンスを効率的に高めることができる者が名コーチとされる。誤解を恐れずに簡略化すれば、プレーヤーとしてのよさは競技における身体的な動作に大きな比重が置かれているのに対して、コーチとしてのよさはそうではない。やはり、本来「プレーヤーとしてのよさ」と「コーチとしてのよさ」は異なっているのである。

それでも、現役時代に極めて高いレベルで競技をしてきたコーチたちには、その経験や感覚がある。そして、高いレベルでの身体動作を感覚的に知っていることが、技術指導に活きることもあるだろう。この身体感覚に基づく技術指導について有名なのは、監督の長嶋茂雄と松井秀喜の一対一のつきっきりバッティング指導である。その素振り指導を松井は「長嶋茂雄が僕の中へ入り込み、僕の視点から打撃を追求していた」と回顧している。[7] そのなかで長嶋はバッティングの際にどのような音がするかを重要視していたとされる。「いい振りができたときは、球を捉えるはずのポイントでピュッと短い音がする」[8] というのである。そうした音を頼りに素振りを繰り返すことで、プレーヤーはよりよい技術を身体に染み込ませていく。このようなコーチングが可能であったのは、長嶋のプレーヤーとしての比類なき身体感覚と技術があってのことだろう。どのように身体を動かせばよりよいバッティングをすることができるのかを言語化はできないものの、身体で知っており、それを活かしたのである。それを元に「松井秀喜という選手に同化して一緒にバットを振っていた」という形の指導ができるようになった。このようにして、優れたプレーヤーとしての感覚が技術指導に活きることがあるのは認めざるを得ないが、これはあくまでも稀有な例にすぎない。

それゆえ、全体として見れば、プレーヤーとコーチでは異なる資質能力によってその良し悪しが決まると考えていいだろう。

よいコーチについて考える人たちとその視点

それでは、ここから「よいコーチ」について考えていくことにしよう。あなたがコーチの人事権を持っていることを想像して欲しい。学校の管理職をしていたり、プロチームのゼネラルマネージャー（GM）をしていたり、地域総合型クラブの役職に就いていたりする状況である。前任のコーチが何らかの事情でいなくなり、新しいコーチを探さなくてはならない。そのことを周囲に告げると、友人のひとりがあなたにコーチの候補者を紹介してくれた。そこで紹介してくれた友人に理由を問うと、「とてもよいコーチですよ」と答える。そうすると、あなたは「よいコーチだから即採用」ということはせずに、まずは「どういう意味で「よいコーチ」なのか？」と聞き返すことだろう。なぜか。それは、自分自身の考えている「よいコーチ」とその友人の考えている「よいコーチ」が一致している保証がどこにもないからである。よいコーチと一口に言っても、その内実は人によって異なっている。そして、その友人が「よいコーチ」を構成する要素を把握していないこともあるだろうし、あなた自身も何か確固たる要素をわかっていないことすらあるだろう。

それでは、問いをさらに一歩進めて、あなたにとって「よいコーチとはなにか」と問うたら、どのように答えるだろうか。「よいコーチ」と呼ばれる人たちを列挙することは簡単にできるかもしれないが、よいコーチがどのような要素を持っているかを明示するのは簡単なことではない。あなたは、自分のチームや選抜チームなどで教わってきたコーチを挙げることができるし、自分が対戦したライバルチームのコーチを挙げることもできるだろう。また、スポーツ界で過去に活躍したコーチや現在活躍しているコーチを挙げることもできるだろうし、さらに言えば、漫画やアニメやドラマのなかに登場するコーチを挙げることもできるだろう。しかし、そうしたよいコーチたちをよいコーチたらしめているのは精確にはどのような要素なのか。

通常、コーチたちはプレーヤーをどう伸ばしてあげるかを第一に考えてコーチングをしているので、どのようなプレーヤーがよいプレーヤーかを日常的に考えているはずだ。また集団競技の場合は、どのようなチームが理想的なチームであるかを想い描いているに違いない。チームづくりにおいては「理想像から全てがはじまるのであり、理想像は全てを可能にしてくれる」と言うコーチもいるくらいである。[9] それでも、コーチ自身が「どんなコーチがよいコーチか」と考える機会は少ないかもしれない。私自身のコーチングの経験から言えば、日々の練習を通じたプレーヤー育成やチームづくりでいっぱいいっぱいになってしまい、よいコーチとは何かを今ほど考えることはなかった。日常に埋没して自分の理想像をなかなか考えられないというのが現実だった。私の印象では、多くのコーチがコーチとしての理想像を明確には描いていないように感じる。おそらく、コーチは勝ち負けによって評価されるものであるから、勝たせるコーチこそがよいコーチであり、さらに、コーチは自分自身がどうあるかよりも、指導するプレーヤーやチームがどうであるかが自分の評価に大きく関わるものだと考えているのだろう。[10]

それでも、何かコーチとしての根幹を揺るがすような出来事に直面して、「自分はコーチ失格だ」、「自分はコーチに向いていない」とコーチ自身が悩んだときには、心の中にその反対のよいコーチ像を描くこともある。そのとき、自分はそこには至っていない、自分には足りないものがあると考えているが、そこにはよいコーチ像がなければそもそも「至っていない」「足りない」と言うことすらできない。この場合には、単なる実践上の方法論や基本方針ではなく、コーチとしての自分のあり方について想いを巡らせることになるのである。

では、コーチを評価する関係性にある人たち、さらには評価をしなければならない立場にある人たちは「よいコーチとは何か」をどのように考えているだろうか。この点を見てみよう。

まず、(1)コーチに指導を受けるプレーヤーたちはよいコーチとは何かを考えているはずだ。しかし、その場合、直接的によいコーチとは何かを考えるというよりも、コーチ本人の駄目なところを見て、そのような特徴を持っているのはよいコーチではないと否定的な要素を挙げるのが一般的だろう。「プレーヤーを公平に扱わないのは悪いコーチだ」、「自分の気分次第で指導方法に一貫性がないコーチは駄目だ」、「言っていることとやっていることが一致しないのはコーチとしてどうなのか」などと考えることで、間接的に、よいコーチを形づくっていくことができる。私自身も現役時代に見てきたコーチの短所を通じて、よいコーチを描き出していたことがあるのを否定できない。また、自分の好みに合うコーチをよいコーチと考え、あまり相性のよくないコーチを悪いコーチと見なす傾向もあるだろう。自分に厳しいプレーヤーは、厳しく接してくれるコーチを好むし、その逆も考えられる。このように考えると、プレーヤーからの視点では総じて、自分との関係で、自分自身を起点として、よいコーチを考える傾向にあると言えるだろう。つまり、そこには客観的な基準があるわけではなく、自分やチームに対するコーチの振る舞いが良いのか悪いのかを考えるという主観的な判断が大部分を占めてしまっているのである。

これに対して、（2）本章の冒頭で言及されるコーチの雇用主もよいコーチについて考えているはずだ。その一例として、二〇一九年に放送された『ノーサイド・ゲーム』（TBS系）では、大泉洋扮する君嶋GMがチームの新監督を選ぶエピソードがある。[11] そのなかでは、コーチとしての適任を探るうえで、よいコーチの条件を挙げている。コーチ自身に「優勝経験があること」という条件が重要視されていた。劇中では、廃部を阻止するために優勝するチームを作らなければならないという事情から、コーチの条件を挙げている。ただし、それは、ある限定された場面でのみ通用するよいコーチの条件であって、普遍的なよいコーチの条件とは異なっているように思われる。というのも、このGMの視点が常に所属する組織の利益を含んだものだからである。このGMに限らず、一般にコーチを雇う側、採用する側にとっては、組織や共同体にとって何らかの利益をもたらしてくれるコーチが「よいコーチ」とされることが多い。例えば、私立学校で管理職が雇うコーチを決められる場合、よい競技成績をあげることで、学校の評判を高めるという狙いから、やり方はどうであれとにかくよい競技成績を残せるコーチがよいコーチとされることがある。ここには、端的なよいコーチというよりも、全体にとっての利益をもたらすコーチという功利主義的な視点が含まれているのである。

さらに、（3）「コーチデベロッパー」と呼ばれる人たちもよいコーチ像についてさまざまな思考を巡らせていることだろう。コーチデベロッパーは、簡単に言えば「コーチのコーチ」のような存在であり、コーチが成長するのを手助けする役割を負う。コーチの成長を助けるためには、目標としてどのようなコーチがよいコーチであるかを理解していないと、ただ闇雲に関わるだけになってしまう。しかし、現在この「コーチデベロッパー」という用語は多義的に使われており、コーチデベロッパーとしてどのような組織に関わるかに応じて「よいコーチ」の考え方も変化する。私自身が関わっているところでは、近年、スポーツ組織の指導者講習会において講師が「コーチデベロッパー」という名称で呼ばれるようになっており、例えば、日本スポーツ協会では、コーチデベロッパーたちが共通科目の講習会でコーチの学びを支援している。また、日本バスケットボール協会では「コーチデベロッパー」を資格化し、二〇二一年の時点では、C級・D級のコーチライセンスの講習会を担当している。こうした講習会では、ある一定の基準を満たしたコーチにその等級のライセンスを付与することから、それぞれの等級の基準となる「よいコーチが持つべき資質能力」を明確にしておく必要がある。そうした基準がなければ資格の付与が恣意的なものになってしまうからである。その場合、日本スポーツ協会や日本バスケットボール協会は「公益財団法人」という組織の性格上、競技力向上に資するコーチの能力のみならず、社会的な観点から望ましいコーチ像も含めることになる（この点については次ページの対応表のなかでとくに顕著になる）。つまり、競技の知識や戦術の理解だけでなく、基本的な人権を尊重することができることや、社会的な規範を伝えることでプレーヤーの人間的成長を促すことができること、そして何より重要なこととして、社会のなかでスポーツの価値を高めることができることなどが求められるのである。スポーツ組織で活動するコーチデベロッパーはそうしたさまざまな要素があることを理解したうえで、コーチ育成に臨んでいる。

日本体育協会（当時）「グッドコーチに求められる資質能力[12]」と
サボック『ザ・コーチ』の「優れたコーチの資質[13]」の対応表

			日本体育協会 「モデル・コア・カリキュラム」	サボック
人間力	性格特性		くじけない心、自己統制	情熱、勝利に対する強い欲求、職務に対する意志、平凡であることを嫌うこと、子どもたちの事情に対する理解、品位を保つこと、信念を貫く勇気、正直、公平さ、首尾一貫性
	思考・判断		スポーツの意義と価値の理解、コーチングの理念・哲学（人が好き、スポーツが好き、スポーツの意義と価値の理解、プレーヤーやスポーツの未来に責任を持つ、社会規範、スポーツの高潔性）	理由を伴った論理的思考、目標の特定、道徳的基準、倫理的な基準、良い判断、想像力、何事に対しても計画を持つ
	態度・行動	対自己的	学び続ける姿勢（自己研鑽）、前向きな思考・行動、課題発見力、内省、社会規範	
		対他者的	基本的人権の尊重、相互理解、プレーヤーズ・ファースト、暴力・ハラスメントの根絶、コミュニケーションスキル、マネジメントスキル、目標設定、協力・協調・協働、長期的視点、関係構築力	自分のありのままの姿を見せること、個々人に関心を持つ、尊敬をされること、やる気を高める能力、規律を育む能力、才能を認識できる能力、自分のもとにいるプレーヤーたちの才能を活かす能力、プライドを育てる能力、適切な言葉づかい、ユーモアのセンス
知識技能	スポーツ知識・技能	共通	あらゆるコーチング現場に共通するスポーツ科学	勝敗を分ける要素の理解、組織する能力
		専門	個々のコーチング現場別（競技別、年代別、レベル別、障がいの有無など）に求められる専門知識・技能	スポーツの知識

(「モデル・コア・カリキュラム」の「グッドコーチに求められる資質能力」の表に性格特性の欄を加え、該当する項目に変更を加えている)

さらに、(4)コーチたち自身も、よいコーチが何であるかを考えている場合がある。例えば、千葉ロッテマリーンズの吉井理人は、よいコーチは「教えない」[14]、「選手に内省をさせて、選手自身に解決策を探らせる(答えを与えない)」[15]、「「選手の中のコーチ」を育てられる」[16]、「適材適所の判断ができる」[17]、「選手の個性を見極めることができる」[18]、「固定観念にとらわれない」[19]などの特徴を持っていると考えているようである。この「教えない」ことに関しては、古くは川上哲治も説いている。「選手に本物の技術を身につけさせるためには、コーチが教えすぎてはいけないと思う。言葉で理論をいくら吹き込んでもダメである。自分のほんとうの技術を身につけるにはやはり自分で失敗し、悩み、工夫し、開眼するというフルコースを体験させることだ」[20]と述べており、川上は、コーチがプレーヤーに対して手とり足とり教えすぎることに対して異論を唱えている。このように考えると、コーチたちの場合には、自分自身の実践を通して、実際にうまくいったコーチングをよいコーチングと考え、うまくいかなったことを悪いコーチングと考え、そこから帰納的に要素を抽出する傾向があると言えるだろう。しかし、それはどちらかといえば、コーチの資質能力といった観点よりも、コーチングの実践的なレベルでのあり方や指導上の基本方針に重点が置かれている。

このようにさまざまな立場から見ていくと、視点の違いに応じてよいコーチのあり方についてもさまざまな見解が示されることがわかるだろう。しかし、それらはそれぞれの立場に不可避的に含まれる要素も入りこんでしまっている。では、より客観的で洗練した観点から見れば、よいコーチが持つそうした資質能力にはどのようなものが考えられるのか。コーチングに関わる研究やコーチたちの考え方をもとに考えていくことにしよう。

よいコーチの資質能力：知識と技能

対応表で示された「モデル・コア・カリキュラム」やサボックの考え方を元にすると、よいコーチに求められる資質能力として、まず「知識」が考えられる。おそらくよいコーチの資質能力として「知識」が含まれることを否定する人はいないだろう。コーチに求められる知識の内実については、国際コーチングエクセレンス評議会らが『国際スポーツコーチングフレームワーク』[21]のなかでコーチングの知識領域を提示している。そのなかでは、次のような三つの知識[22]に言及されている。それは、（1）専門的知識、（2）対人の知識、（3）対自己の知識である。[23]また、こうした三つの知識からコーチの資質能力を考えることは、コーチング学の研究者であるジャン・コティとウェイド・ギルバートの研究成果に基づいている。[24]その研究によれば、（1）専門的知識には、競技に関する専門的な知識とそれを教える方法論が含まれており、また（2）対人の知識は、人々をつなげる能力や心の知能指数（EQ）に密接に関わっており、さらに（3）対自己の知識は、経験や自己認識や反省に基づく自分自身に関する知識などを含むとされている。[25]こうした三つの知識を参照することで、よいコーチに求められる資質能力としての「知識」の内実をより詳細に検討してみることにしよう。

おそらく、よいコーチになるために「専門的知識」が必要であることを疑う人はいないはずである。しかし、それ以外の二つの知識については検討の余地がある。まず、「対人の知識」が何を意味するのか、またなぜ必要なのかは検討する必要があると思われる。ギルバートとコティは、「コーチングの有効性と専門性を支えるコーチの三つの知識の形態をより詳細に定義する」[26]という目的のもと、三つの知識を提示した論文に加えて、さらにコーチの知識に焦点を当てた論文も刊行している。[27]そうした一連の研究のなかで、「コーチは成功するために、自分のアスリートと常に交流しなければならず、それはアシスタントコーチたち、保護者、他の専門家たちとも同様である」[28]と述べたうえで、この対人の知識を、心の知能指数（EQ）、つまり相手の感情を理解する能力と結びつけている。さらにそれを四つの要素に分類している。[29]コーチには、まず（Ⅰ）感情を特定することがあり、それはアスリートの感情を受け取ること、対戦相手の感情を読み取ることに関わる。また、（Ⅱ）感情を使用することがあり、それにより楽しみという感情を若いアスリートに使うことでスポーツの環境をよりポジティブに育むことができる。さらに、（Ⅲ）感情を理解することがあり、感情の原因を認識し、さまざまな感情の関係性を理解することである。そして、（Ⅳ）感情を制御することがあり、これはコーチが自分自身の感情を自覚し、感情が関わる状況を効果的に解決する能力を含むものである。確かに、こうした四つの要素は、コーチングのなかで重要な働きであるが、それを「対人の知識」という枠組みの中に含めるのは難しいように思われる。むしろここから、対人については知識とは違った枠組みが必要であることが浮き彫りになってくる。さらに言えば、他者との関わりのなかで重要な要素である感情に焦点を当ててこの対人の知識を展開しているが、これだけの要素で一緒に活動する「アスリートやその保護者、アシスタントコーチたちや他の専門家」と効果的な交流をできるようになると考えるのは早計ではないか。そうした人々との交流という点からすれば、コミュニケーションスキルや優れた人柄のほうが重要になるだろう。[30]

さらに、そもそもこうした「知」のあり方そのものも問題を抱えているように思われる。というのも、先のフレームワークではコーチの知のあり方を「知識（Knowledge）」のみに限定してしまっているように見えるからである。Knowledgeは、英語では「1．教育や経験を通じて獲得された情報、理解、スキル」[31]を意味する。また、日本語の「知識」は、『広辞苑』では「ある事柄について知っていること。また、その内容」[32]とされており、その知のあり方は「何であるか」について知っているという狭い範囲におおよそ限定されている。さらに、「知識」という日本語を厳格に使えば、数学の公式や物理の法則のような、普遍的な内容に関する「知」のあり方を指すことが通常の用法である。本来知識にはその対象領域があるものだが、「対人の知識」「対自己の知識」といった場合、相手や自分を対象として知識が成立することはないように思われる。それに対して、日本語でも英語でも、「知」のあり方を示すさまざまな用語がある。例えば、「知恵《ウィズダム》」や「知性《インテリジェンス》」などがある。このような語の含意からすれば、実践的な営みであるコーチングにはknowledgeや知識以上のものが必要になってくることが見えてくる。なぜなら、実践においては、知識を持っていることではなく、むしろ知識をどのように適用するか、どのように活用するかが重要になってくるからである。この点については、実はコティとギルバートもコーチングの有効性の定義のうちで暗に認めていると思われる。というのも、彼らは「コーチングの有効性」を「統合された専門的知識、対人の知識、対自己の知識を、特定のコーチングのコンテキストのなかでアスリートの有能さ、自信、関係性、性格を向上させるために一貫して適用すること」としており、優れたコーチングにおいては知識の適用や活用が重要であることを示唆しているからである。確かに、コーチにとってはアスリートの育成方法や、競技固有のスキルや戦術などといった専門的知識は必要ではあるが、明らかに、それだけでは不十分であるし、それ以外の「知」も必要になる。例えば、専門的知識に基づいたコーチングの「技能」も当然その一つに含まれる。そうすると、よきコーチには専門的知識の他に、それ以外の知のあり方や「技能」なども必要になってくると考えられるのである。

よいコーチの資質能力：思考に関わるものと性格に関わるもの

現実に活躍した（している）コーチたちは現場において役立つコーチの資質能力を挙げており、それは一考の価値がある。そこからは、専門的知識にとどまらない、コーチのさまざまな資質能力が見えてくるからである。

自分自身がコーチングを行いつつ、同時にコーチたちを育成する立場にもある鈴木良和（ERUTLUC）は、長い間「良いコーチ」の条件を問い続けるなかで、唯一見つかった答えとして「魅力」を挙げている。[33] ここで、唯一というのは、鈴木が「絶対的な条件」という観点から考えているからである。褒めて伸ばすというのは、ある場合にはうまくいくことがあるが、場合によってはうまくいかないこともある。それゆえ、絶対的な条件とまでは言えないというのである。それに対して、その「魅力」という要素を出発点として、どのような特性を持っていれば魅力的かを考えるという戦略を取る。ここには、よいコーチが持つべき資質能力を普遍的な視点から考える姿勢が見られる。「厳しさ」と「やさしさ」という両面を持っている方が、ただ厳しいだけ、やさしいだけよりも魅力的であるから、そうした特性の両方を持ち合わせたほうがいいということになる。また、それ以外にも、その職務に見合った知識やスキルや勤勉さ、協力する姿勢、管理・運営能力、明確かつ説得力のあるビジョンなどに加えて、より明確な形で「情熱」や「謙虚さ」を挙げている。この「謙虚さ」については特に、本当に偉大と言われるほどのコーチであれば、持ち合わせてしかるべき性格特性だと考えられている。

　同様に、コーチが持つべき資質能力をより包括的な視点から示しているコーチたちもいる。例えば、ジョン・ウッデンは、コーチという職業を選び、その頂点に立ちたいと願う者が備えるべき資質は、以下のものであると述べている。まず、主要な資質として、勤勉さ、熱意、思いやり、判断力、自制心、正直さ、忍耐力、細部への注意深さ、公平さ、高潔さを挙げている。さらに副次的資質として、優しさ、服装、話し方、順応性、協調性、主張、正確さ、油断の無さ、信頼性、楽天的気質、臨機応変さ、先見性を挙げている。[34] ウッデンはコーチとしての輝かしい業績を持っており、取り上げた資質能力もそこから帰納的に導き出された経験的な知識の産物であると言えるだろう。自分自身のコーチングを反省的に考察し、他者のコーチングを批判的に考察することによって、これだけの要素を挙げることができるのはまさに慧眼《けいがん》と言うほかない。

　ウッデンは、さまざまあるものを主要な資質と副次的資質に分けているが、それらをひとまず区別しないで、異なる観点からも区別することができると思われる。例えば、判断力、細部への注意深さ、臨機応変さ、先見性は、「知のあり方に関わる要素」ということになり、他には勤勉さ、熱意、思いやり、自制心、正直さ、忍耐力、公平さ、高潔さ、順応性、協調性、楽天的気質、信頼性は「性格的な要素」となり、服装、話し方、主張などは「その他の要素」と言えるだろう。

　また、テックス・ウィンターというコーチは、順応性、ユーモア、若々しい精神、感受性、性格の良さ、規律、スポーツ活動の教育的価値に対する理解、勇気、プレッシャーや緊張と共に生きられること、過度の緊張を制御するすべを知っていること、などを挙げている。[35] この場合、スポーツ活動の教育的価値に対する理解、過度の緊張を制御するすべを知っていることなどは、「知のあり方に関わる要素」であり、順応性、ユーモア、若々しい精神、感受性、性格の良さ、勇気、プレッシャーや緊張と共に生きられることは「性格的な要素」となり、規律は「その他の要素」と言えるだろう。

　こうしたコーチたちの見解からは、よいコーチには、専門的知識にとどまらない、思考に関わる能力や性格特性も必要だと考えられていることがわかる。

　よいコーチの持つ資質能力について言えば、日本のコーチたちが自らのコーチングについて語っているさまざまな著作を見ても、そうしたコーチの優れた性格的な要素について触れたものはほとんどないことをここで指摘しておきたい。その一方で、大部分の著作では行動の仕方や方法論に焦点が当てられており、内面的要素について語られている場合でも大抵は精神論やコーチとしての心がけを中心としたもので、全体的に「ハウツー」に終始しているのである。[36] それらは本の大部分の内容を加味すると、ビジネスコーチングの手法を多くとり入れたハウツー本に分類していいだろう。[37] しかし、そうしたよいコーチの方法論や基本方針だけを切り取って、それを「よいコーチ」の要素と考えることはできないのではないだろうか。なぜなら、そこにはどのようなコーチがそうした方法論や基本方針を使うのかが想定できるからである。そうした方法論や基本方針よりも、コーチ自身やコーチの知的要素や性格的要素のほうがより根源的だと言えるだろう。ただし、さまざまなコーチング本を読んでみると、性格的な要素に関係するような一節を目にすることもある。例えば、「本心を伝えることが大事」[38]という一節は、「正直という性格特性が重要」と解釈することができるし、「どんな相手であれ、真の成長を望むのであれば丁寧に助言し、我慢強く見守っていく姿勢を保つことが大事」[39]という一節も、「忍耐力が大切」と解釈することができる。しかし、どのコーチたちもそのような性格特性を簡潔に名詞で示すことはない。その一方で、アスリートの持つべき資質能力に言及していることが比較的多いのは興味深い。コーチの持つべき性格的要素について語ると、自分自身がコーチとして優れた性格や人柄を持っていると自画自賛していると思われるのを嫌って、敢えてそうした事柄に言及しないようにしていることも考えられるのではないだろうか。

よいコーチから善いコーチへ

ここまで、よいコーチの資質能力という個々の要素に焦点を当てて、その内実を見てきたが、今度はコーチの側のあり方というより包括的な視点から見ていくことにしよう。そこで糸口としたいのは、本章の冒頭で触れた、グッドコーチとグレートコーチについて述べている次の言葉である。ここでは、まず原文を示し、それに翻訳を付けてみることとする。

“A good coach can change a game. A great coach can change a life.”

（グッドコーチは試合を変えることができる。グレートコーチは人生を変えることができる）[40]

この一節は一読しただけで、なんとなく言いたいことがわかるように思われるだろうが、実のところ、非常に重要な論点が含まれている。この一節において、「グッドコーチ」は試合という競技のなかで勝利をもたらすことができるだけのコーチングの知識、技能、判断力を持っていると一般的に解釈できる。これはいわば「プレーヤーやチームの卓越性を発揮させる」というコーチとしての役割を果たすことができることを意味する。それに対して、「グレートコーチ」は試合というスポーツの限定された場面にとどまらず、プレーヤーたちの人生全体に対しても影響を及ぼすことができるほどの存在と考えられている。言うまでもなく、コーチングはプレーヤーという人を対象とした実践であり、そのプレーヤーたちには誰しも「人間」としての人生がある。「グレートコーチ」は、そのことを踏まえたうえでコーチングをすることができることが示唆されている。そうであるためにコーチは、どのような人間でなければならないのか？　何より、（a）プレーヤーたちと自分自身の人生全体を見る広い視点を持っていなければならないし、（b）プレーヤーたちを単なるスポーツの存在ではなく、一人の人間として生きている存在として見なす思いやりを持っていなければならない。[41]どんなに優れたプレーヤーであっても、花咲くことがなかったプレーヤーであっても、チームにいるときにも卒業した後にも、そのプレーヤーが一人の人間としてどのように生きていくかまでコーチは考える必要があるだろう。さらに、コーチは（c）プレーヤーが自分の生き方について疑問を感じていることに対しても、適切に対応することができなければならない。人生という大きな視点ではなく、「学生だから勉強しなければならないのはわかるが、何のために勉強をしなければならないのかわからない」といった学生アスリートが持っている実存的な悩みについても正面から向き合っていけることがコーチには必要である。これは、どのように生きるべきかという哲学的、倫理的な位相にもつながる問題である。ソクラテスは「いちばん大事にしなければならないのは、ただ生きることではなく、善く生きることである」[42]と語ったが、スポーツに参加している人たちもスポーツの現場が人生のすべてではなく、人生の一部としてスポーツの現場に立っている以上、そのような大きな文脈《コンテキスト》のなかでコーチングを行っていることを自覚すると同時に、大きな文脈《コンテキスト》のなかで善く生きるためにどうすればよいのかを考える視点も欠かすことができないのである。

また、優れたコーチがそのようであるなら、それを起点として劣悪なコーチがどのようなものであるかを推測することもできる。つまり、悪いコーチは試合を悪い方向へ変えてしまい、劣悪なコーチは人生を壊してしまう、ということができるだろう。偉大に対しては凡庸という対義語が考えられ、「人生を善い方向にも悪い方向にも変えることができない」という、いわば無味無臭のコーチも考えられる。そうすると、人生を良い方向へ向かわせることができる「善いコーチ」、ほとんど影響を与えることのない「凡庸なコーチ」、人生を損なってしまう「劣悪なコーチ」を私たちは想定することができるということになる。

このような考察を踏まえて、本書ではこれ以降、スポーツ競技においてコーチとしての役割を十全に果たすことができるグッドコーチを「よいコーチ」と表記して、それを超えて、プレーヤーやコーチ自身の人生をより善い方向へと導くこともできるグレートコーチを「善いコーチ」と表記することにしたい。この「善いコーチ」は、倫理的な位相、哲学的な観点、実存的な領域にも目を向けることができる点で、単に優れた技能や知識を持った「よいコーチ」とは異なっている。そして本書で、ここから主な考察の対象とするのは、その「善いコーチ」のほうである。

善いコーチの人間観

そこでさらに掘り下げて考えておきたいのは、善いコーチの「人間観」である。ここで敢えて人間観に注目する理由は、自分が接している相手をどのような存在と見なしているかが、善いコーチのアスリートに対する接し方について一つの指針になると考えられるからである。この基本的考え方がアスリートの接し方にも影響を及ぼし、コーチングのやり方にもつながるのである。

近年では、これまで斉一的な指導の反動からかアスリート一人ひとりの個性やニーズにきめ細やかに対応するコーチングが推奨されるようになってきた。先に小出の見解のなかにもあったが、アスリートは一人ひとり異なった個性を持っているから、それに応じたコーチングが必要になるのである。しかし同時に、全てのアスリートに共通する部分もある。それは、「人間」という要素である。それゆえ、コーチは「個性をもったアスリート」という視点と同時に、「人間としてのアスリート」という視点も常に持たなければならないことになる。

この点については、医学における人間観を参考にしたい。医師の杉岡良彦によれば、医学には伝統的に生物医学的な人間観がある。これは「近代医学から現代まで脈々と続く、人間をもっぱら生物という視点から考えて、疾患の理解と治療を行おうとする医学[43]のことで、人間を「構造（解剖）と機能（生理）」という観点から理解する。その「生物医学の考え方」では複雑な現象を単一の基本的な原理に由来すると考える「還元主義」と、精神と肉体を二つに分離したものと考える「心身二元論」が基本となっている。[44]そうした考え方のもと、身体の構造や機能に着目した科学的な根拠を頼りに治療を行っている。これに対して、杉岡はより広い範囲を考慮に入れた「生物心理社会モデル」や、それに実存的な要素を加えた、「生物心理社会スピリチュアルモデル」を提示する。[45]それは、医学における対象としての「人間」を生物的な観点のみならず、心理的、社会的、スピリチュアル的な観点からも捉えるもので、その場合、人間およびその健康と病を生物としての身体で一元的に考えるのではなく、心理的な痛みといった視点や人生の意味などの実存的な視点から考えるという複眼的なものとなる。その考えに基づくと、人間のうちでは内分泌系、神経系、免疫系といった要素が複雑に絡み合いながら「生体の恒常性」を維持しており、心理的な要素が身体に影響を及ぼすという事情も考慮に入れることになる。さらに、大きな病気になったときに患者は「自分の人生にどのような意味があったか」といった実存的な問いに直面することがあるが、それによって引き起こされるスピリチュアルな痛みに適切に対処していくことが緩和ケアなどで非常に重要になってくる。

これと同様の観点から、医師のダニエル・オーフリは、患者の感情を理解することの重要性を次のように語っている。

> 医師－患者間における感情の持つポジティブな影響とネガティブな感情を理解することは、医療

の質を最大限に高めるためには不可欠である。医師はすべての患者に対してその能力の限り最善の医療を行うべきだが、そのためには下に潜む感情をはっきり認識し、それをコントロールする術を学ぶことが、検査台のどちらの側にいるひとにとっても重要なことなのだ。[46]

これは、医師が患者を機械論的に単なる生物と見なしているだけでは医術はその本来の目的を果たすことができないことを示唆している。医学におけるこうした多様な視点から見た人間観は、コーチングにおいても同じように重要な意味をもつ。

では、コーチングにおいて、アスリートを人間としてどのような存在と見なすことができるか。ここでは簡潔に示すと次のようになるだろう。まず、（1）スポーツという領域において自らのスキルや身体的能力を向上させようとしている存在（あるいはレクリエーションにおいてはスポーツを楽しもうとしている存在）である。これは「よいコーチ」も持ち合わせている視点であるが、善いコーチにとっては、それ以外の要素が重要になってくる。それは、（2）個人として身体のうちに理性を持ち、欲求や情念をもった存在と見なすことである。これは、理性、欲求、情念を持つ者として、適切な習慣づけを経ることで、徳を涵養できることを意味する。反対に、悪しき習慣づけによっては、悪徳を身につけてしまう可能性も持っていることも意味する。また、（3）身体を持つ者として、身体に伴う限界（有限性）を持つ存在と見なすこともある。もちろんアスリートの可能性を信じることは重要であるが、身体には有限性が常につきまとっているという事実も考慮に入れる必要がある。さらに、アスリートは（4）家族や共同体、社会や国家のなかで生きている存在でもある。こうした事情を踏まえれば、コーチングのあり方もアスリートの接し方も一定の枠組みのなかでなされなければならないだろう。そして、(5) 幸福や不幸、成功や失敗、生や死などといった人生における物事の意味を問う実存的な存在でもある。こうした位相を無視してしまえば、スポーツにおいてアスリートが本当の意味で善く生きることは不可能であろう。何より人間は、社会的な存在であるだけでなく、人生における意味を問う存在でもあるからだ。アスリートの人生をより善いものへと導く「善いコーチ」であるためには何よりもこうした人間観を踏まえておくことが大前提となるだろう。

規範としての「善いコーチ」

ここまで、善いコーチの基本的な人間観を見てきた。本章の最後に、その「善いコーチ」をさらに一つ上の階層から見ていくことにしたい。哲学の分野では、ある事柄をさらに外の視点から問うことを「メタな問い」と呼ぶ。「愛とは何であるか」という問いに対して、「そもそも「愛とは何であるか」と問うことにはどのような意味があるのか」というメタな問いである。ここでは、「「善いコーチとは何であるか」という問いがどのような意味を持っているのか」をメタな視点から考えたい。そのメタな問いを考えるうえで、重要になるのは次のような質問である。つまり、「善いコーチになるために「善いコーチであるか」を知っていることは必要か？」という問いである。

そうした「善いコーチとは何か」を知らずに直感的にその善いコーチと同じように行為できる人もいるかもしれないし、実際、そういうコーチはいるだろう。しかし、このコーチに「なぜそのように行為するのですか」と尋ねても、「よくわからないけど直感的にそう思うから」というだけであったら、確かに行動は同じであってもそこには一貫性が期待できないのではないだろうか。なぜなら、個々の場面で適切な理由に基づいて行為ができる——さらにそのことを言葉で説明できる——からこそ、これまでに出会ったことのない全く新しい事態に対しても、自分自身で論理的に考えて、「善いコーチ」としての行動を取ることができるだろうし、それに伴って行動そのものにも一貫性が出てくるからである。この意味で、善いコーチは少なくとも「善いコーチは何であるか」という知識を持っていて、それに照らし合わせて行動することができるのである。さらに、そうした知識を持っているだけでなく、自分がそれを体現していることも知らなければならないという意味で自己認識や自覚も備えているのである。

　コーチの中には「うまくいくためのXか条」を知りたいという人もいるだろう。実際、そうした需要に応えるべく多くの著作が出版されている。しかし、そうした規則を何の考えもなしに自分のコーチングに適用してもあまりうまくいかないだろう。むしろ、その個別的な場面で、その場面に埋め込まれたさまざまな特徴を見抜いたうえで、行動しなければならないのであるが、その際私たちに規範を示してくれるのが「善いコーチ」という存在である。「善いコーチであれば、この場面でどのように行動するのか」を考えることによって、その場面でのしかるべき行為が導き出されるのである。

　この人を基準とする方法は私たちにとって必ずしも特異なものではない。十数年くらい前にバスケットボールをする若者の間で「W．W．J．D」と書かれたリストバンドが流行した。リストバンドといっても、幅一センチくらいの布製のバンドに、英語が刺繍《ししゅう》されているだけである。当時そのリストバンドをしている若者たちがどれくらいその意味を知っていたのかわからないが、大抵はNBA選手がしているからかっこいいというささやかな理由で身につけていたのだと思う。「W．W．J．D」は、「What Would Jesus Do（イエス・キリストだったら何をするだろう）」という意味で、キリストを規範に立てて、自分自身の行為のあり方を問うているのである。ここには、先ほどの善いコーチの規範性と同様の意味合いを見ることができる。

このように考えた場合、「善いコーチ」も、私たちのコーチング実践で同様に規範的な意味合いを持ちうると言える。

こうした善いコーチの人間観を大前提としたうえで、善いコーチになるために備えておくべき優れた資質能力を少なくとも知識として把握することを目指したい。そこで、次の第3章では、まず「目的論的な観点」からそもそも「善い」が何を意味するのかを確認したうえで、さらにその次の第4章ではその目的論的な観点に基づいてコーチにとっての幸福を考えることにする。そうした議論に基づいて、第5章から8章では、善いコーチの具体的なあり方を見ていくことにする。

第3章　目的論から考える善いもの、勝利至上主義、スポーツの意義

（将棋をやる上で最終目標を聞かれて）終わりのないものだとは思うんですが、やはり自分としてはできる限り強くなりたいと思っています。[1]（藤井聡太）

コーチングにおける一般的な目的論的思考

スポーツをしていると、何らかの目標を目指して活動することは当たり前のことと見なされている。地域の大会で優勝することを目標にするアスリートやチームがある一方で、世界大会に出場することを目指すアスリートやチームもある。このような具体的な目標を立てると、その目標を達成するためにアスリートとしてチームとして何をすればいいのかをわかるようになって、練習で取り組むべき課題を明確化することができる。そして、コーチはそれぞれの目標に応じてまず年間計画と長期・中期・短期の計画を立てて、一回ごとの練習メニューを日々作成するものである。例えば、競泳コーチの平井伯昌は北島康介の指導をしたときに、まずオリンピックという最終目標を立てて、そこから逆算して練習計画を決めていったと述べている。[2]最終目標を達成するために長期目標と短期目標を立てて、その目標を達成するためにどのような経験が必要で、どのような練習を積み重ねなければなら

ないのかを考えていったというのである。

ここには多くのビジネス書にも出てくるような一連のプロセスを見出すことができる。「Aを達成するためにBが必要であり、Bを達成するためにはCが必要であり、Cを達成するためにはDが必要である。そこでそのAを達成するために、一連のプロセスを経なければならない」という具合である。これは「逆算思考」[3]と呼ばれるもので、一番の目標を置くことで、それに必要なものを逆算して具体的にしていくというシンプルな方法である。[4] こうした「逆算思考」を実行する際には、アスリートやチームの現状を把握しておくことも大切である。というのも、その現状に応じて、大きな目標への道筋も変化するからである。そのなかでは現状把握に基づいて、目標へと至るための日々の練習メニューを設定することが必要になってくる。それゆえ、それぞれのアスリートやチームが目指すべき大きな目標を定めて、そこへ至るまでのプロセスを明確化しておくことと、絶えず自分たちの現状を把握して、自分たちがそのプロセスのどこにいるかを把握することが、両輪を形成しているのである。

こうした大きな枠組みで物事を目的志向に捉えていくことはコーチにとって重要であるが、その一方でそれぞれの競技に関連するスキルや身体能力や戦術やメンタル面を向上させるといった微視的な視点でも、目的論的な見方は有効である。例えば、競技内でのスキルに関わる特定の動作を覚えようとしているアスリートがいて、そのために必要ないくつかの部分的な動作を身につけていき、最終的にその特定のスキルを覚えるという場合である。例えば、バレーボールのフローター（無回転）サーブの場合を考えてみよう。その基本技術を習得するうえでは、（1）構え、（2）トスアップ、（3）足の踏み出し、（4）テイクバックという引き動作、（5）重心移動と腕のスイング、（6）ボールヒット、

（7）ボール回転の調整、（8）ボールヒット後の姿勢、といった要素が鍵となる。[5] それらが組み合わさって、ひとつの「フローターサーブ」という技術に結実する。いわば「フローターサーブ」という一つの技術の下に、八つの要素が従属しているのである。ここには技術の目的—手段という事象的連関を見て取ることができる。コーチのほうでは、アスリートがこのフローターサーブという技術を身につけるうえで、それが競技の中でアスリートにとってどのように活きてくるのか、あるいはアスリートの現状からその技術を習得するためにどのような方法が最も効果的であるか、どれくらいの時間がかかり、うまく技術を習得できない場合には何がその原因となっているか、などさまざまな事柄を考慮に入れることになる。

このようなコーチングにおける目標設定とそのための手段を逆算的に辿っていくことや、スキルのなかでさまざまな要素が目的—手段として連関しあっていることは、多くのコーチたちにとってすでに馴染みの考え方であろう。もちろん、厳密に言語化しているコーチも入れれば、直感レベルで従っているコーチもいるだろうし、そのレベルはさまざまである。本章では、そうした「目的論」的な思考を異なる角度から見ていき、より広い範囲で捉えていくことにする。[6] つまり、コーチにとっては馴染みの目標から逆算する思考法を超えて、物事の意義や価値に至るまで、多岐にわたる目的論の役割を見ていくことになる。まずは、道具とその目的の観点から物事の「よさ」や価値が導き出されていることを見てみよう。

道具のよさと目的

私たちの常識として、道具にはそれぞれ目的があるということについては誰も反対しないだろう。包丁であれば、「食材を切るための道具」である。また、楽器であれば、「音楽を奏でるための道具」である。さらに、カバンであれば、「物を運ぶための道具」である。カバンは自分を飾り立てるファッションのための道具ではなく、本来的には物を運ぶという機能が先にくる。PORTERなどを展開する吉田カバンの吉田輝幸前社長は、「私たちがふだん無意識に持ち歩く、カバンの役割はなんでしょうか?」と問いかける。当たり前のことだが、改めて考えてみると、日常生活のなかではその本来的な目的は忘れられていることが多いのかもしれない。カバンを製作する者として、その本来の目的が重要であることを吉田は次のように述べている。「社内でもカバンの役割は、まず「モノを運ぶ道具」として認知されています。そんなことは当たり前のようですが、この軸足をきちんと認識したうえで企画・デザインを行わないと、見た目はカッコよくても使い勝手の悪いカバンとなってしまいます[7]」。要するに、物を運ぶための道具としての本来の目的があったうえで、そこから考え始めるのがカバン作りだというのである。この考えによれば、物を運ぶという目的をしっかりと果たすものがよいカバンということになる。楽器の例で言えば、よりよい音を奏でる楽器がよりよい楽器ということになる。例えば、ストラディバリウスのバイオリンが市販の量産型バイオリンよりもよいバイオリンであるのは、高価だからではなく、よい音を奏でるからであり、スタインウェイのピアノがよいピアノであるのも、よい音を奏でるからである。このようにして、道具のよい悪いは、その道具としての目的をしっかりと果たすかどうかにかかっている。この場合の「よさ」は、一般的に「有用性」とも言いかえることができる。

他方で、カバンはファッションのために使われることもある。そのとき、かわいいカバンやかっこいいカバンを「よいカバン」と呼ぶだろう。しかし、それはカバンとしての本来的な用途とは異なっているから、「よい」の意味もまた異なっている。また、豪華絢爛なピアノをよいピアノと言うにしても、それは美しい音色を奏でるというピアノ本来の目的から外れているので、付帯的な意味で「よいピアノ」としか言えないだろう。このようにして、道具的なものは、「本来的なよさ」と「付帯的なよさ」という概念があることがわかる。これはスポーツの用具について適用することができる。スポーツのシューズは本来、よりよい運動のためにこそ存在しているが、異なった用途のために使われることがある。マイケル・ジョーダンのブランドで人気のジョーダンシリーズのシューズは、発売と同時に売り切れてしまうが、その多くが転売屋に購入されることもある。転売屋は、本来運動のためにあるシューズを自らの利益を得る目的で使用しているという意味で、誤っている――それゆえに非難される――のである。

さらに、道具を目的論から考えると、それは必ず何か他の目的のために必要とされている。つまり、物を運ぶのはさらに「職場でしっかりと仕事を果たすため」になっているかもしれないし、あるいは「困っている人に物資を届けてあげるため」かもしれない。この場合、カバンはたとえそれがどれほどよいものであろうとも、何かそれ自体が目的になるようなことはない。つまり、道具として制作される物は、使う側の目的である「行為」が常に想定されているのである。これはスポーツにも馴染みの考え方である。野球のボールやバットも、人々が野球をするという目的があるからこそ、製作されるのであり、誰も野球をする人がいないのであれば、製作されることはない。およそ道具と言われるものはすべてそのような性格を持っている。その意味で、私たちが道具を選ぶ場合、そこには常に「さらに他の目的のために選ぶ」ということが存在している。

しかし、あらゆる物事がすべて何か他の目的のために選ばれるかというと、そうではない。私たちの身の周りには、本質的に道具とは異なった「それ自体として選ばれうるもの」が存在している。

それ自体として選ばれうるもの

では、常に他のもののために選ばれる道具的なものと異なる種類のものにはどのようなものがあるだろうか。それは、「それ自体として選ばれうるもの」であり、「有用性」には還元されないような「よさ」を備えるものである。それには、快さ、名誉、勝利、卓越性・徳、幸福といったものが考えられる。道具の場合は使用者がそれを使って何らかの行為をするわけだが、反対に、それらの事物についてては、それらをもたらす当の行為が「よい行為」と言われることになる。例えば、快さをもたらす行為や名誉をもたらす行為、あるいは勝利をもたらす行為を、私たちは「よい行為」と呼ぶだろうし、そこに称賛も生じるのである。それでは、それぞれの自然本性を見ていくことにしよう。

まず「それ自体として選ばれうるもの」として私たちにとって一番わかりやすいのは「快さ」であ

ろう。そのなかには精神的な喜びや身体的な快楽が含まれるが、私たちはそこから他に何かが生じることがなくても、喜びや快楽そのものを選ぼうとする。私たち人間は、生まれつき快いものを好み、苦痛を避けようとする習性をもつという意味で、快苦は人間に分かちがたく結びつけられているのである。[8] また、言葉の上でも、「快い演奏」と「よい演奏」は、「快い」と「よい」が、交換可能な言葉として使われる場合がある。この点を考慮すると、「よい」は、先ほどの「有用性」のほかに、「快い」という意味でも使われると考えていいだろう。

また同様に、名誉や勝利も、そこから何も生じなくても私たちは選ぼうとするし、求めるのではないだろうか。[9] アリストテレスによれば、勝利や名誉といったものは、それ自体が望ましく、美しいものであり、そこから生じてくる快さも、それ自体として望ましい快さである。[10] では、なぜ人はそれ以上に何も生じなくても名誉や勝利を求めるのか。ここには「美しい」という観点と「快い」という観点がある。アリストテレスの分析では、勝利は他の人への優越を示すものであり、それは一部の勝利に固執する人にとってだけでなく、あらゆる人にとっても快いものだからである。そして人間である限りは、人より優越したいという欲求を生まれながらにして持っているから、遊びでもスポーツでも議論でも、勝つことは快をもたらす。つまり、私たちのうちにある気概的な部分が人よりも抜きん出ることを求めるゆえに他に何も手に入らなくても勝利を求めるのである。また、名誉に関して言えば、それは実際のよい行為に対して与えられるものであって、[11] 自分自身が卓越していることを示すようなものだから、私たちは欲するのである。ただしそうした勝利や名誉の追求には注意が必要である。というのも、勝利や欲求によって心を動かされ、それに欲求を感じ、愛好したとしても、それだけでは非難が生じるわけではないが、特定の仕方で追い求めるとき、例えば、それらに過剰に惹きつけられ、極めて強い欲望を感じて、私利私欲のために追求するときには非難が寄せられることになるからである。[12] このような観点からすると、勝利や名誉は、自然本性的にはそれ自体として望ましいもので美しいものであるが、それを過剰に追求することは、劣悪で避けるべきことである。また、名誉や勝利も、道具のように他のもののために選ぶことは可能である。[13] つまり、それを使ってさらなる目的を果たそうとすることも可能ではある。それでも、本来的には、「それ自体として選ばれうるもの」であることには変わりないだろう。

また幸福も同様に、「なぜ幸福になりたいのか」と聞かれても、「幸福になるのはよいことだから」としか答えざるを得ないようなものである――ただし、幸福は、快さや名誉とは異なった次元で「それ自体として選ばれうるもの」であるから、その点は後の箇所で述べることにしたい。

さらに、ここまで何度も言及してきた（美）徳や卓越性も「それ自体として選ばれうるもの」に含まれる。この点は、日本語だとわかりづらいかもしれないが、本書で徳や卓越性は、英語では、excellence や virtue と呼ばれ、古代ギリシア語では「アレテー」と呼ばれるものに相当し、もともと事物の「よさ」を意味している。卓越という言葉のうちに「よい」という意味がすでに含まれているのである。ギリシア語のアレテーに関していえば、それはもともとさまざまな道具や器官に適用される言葉であった。例えば、ナイフの機能は「切ること」であるが、その優れた機能を持った「よく切れるナイフ」は、ナイフとしての卓越性《アレテー》を持っている。こうした道具として「よさ」は常にその目的との関係で考えるべきであることはすでに見てきた。これはさらに人間のもつ器官にもあてはめられた。

つまり、目の働きは「見ること」であるが、その機能としての「見る」をしっかりと果たす「よく見える目」は目としての卓越性《アレテー》を持っていることになる。さらに、「聞くこと」は耳の働きであり、よく聞こえる耳は耳としての卓越性《アレテー》を持っていることになる。[14] また、生物にとって「生きること」が魂の働きであるとすれば、よく生きている魂は魂としての卓越性《アレテー》を持っているとアリストテレスやプラトンは考えていた。このような経緯から人間の持っているさまざまな性質にも卓越性《アレテー》・徳という言葉が使われるようになった。道具の卓越性《アレテー》は道具である限りで「よいもの」であるから、それは「他のもののために選ばれるもの」と思われるかもしれないが、その点は注意が必要である。というのも、確かに私たちは使用者としてナイフを道具として使うのであるが、もし仮にナイフが自分自身で選択をできるとすれば、その「よく切れる」という優れた性質《アレテー》をそれ自体として自分のために選択すると考えられるからである。これは少々奇妙な想定に見えるかもしれないが、本質的な機能とは本来そのようなものである。同様に、人間にとっての卓越性や徳は、「よさ」として「それ自体として選ばれうるもの」である。この点についてはもう少し掘り下げることにしよう。

まず卓越性や徳は、その「よさ」を「有用性」や「快さ」以外の観点から捉えることが可能である。つまり、「美しさ」や「立派さ」といった観点から、その「よさ」を捉えることができるのである。そこで、人としての卓越性と言える「勇気」の例を考えてみよう。人によってはある場面で勇気ある行為をすれば、「他の人に褒められるから」という理由で行為を実行する。この場合は、勇気を何か他のもののために選ぶという意味で、道具的に使っていると言えるだろう。しかし、「勇気を伴った行為」は何かそれ自体よいことだから行うという人もいる。この点で、「勇気ある行為」は単なる道

よいものを構成する要素

性質	選択の対象	具体的な事物
有用性	有用なもの	道具的なもの、金銭
快さ	快いもの	身体的快楽、精神的喜び
立派さ	立派なもの	卓越性、徳、名誉など

具とは異なり、それ自体としても選択される可能性を持ったものと見なされている。ここで「勇気」は、単に何か他のもののために選ばれているのではなく、何かそれ自体として「立派である」という理由で選ばれており、「立派さ」という価値を持っているとも考えられている。この「立派さ」は、ギリシア語では「美しさ」も意味する「カロン」という言葉で表現される。日本語でも、「立派な行為」と「美しい行為」が交換可能なものとして使えるが、その場合は、このギリシア語の「カロン」と同じような意味でそれらの言葉を使っていると言えるだろう。

以上のような考察をふまえると、目的論における「他のもののために選ばれるもの」と「それ自体として選ばれるもの」の区別から、「有用性」や「快さ」や「立派さ（美しさ）」といった「よさ」を表す価値語があることがわかる。コーチとしてはただ漠然と「よい」という言葉を使うのではなく、それが他にどのような価値語で表現できるかも考えてみるといいだろう。

内的な善と外的な善

さて、人としての卓越性《アレテー》・徳がそれぞれの人の内にある優れた性質（「内的な善」）であることを考えると、その人の外にある善いもの、あるいは、その人が

目的論的な観点に基づいた「よいもの」の図式

よいもの	目的の観点	自分との関係性
金銭や道具的なもの	他の目的のために選ばれうる	外的な善
名誉、勝利	それ自体として選ばれうる	
卓越性、徳、快楽		内的な善

所有する善いものとして、「外的な善」が考えられる。例えば、すでに述べた道具的なよいものや金銭はこの「外的な善」に該当し、さらに社会的地位などもそこに含まれる。極端に言えば、友人も外的な善に含まれる。もちろん、友人は文字通りの意味で私たちが「所有できるもの」ではないが、「友人を持つ」という言い方は私たちにとって一般的であるし、友人が自分にとって善いものであることには変わりない。同様に、スポーツにとって重要な意味を持つ「勝利」も、内的な善か外的な善と問われれば、外的な善と言えるだろう。私たちは生まれながらにして「勝利を欲する」という意味で、それらは「よいもの」であるが、卓越性や徳、技能のように自らに内在するものとして私たちが持てるものではないからである。

そうすると、「他の目的のために選ばれうる」、「それ自体として選ばれうる」という観点や「内的な善」と「外的な善」という観点からは表のように区別することができる。

こうした理論的な背景に続いては、その応用として、コーチングに密接に関わる外的な善である「勝利」の位置づけを見ていくことにしたい。この「勝利」は本来的なあり方とは異なったものとして、コーチたちに誤解されることが多いからである。

目標としての勝利とスポーツの価値：勝利至上主義への視点

この節では、外的な善としての「勝利」の位置づけを見ていくが、それを通じて、スポーツの価値や、近年問題としてよく聞かれるようになった「勝利至上主義」についても見ていくことにしたい。そこで、その手がかりとしたいのは、井村雅代が勝利至上主義を「悪」とする風潮に疑問を呈した発言のなかで「勝利」や「スポーツの価値」について語っている内容である。井村の語る勝利の価値を見ていくことで、一般に考えられるほど自明な概念ではない「勝利至上主義」についてもその内実が明らかになるだろう。まず井村の言葉を見てみよう。

勝つことにこだわらなければ、スポーツの良さはありません。もちろん、勝つまでの過程も大切ですが、スポーツは「結果」にこそ価値があるんです。「負けはしたけど、頑張った日々にも価値があった」なんて、一見素晴らしい言葉のように聞こえますが、そんなことはスポーツの世界では通用しない。「強い者が勝ち、弱い者が負ける」。これがスポーツの、シンプルな、わかりやすい原理です。[15]

この発言を読者の皆様はどのように解釈しただろうか。一見するとスポーツの価値について正論を述べたもので、それに賛同する人もいるかもしれないが、私としてはこの一節にはいくつか不用意な点が見られると考えている。

まず、（1）「スポーツの良さ」、「スポーツの価値」を「結果」に求めている点が不用意だと思われる。ここでの結果はもちろん勝利を意味している。確かに、試合という時間的にも場所的にも限られた空間のなかでは、「勝利の追求という大原則」[16]があり、その点で勝利という「結果」が目指されるべきである。そして、勝利はすでに見てきたように、私たちにとって「それ自体で選ばれうるもの」であり、追求の対象となる。しかし、それが「スポーツ」そのものにもあてはまるわけではない点に注意しなければならない。つまり、「試合の目標」と「スポーツの目的」は、同じではないのである。勝ち負けが存在するのがスポーツだが、それは勝利という結果にこそスポーツの価値があるということを必ずしも含意するものではない。むしろ、スポーツのよさ、スポーツの価値は、スポーツをする目的、つまりなぜスポーツをするのかという目的の観点から考えるべきである。スポーツでは、レクリエーションとしては「楽しみ」という目的が求められるし、競技スポーツとしてはアスリートが「自らの卓越性を発揮すること」という目的が本来的には求められる。レクリエーションとしてスポーツをやっている場合、スポーツは楽しみや息抜きの場になっており、それは生活の他の部分を充実させるための手段となっている。仕事を充実させるために息抜きとして行っていることもあるだろう。これに対して、競技としてスポーツをやる場合には、そうした息抜きや楽しみとは異なる目的が存在している。スポーツのなかで自らの卓越性を発揮することの方に重きが置かれているのである。日本語の「試合」という言葉は、文字通り「試し合い」であるが、それは単に勝ち負けを求める場ではなく、むしろ自らの卓越性を試し合う場を意味している。[17]また異なる観点から見れば、勝利はスポーツの各競技種目以外の営みからも得ることができるという意味で代替可能であり、また、楽しみもスポーツ以外の活動から得ることができる。このように考えると、勝利や楽しみはスポーツに固有な要素ではない。しかし、あるスポーツ種目におけるアスリートとしての卓越性を発揮することは、そのスポーツを実際に行うことでしか実現できない。この点は、スポーツに内在する目的を明らかにすることにつながっている。言ってみれば、私たちは試合での勝利という目標を目指すことを通じて、スポーツにおいて自らの卓越性を発揮することができる。[18] それこそが、本来的にスポーツのよさであり、価値なのである。

また、井村の発言では、(2)スポーツの良さを「結果」と「過程」という二元論で考えてしまっている点も不用意である。これは別の言い方をすれば、帰結主義の観点からコーチングに関わるよいものを選んでいるわけであるが、これまで見てきたように、スポーツの中には、「よいもの」がもっと幅広く存在している。その点を踏まえると、結果と過程の二元論は、スポーツの価値を極端に狭めてしまっていると言わざるを得ない。「結果」でなければ「過程」に価値がある、「過程」でなければ「結果」に価値があると考えることが「結果と過程の二元論」である。試合での「結果」に価値がないとした場合は、試合までの「頑張った日々」という「過程」を価値あるものとしなければならないと井村は考えている。その証拠に「「負けてもいいじゃないか。みんなで頑張って、練習することが美しいんだ」という人がいたら、そんなのは同好会のレベルの話です[19]」と述べて、勝利という結果と過程を二者択一的に対置させている。しかし、スポーツには、そうした「試合の勝利という結果」と「練習での努力という過程」以外にも評価に値する事柄が存在する。それは、そのアスリートがどのような卓越性を身につけ、それを試合のなかでどのように発揮するかである。この点について、鈴木良和は、ジョン・ウッデンの哲学に基づいて、スポーツの本質的な意義を「なりうる最高の自分を目指すこと」[20]だと述べている。それは勝利とも敗北とも違った基準であり、目的である。当のウッデン自身は、勝利という物差しでしか評価できないとすれば、試合をしている者の半分は不幸になってしまうと批判的に指摘している。[21]これは、「結果と過程の二元論」ではなく、過程の中に結果も含まれるとする一元論的な考え方と言えるだろう。それは相手との戦いではなく、むしろ自分自身との戦いなのである。この点について少し補足しておきたい。

サッカーやバスケのようなオープンスキルのスポーツに関しては、相手が試合のなかで直接的に自分の卓越性の発揮を妨害してくるという事情があるし、相手が自分たちよりも優れたパフォーマンスをしたときには、たとえ自分がこれまでのベストパフォーマンスを発揮したとしても勝利できない場合がある。それでも自分たちがどのような行動をするかは自分たち次第であり、自分たちで決められることである。「なりうる最高の自分を目指すこと」は自分たち自身の選択の範囲内にある。しかし、試合の勝敗は自分たち次第でどうにでもなるものでもない。自分たちの選択の範囲内にはないのである。アーティスティックスイミングのような採点競技の場合、オープンスキルの競技とは違って、相手による妨害はなく、自分がいかに卓越性を発揮するかはまさに自分自身の選択と行動にかかっている。その意味で、戦うべき相手は自分自身であり、自分の卓越性を発揮することが目的と言ってもよさそうである。井村は「「強い者が勝ち、弱いものが負ける」。これがスポーツの、シンプルな、わかりやすい原理」と主張しているが、勝利はどのような相手と対戦するかというい わば偶然的な要素も含んでおり、そのような偶然的な要素を含んだ帰結を絶対視することは、スポーツにおける重要な要素を見落としてしまっていると思われる。

さらに、井村は、（3）自らの勝利論から、「勝利至上主義を悪と騒ぎ立てるのは間違っている」という主張を導き出しているようだが、どうも「勝利至上主義」という言葉の意味を正確に理解せずに使ってしまっている印象を受ける。おそらく井村は「勝利至上主義」を「勝利追求」の意味で考えていて、そこには明確な違いがあることに気づいていないようだ。目的論的に考えれば、その二つを区別しないことには大きな問題がある。「勝利追求」は確かに試合では大前提であり、なんら「悪」ではない。他方で、勝利至上主義を「勝利が最も価値あるものだとする考え方」とするならば、目的論のうちに勝利を正しく位置づけることができていないという意味で誤りであり、その意味でそのような考え方は「悪」だと言わざるを得ない。というのも、物事の本質を考えて、人生という大きな視点からみれば勝利よりも求められるものが存在すると考えられるからである――その内実は本章の最後で明らかにする。また、勝利至上主義を「勝利こそがスポーツのなかで最も価値のあるものだとする考え方」とするならば、それもやはり不条理である。なぜなら、確かに試合では勝利が目指される目標という重要な位置づけを持っているが、スポーツ全体という視点やスポーツをする人という視点から考えれば、もっと他に、それ以上に価値のあるものが存在すると考えられるからである。それは、すでに触れたように、「自らの卓越性を発揮すること」であり、「なりうる最高の自分を目指すこと」にほかならない。

それでは、以上のような考察を踏まえたうえで、さらに「勝利至上主義的なコーチ」とその問題点について考えてみることにしたい。

勝利至上主義的なコーチ

勝利至上主義は、英語では「win-at-all-costs」と言われ、文字通りに訳せば「なにがなんでも勝つ」[22]「全ての犠牲を払ったうえでの勝利」を意味する。そこでまず、スポーツにおいて全ての犠牲を払った勝利の意味合いを広い視点から見ていくことにしよう。その場合、「全ての犠牲」を文字通りの意味で捉えると、スポーツをする目的の最果てに「勝利」を据えたうえで、そのためにはあらゆる手段を用いる、使えるものは何でも使うとも言い換えることができる。このあらゆる手段には、体罰やドーピングや対戦相手への嫌がらせなど、さまざまな不正な手段も含まれる。この場合、不正な手段が含まれるという意味で「勝利至上主義」は批判の対象となる。これは「勝利至上主義による手段の誤り」と言えるだろう。コーチの側では「(ばれないように気をつけたうえで)不正をしてでも勝利すること」を目指していることになる。ドーピングを使ってプレーヤーの能力を向上させて勝利すること、体罰を行ってプレーヤーを恐怖心から意のままに操って勝利すること、などがある。この場合、勝利を得るためには体罰のような手段を使っても許されるとコーチは考えている。それは、勝利を得れば、それが最上の価値を持っているのだから、体罰による苦痛をプレーヤーに与えても放免されるという勝利至上主義的な考え方である。しかしそれは、不正な手段に訴えるゆえに、その元となる「勝利至上主義」も明らかに非難に値する。

他方で、このような不正な手段に訴えることなく、単純に勝利をスポーツ活動の最終目的に据えることも可能である。勝利は他の人よりも抜きん出ることで、それは立派なことだと考えられるから、人は勝利そのものを純粋に求めることがある。勝利は試合のうちに埋め込まれたもので、試合という限られた範囲で考えれば「内在的な善」と言うことができ、「勝利追求」はむしろ当然のことである。その勝利追求は、何ら不正な手段に訴えることがなければ、不正の観点から非難されることはない。しかし、目的論的な観点からすれば、スポーツをすることの最終目的が勝利することではなく、もっと他のもの、例えば、スポーツを通じてより善く生きることや幸福であることだとすれば、スポーツの最終目的を勝利と見なしてしまうことは、「視野が狭い」、「短絡的」といった理由から非難の対象となる。これは「勝利至上主義による目的論的な誤り」と言えるだろう。そうした目的論的な誤りは、考えの上だけでなく、実際問題として、人生のあり方にも影響を及ぼすことになる。例えば、チームを勝利させるために、年末年始もろくに休まずに、家族と過ごす時間も全くもたず、家族は寂しい想いをしているということになれば、そのコーチの人生そのものがどこかバランスを欠いたものとして非難に値するだろう。これは明確な不正を働いているわけではないが、コーチの思慮深さが欠けていることを示しているからである。ただし、この場合、勝利を目指して「妄信的」に取り組むことがコーチ自身の家族や関係者をないがしろにしていると批判される一方、それによって恩恵を受けるプレーヤーやその保護者からしてみれば「情熱的」に取り組んでいるとして賞賛されることもある。現実的には、どのような視点から見るかによってその評価は分かれてくる。したがって、こうしたコーチについては一般的な評価の賛否も分かれるのが普通である。

さらに、勝利が自分たちの活動において最上の価値を持っているから、勝利を得なければすべてが無駄になってしまうと考える場合の「勝利至上主義」がある。例えば、中学校や高校の三年間の最後の大会に負けたことで、今までやったことを無意味だったと否定することも考えられる。そして、信じられないことだが、特に若い世代のスポーツ界において、そのような発言をしているコーチが実際にいる。この点について井村は「勝負に敗れ、思うような結果が残せなかったとしても、「がんばった日々に価値がある」という人もいます。でも私はそう思いません」「結果がでてこそ、がんばった日々に価値が出てくるのです。（…）苦しみながらもがんばった日々があって、それが結果に結びついて初めて、がんばった日々が輝くのです」と主張している。[23] しかし、勝利をすることができなかったからといって、それまでにやっていたことが無意味ということにはならないはずだ。それまでに高めてきた身体能力、磨き上げたスキル、身につけた人柄などは明らかに価値がある。また、共に活動をしてきた仲間も価値ある存在である。何より、勝利には、それが獲得できなかったからといって全てを無価値にするほどの力はない。たしかに、勝利はそれ自体として求められる善いものであり、私たちは勝利できず負けたときに心の底から悔しい想いをする。それもまた事実である。しかし、勝利は、全てのよいものを価値づけるほどの影響力は決して持ち得ない。もし、勝利こそがそのためにやってきたことを価値づける唯一のものと考えるのであれば、それは「勝利至上主義による価値の誤認」と言えるだろう。こうして、勝利を得られなければ、それまでにやってきたことを無意味あるいは無価値とする場合の「勝利至上主義」も、とりわけ価値認識の観点で、目的論的な誤りを犯していると非難に値するのである。

このように勝利を最終目的に置いたり、最も価値あるものと見なしたりすることで、それ自体が批判を引き起こすこともあれば、その手段が批判を引き起こすこともあることがわかった。

その一方で、世間的に「勝利至上主義」と批判されるもののなかには、目的論的な観点から実は勝利を最高目的や最も価値あるものには置いていないタイプのものもある。つまり、一般的には勝利を最終目的に置いているように見なされており、そのような非難を受けているが、実際には、そのコーチが勝利に伴う他のものを求めている場合が考えられるのである。スポーツ哲学者の関根正美は、まず「勝利追求」と「勝利至上主義」を明確に区別したうえで、「勝利至上主義」を「スポーツ以外の価値を手に入れる過程で勝利を唯一の目的として振る舞うこと」と規定して、「スポーツの勝利よりも金銭や名誉などが「スポーツを通じて」の至上価値とみなされるときに、勝利至上主義は姿を現してくる」と指摘している。[24] それは例えば、勝つことによって自分の業績をあげて金銭を得ようとすること、勝利に伴う名誉を手に入れようとすること、あるいは勝つことによって快楽を得ようとすることなどが考えられる。そして、勝利による名誉を追い求めるばかり、コーチがさまざまな劣悪な行為に手を染めることも十分に考えられる。例えば、ある有望なプレーヤーを自分のチームに招き入れたいと思っているが、他のチームもその有望プレーヤーの獲得を目指している（そしてそのチームにいったほうがよりいっそう高いレベルプレーできる）ことを知ったとき、自分が不利益を受けるからと、そのチームが狙っていることをそのプレーヤーに内緒にしておき、しかも嘘をついてそのチームの悪評を伝えたらどうだろう。ここには勝利至上主義というよりも、自己の利益を優先するような意図が見えてくる。いわば自己愛がその根底にあるのである。これに対して、名誉を手にするのは必ずしもコーチ本人やアスリートだけに限らず、所属する組織や自治体や国家に名誉をもたらすことを目指すこともありうる。国家の威信のために国家ぐるみでドーピングに手を染めて、勝利を手にしようと企てるのがその典型であろう。この場合には大抵、「勝利至上主義」という形で非難されるが、厳密に言えばそれは「勝利至上主義」ではない。むしろ、名誉の過度の追求という悪徳、つまり過度の名誉愛好が批判の対象になっている。[25]また、勝利を通じて金銭の獲得を過剰に求めるのであれば、そうした行為およびその行為のもととなった悪徳、つまり「強欲」や「さもしさ」が批判の対象になるだろう。こうした場合に批判の対象となっているのは、外的な善の過度の追求という悪徳およびそこから出てきた悪徳な行為なのである。勝利による名誉や金銭を追求するコーチたちは、別の大きな枠組みから捉えると、「名誉ばかりを追求する人生を選択していること」や「金銭を何よりも追求する生き方を選択していること」の点で、極めて狭い視野で自らの生き方を見ている。これは、単なる価値観の問題にとどまらず、生き方そのものに関わる重要な問題である。

また、勝利による快楽を過剰に追求することの末路について考えるとすれば、プラトンが『ゴルギアス』という本のなかに描き出した「放埒な人」に関する興味深い例を参考にすべきである。そのなかでは、放埒な人の快楽への飽くなき欲望を穴の空いた壺に喩えている。放埒な人の貪欲で満ち足りることのない快楽への欲望は、いくらそのなかに水を注ごうとも、穴から水がこぼれ落ちてしまい、いつまで経ってもそれを満たすことができない。この放埒な人と勝利による快楽だけを求めるコーチは、類比的に考えることができる。勝利による快楽だけを求めるコーチは、穴の空いた欲望の壺を水で満たし続けようとしているように見える。つまり、試合が終わり、勝利を手にしても、そこで得た喜びや満足感は、穴からこぼれ出ていく水のように、自分の中から出ていってしまうのである。勝利を重ねたコーチのうちには、自分が勝ってきた記録について語ることを好む者がいるが、それは自分のなかから満足感がなくなってしまわないように、そうした語りを通じてその満足感を自分のなかに留めようとしているのかもしれない。あるいは、穴のなかからこぼれ落ちてしまった満足感の代わりとなるものを、他者からの羨望の眼差しによって新たに注ぎ込もうとしているのかもしれない。こうした飽くなき快楽への欲望を持ったコーチはいつまでたっても至福にはたどり着けない。

では私たちは善いコーチとしてどうすればいいのか。一つは快楽や名誉や勝利に対する際限《さいげん》のない欲望を満たそうとするのをやめることである。さらに、もう一つは何かそれ以外の目指すべき目的を見つけることである。それを見つけるためには、より広い範囲から目的を定めることが必要になる。

関係者の勝利至上主義による圧力

ここで勝利至上主義には異なる側面があることも補足しておきたい。テックス・ウィンターは「今日のコーチにとって大きな障害の一つは、周囲の功利的な考え方である。コーチがその考え方の犠牲になることも多い」[26]と指摘している。「周囲の集団を喜ばせるためには自分の信念、約束、行動を巧みに使い分けるべきだ」とコーチが考えて、自分自身の信念や願望とは異なる理由によって――あるいは自分の掲げた哲学とは異なる原理によって――行動してしまうのである。関係者からの勝利至上主義の圧力は、まさにその典型である。

勝利至上主義の問題点としてスポーツに関わる私たちが考えておく必要があるのは、コーチ自身ではなく、関係者が抱いている勝利至上主義がコーチから徳や卓越性を奪ってしまう可能性があることや、コーチが劣悪な手法を採用せざるを得ない状況に追い込んでしまう可能性があることである。これは何より自社の利益を最優先する会社の役員が、社員たちに対して、違法なものであれ、不道徳なものであれ、とにかく最大の利益をあげるやり方を最優先させることにも似ている。

勝っているからという理由だけでコーチを賞賛するのはある種の「勝利至上主義」である。つまり、クラブのオーナーや学校の管理職やコーチを評価するべき地位にある人や、プレーヤーの親などが、勝利だけをコーチの評価基準とすれば、たとえコーチが人間的に善いプレーヤーを育成していても、またプレーヤーがより安全な環境で競技に打ち込めるように細心の注意を払い、さまざまな配慮をしていても、全くコーチの評価が上がらないという事態が考えられる。反対に、クラブのオーナーや学校の管理職がとにかくコーチに勝たせるようにプレッシャーをかけるということは現実問題としてよく聞く話である。また実際、私の周りにいるミニバス関係者から話を聞いてみると、「親御さんはとにかく勝たせたいと思っている」と返されるのが現状である。ここで問題なのは、当のコーチが何がなんでも勝ちたいと考えていることよりもむしろ、その周りにいる関係者たちがコーチの評価を勝利だけで測ってしまう勝利至上主義である。

これまでに見てきたことをまとめれば、一方には（1）コーチ自身の勝利至上主義があって、他方には（2）関係者の勝利至上主義があることになる。そして、それらは分けて考える必要がある。さらに、（2）関係者の勝利至上主義からは、（a）コーチに対する勝利のみでの評価と、（b）コーチに対する勝利への圧力ということが帰結する。

このようなコーチに対する勝利への圧力、特に短期間での勝利に対する圧力によって、自らの指導法を変えてしまうコーチもいる。極めて厳しい理不尽な練習法を強いることで、アスリートの力を無理やりに伸ばし、つまり、数年かかるほどの成長を無理やり生じさせることを目論むかもしれない。この場合には、コーチのうちに「(快楽に対する) 抑制のなさ」とは違った意味での「(苦痛による) 意志の弱さ」がある。自分自身の感情に屈するというよりも、周りからの圧力に自分の感情が屈してしまうのである。それにより、自分が指導で適用する原則が変わってしまう。そして、ひとたび猛烈な厳しさの味をしめてしまえば、そこから厳しさはさまざまな方向へ向かってしまうことが予想される。その行き着く先が「体罰」であっても、何ら不思議はないだろう。このようなコーチは、その劣悪な指導法が明るみに出て、その責任を問われたときに、「そうするしかなかった」と口にするか、少なくとも内心はそのような言い訳を頭に思い巡らせるだろう。

人生のなかでスポーツの位置づけを考える

ここまで目的論的な誤りを中心に悪しきコーチの考え方を見てきたが、それを通じて目的論の重要性が感じられるようになってきたのではないだろうか。目的論は、一つには、コーチがスポーツの現場でコーチング実践をよりよいものとするために知っておくべき考え方である。しかし、それ以上に、人生全体のなかでスポーツがどのような位置を占めるのかを正確に把握するために必要である。

「〇〇というスポーツが私の人生の全てだ」、「私はオリンピックに人生の全てを懸けている」、「〇〇という競技を取ったら私には何も残らない」という言葉は、特に一流アスリートやコーチたちが口にするものである。しかし、本当にそう言い切ってもよいだろうか。むしろ、どのようなスポーツも、人生より大きいものではないとも言える。なぜなら、スポーツはあくまで人生の一部であって、その全てではないからである。確かに、大きなスポーツの競技大会で優れた成績を収めることは素晴らしいことである。しかし、どんなにオリンピックの金メダルを獲得しようと、金字塔と言われる記録を打ち立てようと、個々人にとっては人生の出来事の一つにすぎないし、それはあくまで人生の一部にすぎない。そうしたなかにあっては、スポーツの出来事を人生のなかでどのように位置づけるかが重要になってくる。

　落合博満は「監督としてドラゴンズをリーグ優勝や日本一に導いた。野球殿堂にも入った。本当に充実した野球人生だ。しかし、それだけで自分が人生の成功者だとは思っていない」[27]と語っている。この一節で落合は、「野球人生」と「人生」を明確に区別して使っている。この「人生」には、スポーツ以外にもさまざまな場面が含まれている。これはスポーツに関わる者としての視点だけでなく、自らの生を生きている人間としての視点からも見たものである。この場合、スポーツをどのように見なすことができるだろうか。一つには、私たちはスポーツやそれ以外の活動を通じて善く生きることができると考えられる。スポーツはそのための一つの舞台を提供してくれる手段である。この事実を、具志堅幸司は「スポーツというものは、自分がより良く生きるための道であり、道具」[28]と表現している。これを目的論的な観点からすれば、スポーツは人生をより善く生きるためにあると言えるだろう。

本書では、コーチングの目的を「アスリートが卓越性を身につけ、発揮させること」としているが、それと同時にコーチは大きな大会での優勝を目標に掲げることができる。ここには何の矛盾もなく、両立が可能である。つまり、大きな大会での優勝という目標を達成することを通じて自らの卓越性を発揮するという目的を追求することができるのである。コーチであれ、アスリートであれ、常に考えるべきは、目的論的な観点から自分のいまやっている活動が人生のなかでどのような位置づけになるのか、どういう意味を持っているのか、ということである。

この点を、本章の最後に、アリストテレスの目的論から理論的背景として確認しておくことにする。

理論的背景：行為者にとっての目的論と価値の目的論

人生における目的やさまざまな善いものを目的階層から考えるために、二つの目的論、つまり、「行為者にとっての目的論」と「価値の目的論」を見ていく。

行為者にとっての目的論：欲求が意味のあるものになるために

まず「行為者にとっての目的論」を見ていくことにしよう。これに対比されるのは、本章の最初に触れた「事象的連関の目的論」である。それら二つは明確に異なっている。まず「事象的連関の目的論」では、バレーボールのフローターサーブのように、スキルや戦術といった技能内部での連関が示されたが、そこに人の主観性や行為する人の欲求の話は出てこなかった。それに対して、技能を実行する人間にとっての目的が考えられる。以下で述べる「行為者にとっての目的論」では、行為者の欲求の観点から物事を目的論的に捉えていくことになる。

本章冒頭で触れた例として、練習における大きな目標をまず立てて、そこから目標を逆算していき、今自分がやるべきことに取り組むという一連のプロセスを思い出してもらいたい。そこには、実際にそのプロセスを練習や試合を通じてコーチとアスリートが辿っていくことが示されていた。このような目的論のなかで大きな目標に向けて進んでいくときには、考慮に入れておくべきことがある。それは、その大きな目標はさらにどのような目的に関わっているかという点である。例えば、大きな目標を「オリンピックでの金メダル」と置くとしよう。それは大変素晴らしい目標である。素晴らしい目標ではあるが、金メダルはあくまで外的な善であり、目的論からすれば、まだそこにはさらなる目的を考える余地がある。つまり、「ではその金メダルは何のためになるのか」と問うことができるのである。この場合、その「何のために」はその人にとってどのような意味を持っているのか、を問うている。それゆえ、人によっては、「自分に大きな喜びをもたらしてくれる」と答えたり、「応援してくれた人に対する恩返しになる」と答えたりするだろう。それぞれの人がどのような欲求を持っているかに関わるのである。ただし、「喜び」や「恩返し」といったものを求めているとしても、それらがさらに「何のためになるのか」と問うことができる。

「行為者にとっての目的論」において重要なのは、その「何のために」が無限に続かないようにすることである。人によっては、「いつまでも挑戦することがあるのだからいいじゃないか」と思うかもしれない。しかし、目的の系列が行き着くような、「それ自体のゆえに望まれる何か」があることを想定しなければ、つまり私たちが常に何か他の目的のために行為を選んでいるとすれば、その過程は無限に続いてしまうのである。そうすると、私たちが何か行為をしようと思ったときの欲求は空しいものになってしまうとアリストテレスは主張する。反対に、何かさらなる目的に結びつけられないような、「それ自体のゆえに追求される終極的な目的」があるとすれば、「そうした目的こそが「善」であり、「最高善」だということになる」[29]と考えられる。アリストテレスは「そのような〔最高善〕という目的を知ることは人生にとっても重大なことではないだろうか」と指摘している。ここで目的とされているものは、「事象的連関の目的論」と対比されるような、客観的には観察することのできない主観的な欲求と結びついている。この欲求は単純に言えば、「私が欲する」ということである。「私はAをBのために欲するが、BはさらにCのために欲している」というように、何らか求めるものの対象があるわけだが、さらに「CはDのために」、「DはEのために」というように遡ってしまえば、どこにも行きつくことがなく、欲求そのものが何か意味のないものになってしまうというのである。反対に、そのような無限後退に陥らないためには、何かそれ自体として求められる終極的な目的（つまり最高善）が必要になる。それは、何かそれ自体として自分自身のためになるものである。そのようなものがはっきりしていれば、私たちはアーチェリーの選手が的をめがけて矢を放つように、何か目標を持って行動できるようになるのである。技能の目的連関では事象的なつながりのなかで「何のために」が求められたのに対して、[30]ここでは欲求のつながりのなかで「何のために」が求められているのである。それは「誰のために」とも言い換えることができるだろう。

このように、アリストテレスの目的論に基づけば、目的論と言っても「事象的な連関」と「行為者としての欲求」といった観点の違いから異なる系統の目的論が考えられるのである。事象的連関の目的論がビジネス書などで一般的であるのに対して、後者の「行為者にとっての目的論」はあまり触れられることはないように思われる。しかし、実践家にとってはその両方が必要になる。例えば、実践家として医者が患者を健康にするべく医療行為をしようとすれば、「技術としての事象的な目的連関」と「自分自身という行為者の目的論」の両方を踏まえることになる。それは、「医者としては患者を健康にすることが目的であるが、その一方で、私自身としてはそれを自分自身の最高善につながる形で果たしたいと思って行為している」という形で示される。もちろんその際、患者を還元主義的で二元論的な生物医学の観点から見るのではなく、よりさまざまな視点が含まれた「生物心理社会スピリチュアルモデル」に基づいて治療にあたるだろう。

これをコーチングに置き換えれば、善いコーチはコーチングという営みのなかで、豊かな人間観に基づいて、アスリートやチームの卓越性を向上させ、発揮させることが目的とするが、他方でコーチとしての自分は「最高善」という「行為者としての目的」をしっかりと見据えて、コーチングに取り組むということになる。その意味で、あくまでコーチングの目的は「プレーヤーの卓越性の向上と発揮」であって、人間力の向上はそのコーチングの目的のうちに含まれるものである[31]。そして、コーチとしては、そうしたアスリートの人間力の向上が、アスリートの人生や自分自身のコーチングにとってどのような意味を持っているかを把握しておかなければならない。それゆえ、善いコーチは、「事象的連関の目的論」のみならず、「行為者にとっての目的論」も念頭において、コーチングに取り組むのである。

価値の目的論：善いものの目的階層を把握するために

このような「事象的連関の目的論」と「行為者にとっての目的論」が示されたわけだが、それで私たちの目的論の図式が全て明かされたわけではない。つまり、「行為者にとっての目的論」で目指される終極目的としての「最高善」の内実がまだ示されていないのである。この点については、アリストテレスがさらに異なる目的論を展開している。それは「価値の目的論」である——あるいは、「善の目的階層」とも言える。

この「価値の目的論」は、さまざまな「よい」と見なされるものを、なぜ「よい」と見なすことができるのかを説明する図式と言えるだろう。そして、その図式のなかでは、それぞれのよいものがいくつかの段階に区別されている。[32] そのうちの一つは「そのもの自体として欲求や選択の対象となるもの」であり、もう一つが「他のもののために選ばれる対象」である。この区別についてはすでに見てきた。（a）「常に他のもののために選ばれる対象」として道具的なものがあるのに対して、前者に関しては、より細分化して考えることができる。つまり、（b）「それ自体として追求されつつも、他のもののためにも選ばれうる事柄」と（c）「それ自体として追求され、しかも、他のもののゆえに選ばれることが決してない事柄」とが考えられるのである。それぞれの具体例をあてはめれば、（a）についてはいわゆる道具的となるさまざまなよいもので、お金やそれぞれの道具などが該当し、（b）については名誉や快楽や知性や徳などのそれ自体で選ばれうる善いものが該当し、この中にはそれらを使った活動、例えば有徳な活動や知的な活動も含まれる。さらに（c）は最高善として「幸福」や「善く生きること」が該当する。実は、この（c）「幸福」や「善く生きること」こそが、「勝利至上主義」の考察において勝利や快楽に代わりうるものとして明かされていないことであった――この（c）幸福については、次の章で「コーチの幸福」を扱うなかで詳細に見ていく。

以上のように説明した「善の目的階層の議論」は、批判を恐れずシンプルに言えば、さまざまな善いものを善いものとして価値づけている目的の構造を示したものである。アリストテレスの考えに基づけば、「事象的連関の目的論」も「行為者にとっての目的論」も、この「善の目的階層（価値の目的論）」なしには、本来的には十分に機能しない。この「善の目的階層」は、物事の善悪のそもそも論にあたるものであるが、日常的な場面やビジネスの場面では、そのような「そもそも論」はひどく嫌がられることが多い。私の印象では、コーチングの場面でも事情は変わらない。それでも、本章でとりあげたさまざまな目的論を理解して、それに沿って行動することは、「より善いコーチング」につながる。この点は、次章で「コーチの幸福」を見ていくなかでよりいっそう明らかになるだろう。

第4章　コーチの「幸福」とは何か

コーチを動かす原動力には様々なものがある。優勝トロフィーに取り憑かれたコーチもいるし、テレビで自分の顔を見ることを好むコーチもいる。私を動かす原動力、それは若者たちの姿だ。自分自身を超える何かに全身全霊で向かい合った時に生まれる魔法に触れ、強く結びついた若者たちを見ること。ひとたびそれを経験したら、決して忘れられないものになる。[1]（フィル・ジャクソン）

コーチの幸福も考えるべき

近年では、コーチングをする際にもっとアスリートのことを考えるべきだという風潮になってきた。そのことを物語るように、グッドコーチのうちに育まれるべき資質能力を示した「モデル・コア・カリキュラム」[2]のなかでは、グッドコーチの持つべき理念・哲学の一つとして「プレーヤーズ・ファースト」という理念が含まれている。また、日本サッカー協会も同じような「プレーヤーズ・ファースト」の方針を明確に打ち出している。[3]それは何よりも「プレーヤーのことを第一に考えるコーチング」を意味するのは容易に推測できる。

確かに「プレーヤーズ・ファースト」として、プレーヤーのことを第一に考え、大切にするコーチングを促進する流れは歓迎すべきものではある。というのも、コーチングは本来プレーヤーのためになされるものだからである。しかしその一方で、コーチにとっては大きな負担が強いられる事態にもなりかねない。例えば、コーチは、自分自身の時間や家族との時間を犠牲にしてまでプレーヤーに全てを捧げなければならないのだろうか。プレーヤーが望んでいることなら何でも叶えてあげなければならないのだろうか。アスリートを第一に考えることで、アスリートが幸福になることができたとしても、当のコーチが幸福になることができないというのであれば、それはあまりにも不条理であろう。より望ましいのは、スポーツの活動を通じてプレーヤーもコーチも幸福になれることである。

それでも、多くのコーチがこの問題をあまり真剣に考えていないようにも見える。日々のコーチングに忙殺されて、自分の人生という大きな枠組みから考えることが少ないのではないか。あるいは、頭ではぼんやりと考えてはいても真剣に向き合って行動に移すことはないのではないか。しかし、自身の幸福について考えないのはコーチに限ったことではなく、現代社会一般にも言えることかもしれない。哲学者の三木清は「今日の人間は幸福について殆《ほとん》ど考えないようである」[4]と批判的に指摘している。三木は戦前に活躍した哲学者であり、その発言も現代社会に直接向けられたものではないが、「幸福のことを考えない現代人」は、今の時代にも十分にあてはまる。それでも、コーチたちが幸福について全く考えていないわけでもない。というのも、コーチングのなかで大きな挫折を経験したときや大きな怪我や病気をしたとき、コーチは自分の営みや生き方を振り返り、省察《せいさつ》するからである。しかし、そのような状態に至ったときには、そこから元の状態に戻るまでに多くの時間を費やす必要があり、多くの場合、すぐに行動を起こすのは難しい。だからこそ、コーチはこの「いかにして幸福になることができるのか」という問いを常々自分自身に対して問い続けなければならない。このような問題意識から、本章では、コーチがいかにして幸福になることができるのかを考えてみたい。

「幸福」を論じる場合の注意点

最初に「幸福」という言葉の含意について注意すべき点を確認しておきたい。なぜなら、私たちが「幸福」について論じる場合、その概念自体が曖昧に使われているという問題があるからである。例えば、幸福について他の人たちと考えてみる場面を想像してみよう。必ずといっていいほど「幸福は人それぞれ」とか「その人が幸せだと思えば幸せだ」といった言葉が聞かれるはずだ。これは「幸福の相対主義」と言っていいだろう。これは、「あなたは幸福ですか」というアンケートに対する答えからも見えてくる。「あなたは幸福ですか」というアンケートには、「そう思う」から、「どちらかと言えば、そう思う」、「どちらとも言えない」、「どちらかと言えばそう思わない」、「そう思わない」という選択肢のなかから答えることになるわけだが、大抵の場合、私たちは「幸福」を単純に自分の「満足感」に置き換えて答えるのではないだろうか。[5] しかし、この満足感が何によって生じてくるかは人それぞれである。その点を考慮にいれれば、この幸福という言葉が、実は定義のされていない無規定な言葉として使用されていることがわかる。「彼はいまとても幸福だ」、「あなたは幸せな人だね」と述べる場合も、またオリンピックで金メダルを獲得して「いままで生きてきた中で、一番幸せです」[6]と口にする場合も、基本的に「幸福」を「満足感」と考えている。しかし、そのような主観的な満足感の意味で「幸福」を使った場合、極端なことを言えば、体罰を使ってアスリートを虐げることで勝利を得て満足しているコーチや、ハラスメントによって自らの欲望を満たして満足しているコーチのことも私たちは「幸福」と言わなければならなくなってしまうのである――「不道徳だが、幸福なコーチ」と言うように。

プラトン『ゴルギアス』では登場人物のカリクレスが「強者の論理」として、自然の正義に基づいて行為するべきであると主張したことは序章で触れた。その「強者の論理」では、強大な力を持った者は、節制という徳に囚われてはならず、そして周りの非難も恐れることなく、自らの欲求を十全に満たすべきだとされる。それこそが動物を含む生き物の世界を貫く「弱肉強食の原理」に基づいた生き方だからである。

こうした「欲望の幸福論」に対して、本章で扱いたいのは、異なった立場である。それは、アリストテレスの考えに基づいた幸福論であり、さらにその幸福論に基づいて「コーチの幸福」を示すことにしたい。アリストテレスは「幸福（εὐδαιμονία《エウダイモニア》）」概念を「卓越性《アレテー》や徳に基づく魂の活動」[7]と規定しており、幸福を「満足感」や「快楽」に還元してしまうような立場は取らない。本章では、このような幸福論に基づくことで「コーチの幸福」をどのようなものと見なすことができるのかを示すことにしよう。

さまざまな哲学者が説く「幸福」

「Xとは何か」を問うのが哲学の営みだということはすでに触れたが、「幸福とは何か」という問いについても多くの哲学者たちが問うてきた。それに加えて、「どうすれば人は幸福になれるのか」も考えてきた。ここでそうした考え方を少し見ておくことにしたい。

「最大多数の最大幸福」を行動原理とした古典的功利主義の哲学者ジェレミー・ベンサムやジョン・ステュアート・ミルなどは、幸福を「快楽」と同定した。[8] この功利主義はさまざまな学者で構成された立場であるから、それぞれの主張はすべて一致するわけではないが、何か行動を決めるときに、最も多くの人が最も多くの快楽を得られるようにすること、さらには苦痛が最も少なくなるようにすることを何より考慮に入れるという考え方である。日本語で「快楽」と聞くと何かいかがわしいもののように思われるかもしれないが、それは「快い」ということの総称にすぎない。精神的な喜びから肉体的な快楽までを含む多様な「快さ」と理解してもらいたい。ベンサムはこの「快さ」に対して精緻な分析を加えている。[9] そうした快さのうちでも精神的な喜びが高尚な快楽としてより高い評価を受けることになる。功利主義によれば、私たちは生まれながらにして快楽と苦痛に離れがたく関わっており、私たちの言うこと全て、考えること全てを支配している。だからこそ、この快楽と苦痛が善悪の基準になるのである。そして、この快楽があることと苦痛がないことが「幸福」を意味していて、反対に苦痛があることと快楽がないことが「不幸」を意味する。[10] 彼らは一九世紀に活躍した哲学者であり、功利主義は現在でも法律や政策を決定するうえで有力な立場の一つであるが、道徳哲学の伝統からすればこうした功利主義的な幸福論を主張する者たちはそれほど多くなかった。それはおそらく西洋で支配的だったキリスト教の影響が大きい——キリスト教では清貧を保ちつつも、困っている人たちに施すことで、死後に天国に行くことが目指されるべき幸福であった。

それでも古代ギリシアに遡ると、快楽が幸福を構成すると考えている者たちがいた。例えば、エピクロス派と呼ばれる人々は、一般に「快楽主義」の名で呼ばれている。ただし、その実態は「快楽主義」でイメージされるものとはだいぶ異なっている。心の平静《アタラクシア》と身体の健康を幸福の理想の境地と考えて、苦痛から解放された快い生活を目指していたのである。私たち人間は、名誉や豪華な食事への欲求を肥大化させるから、それに伴う労苦や苦痛を負わなければならない。むしろ、お互いに助け合う友愛を大切にし、人間の自然本性的に不必要である余計なものを追求せずに最低限度の質素な生活を送ったので、いわば「無苦痛主義」と言えるような立場を取っていた。[11] ギリシアにとどまらない大帝国を築き上げたアレクサンドロス大王が世を去った後、それまでの生活の基盤であった都市国家が以前のように機能しなくなって、人々は心の安寧を求めたが、エピクロス派の考え方はそうした願いに応えるものだった。

それに対して、同時代のストア派は、人間の内なる理性《ロゴス》がこの宇宙全体の摂理《ロゴス》とつながっていると考えて、自らのうちにある理性に従って自然と一致して生きることを求めた。ストア派は、「不動心《アパテイア》」という情念に動かされない状態を「幸福」と考えたが、それは情念に動かされず、理性に基づいて生きることではじめて可能になる。ちなみに、この「不動心」と言えば、松井秀喜がその語を冠した新書本を刊行したことで知られている。[12] 松井自身はストア派には言及していないが、ストア的な不動の精神がスポーツの成功において重要な位置を占めていることを説いている。[13]

さらに時代を遡ると、キュニコス派の哲学者であるシノペのディオゲネスは、あらゆるものから解放されて、何にも囚われない「自由」こそが幸福であると考えた。[14] ディオゲネスは真の自由を得るために、何にも囚われないネズミの生き方に感銘を受けて、心身の訓練を積んだとされる。[15]

そのディオゲネスよりも年長であったアリスティッポスは文字通りの「快楽主義」を貫いた。[16] 動的な快楽こそが我々を幸福にするとして、目の前にある快楽を手に入れることをためらわなかった。しかし、自分の元にはない快楽には支配されないような、ある種の「無執着」も兼ね備えていた。自分の元にない快楽を追い求めることでかえって苦労して苦痛を背負い込むことになってしまうからである。さまざまな状況で的確な快楽計算を行い、処世術に長けていて、ただ単に快楽に溺れるということはなかったと考えられている。

このようにして、哲学史上には、学問的な立場や実践的な立場から、幸福が何であるかを問い、実際に幸福になるために行動した哲学者たちがいた。その一方で、こうしたさまざまな幸福観は「コーチの幸福」とは相性があまりよくないように思われる。その代表的なものをあげれば、例えば、エピクロス派の無苦痛主義的な幸福論をとるのであれば、そもそも競技スポーツをやらなかったり、コーチングをやらなかったりしたほうが幸福になれるだろう。コーチングは、多くの喜びを私たちにもたらしてくれるが、同時に同じくらいの苦痛や労苦がおのずと生じるからである。また、シノペのディオゲネスのように自分自身が全てのものから解放されて自由に生きることを目指すのであれば、その場合も「コーチ」という役割は足枷《あしかせ》になってしまうだろう。

こうしたさまざまな幸福観とは異なって、アリストテレスの徳倫理学と呼ばれる立場が「コーチの幸福」を考えるうえで有益であると私は考えている。そこで、ここからはアリストテレスの徳倫理学的な幸福論に基づいて「コーチの幸福」を考えてみることにしたい。

アリストテレス幸福論の概略

コーチの「幸福」を描き出すうえで依拠するアリストテレス倫理学の「幸福」概念について、四つの点を確認しておくことにしよう。前章の最後で触れた目的論の説明と若干重複するが、(1) 幸福の特徴を描き出すうえで欠くことのできない「最高善」という概念を確認したうえで、(2) アリストテレスにとって「幸福が何であるか」を明らかにして、さらに (3) 人間にとっての幸福を構成する要素とされる卓越性・徳の内実が何であるかを見ていくことにしたい。それに加えて、(4) 人柄の徳の一覧表がどのような基準にもとづいて作られたのかも見ておくことにする。

(1) 最高善としての「幸福」

アリストテレスが「幸福」を主題的に論じる『ニコマコス倫理学』の第一巻前半では、すでに見てきたように、目的論について論じられ、その冒頭では「どのような技術も研究も、そして同様にしてどのような行為も選択も、なんらかの善を目指しているように思われる」とする有名な一節が提示される。[17] これは人間がかかわるさまざまな事柄には何らかの目的があることを示しているが、行為とその欲求の目的連関については無限遡行《そこう》に陥ってはならない。というのも、無限遡行するとすれば、行為を求める欲求そのものが空しいものになってしまうからである。そうならないためには、何らかの終極的な目的がなければならない。[18] この「終極的な目的」は「最高善」とも言い換えることができるが、[19] 多くの人々はこの「最高善」のことを「幸福」と呼んでいる点で一致している。それでも、その内実については人々の間で意見に相違があるのが実情である。[20] 例えば、ある人々は「喜び・快さ・快楽」[21]を、ある人々は「富・財産」を、ある人々は「名誉」を幸福と同一視している。[22] しかし、こうしたさまざまな候補は、「最高善にはなりえない」という理由でアリストテレスに退けられる。[23] その理由を精確に理解するためには、幸福にまつわる「目的の階層秩序」を把握する必要がある。[24] この目的の階層は以下の三つの段階から構成されている。[25]

（a）常に他のもののゆえに選ばれる道具的な善いもの［例：富や楽器など］
（b）それ自体として追求され、同時に、（c）のために選ばれる善きもの［例：名誉や快楽や知性や卓越性など］
（c）常にそれ自体として追求され、決して他のもののゆえに選ばれることのない善きもの［例：幸福］

この階層秩序のなかでは、（a）道具的な善いものが（b）卓越性や知性のゆえに選ばれるという関係性と、（b）卓越性や知性がそれ自体として追求の対象になると同時に、（c）幸福のためにも選ばれるという関係性が、異なる点に注意しなければならない。[26]（b）卓越性や知性は、より高次のもののために選ばれるが、同時にそれ自体として求められるものとして、いわば行為者の「完成に関わる」[27]ものである。換言すれば、アリストテレスが「それら〔卓説性や知性〕を通じて幸福になることができる」と述べているように、[28]卓越性に基づいた活動と幸福は単純な「手段と目的の関係」ではなく、むしろ卓越性に基づいたさまざまな活動が最高善としての幸福を形成するような「部分と全体の関係」と考えられている。[29]それに対して、（c）「幸福」は、目的の階層秩序の頂点にあって、決して他のもののゆえに選ばれることはない究極目的とされる。さらに、（c）「幸福」は、そうした目的階層の頂点にあるものとして、徳や快楽や友愛や道具的な善いものといったさまざまな善いものを包括的に含んだ自足的なものだと言われる。[30]この「自足的」とは、何も欠けていない状態を意味している。「最高善」と言うからには何も欠けていない状態でなければならないのは当然である。

このように目的論的な図式に基づいて最高善としての幸福を規定した後、アリストテレスは満を持して「幸福」の定義を提示する。

（2）「幸福」の定義

アリストテレスが人間にとっての「幸福」（最高善）の定義を明らかにするうえで着目するのは、「働き《エルゴン》」という概念である。[31]そのなかでは、働きを持つ存在として「大工」や「笛吹き」の例が引き合いに出される。例えば、大工には「家を作ること」という固有の働きがある。そして、よい家を作ることができる大工は大工として優れた技術を持っていることになり、私たちはその人を「優れた（よい）大工」と呼ぶことができる。この場合、「よい家」は大工にとって自らの営為によって生み出した「よいもの」にほかならない。同様に、私たちはよい演奏をすることができる笛吹きを「優れた（よい）笛吹き」と呼ぶ。この場合には、「よい演奏」が笛吹きにとって自らの営為によって生み出した「よいもの」である。この中で、それぞれを優れた（よい）技術者としているのが「働きのよさ」であり、「卓越性」である。こうした技術者のよさは「技術」の名でも呼ばれる。そして、この「技術」という「卓越性」を最大限に発揮しているところにこそ、それぞれの技術者の最も優れた（よい）状態がある。

　アリストテレスはこの「働き」という概念を人間に適用する。人間を技術者と同様に「働き」の観点から眺めることは、私たち現代人の感覚からすると少し不思議に思えるかもしれないが、アリストテレスの洞察からすれば、むしろそれは自然なことであった。ではその場合に、人間にとっての固有な働きは何であろうか。それは「分別《ロゴス》」[32]である。言い換えれば、思慮を伴って生きること、行為することを可能にする知的能力である。それが人間に固有の働きとされるのは、他の魂をもつ動物や植物が「分別」に与ることがないからであり、人間だけが分別に基づいて理性的に行動することができるからである。そうすると、その働きの点で優れた（よい）行為のできる人は、人間としての卓越性を持っていることになる。そのような人を私たちは「善き人」と呼んでいる。そうすると、その卓越性を発揮しているところにこそ、「人間的な善」が可能になるのである。そこから、アリストテレスは人間的な善とは「卓越性《アレテー》・徳に基づく魂の活動」だと述べるが、それこそが実質的に幸福の定義に相当する。[33] すでに触れたように、「卓越性」や「徳」の原語である「アレテー」が、もともと物事の「よさ」を表す言葉だったことを考えれば、[34] この幸福は「人間としての最高の善さを発揮する活動」と言い換えることができるだろう。先の目的の階層秩序から「最高善」が「幸福」であることが示されたが、この定義づけでは「幸福」が「最高善」でありうることが示されたのである。

さらに、この幸福は刹那的な状態でも、一回的な振る舞いでもなく、むしろ、その人の「生全体」に及ぶものでなければならないとアリストテレスは付け加える。[35] それは同じ善いものであれば「瞬間的なもの」よりも「持続的なもの」のほうが望ましいという前提があり、最高善という観点からすれば、そうした「望ましさ」が含まれていなければならないからである。この「持続性」は、先の「自足性」や「有徳さ」とともに、アリストテレスの幸福概念の重要な要素となっている。

さてそうすると、次に問われるべきは幸福に資する卓越性《アレテー》・徳の内実が何であるかである。

(3) 人間固有の「幸福」を構成する二種類の卓越性

人間固有の働きとして「分別」があるわけだが、人間のうちにはこの「分別に基づいて思考する部分」と、「分別に聞き従う部分」があるとアリストテレスは考えている。そして、この分別に聞き従う部分を、私たちは「感情」や「情念」といった言葉で表している。確かに、感情や情念はそれ自体で分別を備えているわけではない。それでも、私たちが「感情を制御《コントロール》する」とよく言うように、感情や情念は分別に従うことができる。それゆえ、そうした「分別に基づいて思考する部分」と、「分別に聞き従う部分」という二つの部分の卓越性としてそれぞれ「思考の徳・卓越性」と「人柄の徳・卓

アリストテレスの徳の図式

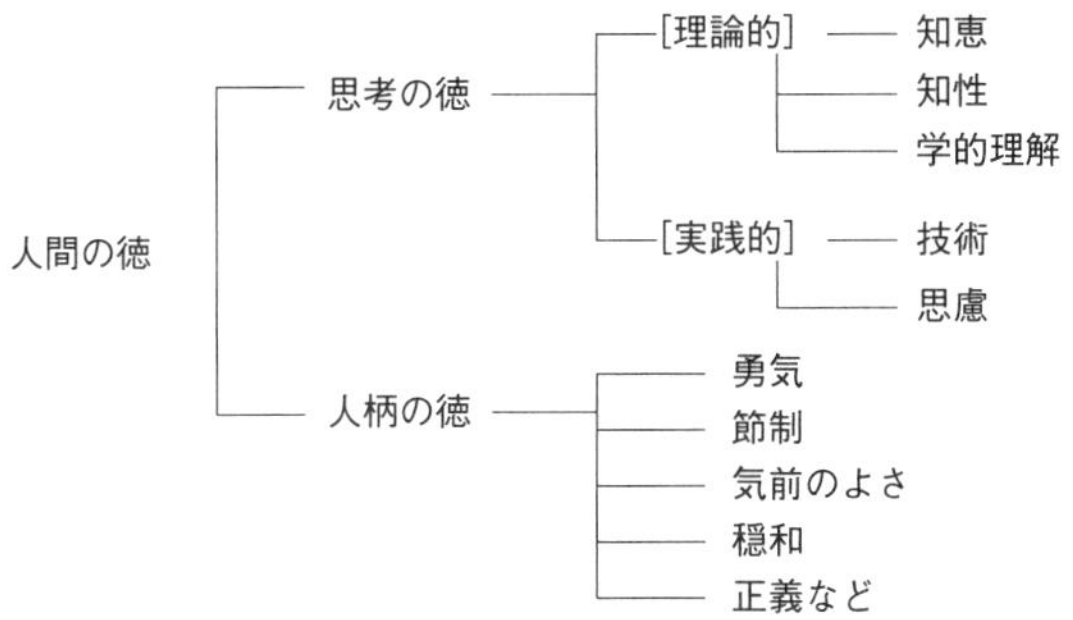

越性」があることになる。

まず、「人柄の徳」には、「勇気」や「節制」や「気前のよさ」や「穏和」や「正義」や「誇り高さ」などが該当する。[36] この種の卓越性を実際に発揮する場合、重要な点として、情念も行為も「中間的（中庸）」でなければならない。例えば、「勇気ある行為」は「無謀な行為」と「臆病な行為」の中間であり、情念の面でも自信が超過も不足もしていない中間的な状態になっている。これは自信という感情が分別に従った状態になっていることを意味する。また、「節制」の場合には、快楽に対する欲求が分別に従った状態になっている。アリストテレスによれば、これは全ての「人柄の徳」にあてはまることである。[37] さらに人柄の徳は単なる一時的な特性ではなく、哲学者のジュリア・アナスが「一貫して存続し、当てにすることができ、性格を表すような特性でなければならない[38]」と指摘しているように、その人のうちに確固たる性向として根づいている。尚、それぞれの中間性としての徳とそれ以外の悪徳については「アリストテレスの徳と悪徳の一覧表」を参照してもらいたい。

それに対して、「思考の徳」には、「知恵」や「知性」や「技

アリストテレスの徳と悪徳の一覧表

超過	中庸	不足	関連する情念等
無謀	勇気	臆病	自信
臆病	勇気	〔無名称〕	恐れ
放埒	節制	無感覚	快
浪費	気前のよさ	けち	財の供与と取得
悪趣味、俗悪	度量の大きさ、物惜しみのなさ[39]	狭量、物惜しみ	大きな財の出費
虚栄心	誇り高さ	卑屈さ	大きな名誉
名誉愛好	「適切な功名心」	名誉心の欠如	名誉心
苛立ちやすさ、極端な癇癪持ち	穏和	気力のなさ、ふぬけ	怒り
虚飾、ほら吹き	正直	自己卑下、空とぼけ	真実
悪ふざけ	ユーモア、機知	野暮	笑い、喜び
へつらい、お追従	篤実、親愛	気むずかしさ	生活の快さ
内気、恥ずかしがり	羞恥心、慎み	恥知らず、慎みのなさ	羞恥、恥じらい
ねたみ、過度の羨望	義憤	他人の不幸を喜ぶ、悪意	他人の快と苦

（ただしわかりやすさのために若干の修正や追加をしている）

術」や「思慮」や「学的理解」などが含まれる。[40] 中でも実践的な領域で「人柄の徳」と密接に関係するのは「思慮《フロネーシス》」[41]である。「思慮がなければ本来のあり方における善き人〔＝有徳な人〕であることはできず、また人柄の徳がなければ思慮ある人であることもできない」[42]と言われているように、それらは相補的な関係にある。感情や情念が基づく「分別」は、主としてこの人間に固有の「思慮」のことを指している。例えば、本当の意味での「勇気」は、「自信」や「恐怖」という感情が中間的であるだけでなく、「思慮」という分別も必要であり、[43] 勇気ある人は感情を中庸に保ちつつ、思慮によって個別的な状況を見極め、導き出した適切な行為を選択することができる。[44] 言い換えれば、さまざまな情念が中間的な状態にあって思慮と協働することで、私たちはそれぞれの人柄の徳に基づいた行為を行うことができるのである。

先の幸福の定義に基づけば、このような人間固有の「人柄に関わる卓越性」と「思考に関わる卓越性」を実践や理論の場で発揮するところに人間にとっての真の幸福が結実することになる。

（4）人柄の徳についての補論

ここで、アリストテレスが考えている人柄の徳について若干の補足をしておきたい。アリストテレスは『ニコマコス倫理学』で人柄の徳そのものが何であるかを総論的に明らかにした後で、人柄の徳の各論として、人間的な幸福に寄与するさまざまな人柄の徳を論じている。そのなかでどのような徳が論じられているかは、「徳と悪徳の一覧表」によって示された通りである。

そうした「徳と悪徳の一覧表」のなかではアリストテレスが生きた古代ギリシア社会の上流・中流

階級の人々の理想的な姿が描かれているにすぎない、と批判されることがある。[45] そうした批判には、古代ギリシアの社会ではアリストテレスが挙げたさまざまな徳が求められるものであるが、文化が違えばそれらとは違った徳が求められるということが含まれる。つまり、その一覧表はあくまで文化相対的な徳のリストにすぎず、普遍的な一覧表ではないということになる。私自身の経験では、古代ギリシア哲学や倫理学の授業で、この「アリストテレスの徳と悪徳の一覧表」を見せると、必ずと言っていいほど「アリストテレスの時代ではこうした徳が求められたかもしれないが、現代では異なっているのでは」という質問を受ける。これに対しては、アリストテレス自身は単に古代ギリシアの社会だけで理想とされる善き人の諸徳を描いたのでなく、人間という普遍的な観点から諸徳を描き出そうとしたと私は応答している。アリストテレスは、ある文化だけで通用するような相対的な諸徳ではなく、あらゆる人間的な文化に共通する普遍的な諸徳として描き出そうとしたのである。

この点については哲学者のマーサ・ヌスバウムが、アリストテレスが挙げたさまざまな徳を「文化相対的」と断ずる人々に反論する形で、人間の生きる諸領域に対応する諸徳として、その普遍性を示している。[46] そのように見なすことができるのは、まずアリストテレスの挙げている徳の領域がおよそ人間的な生のなかに表れるほとんどの領域をカバーしているからであり（「徳とその領域の表」を参照）、さらにアリストテレスは当時のギリシアに対応する用語がない優れた性向についても付け加えて論じているからである。つまり、アリストテレスが生きていた社会ではその優れた性向に相当する言葉がないが、人間の生きる諸領域の観点からはこれこれこういう特徴を持った優れた性向が徳として認められるべきであるとして、新たな徳を加えているのである。先の一覧表では「適切な功名心」

徳とその領域の表[49]

徳	領域
勇気	重大な損害への恐怖、とくに死の恐怖
節制	肉体的欲望とその快楽
正義	限りある資源の配分
気前のよさ	他者が問題となる場合の自分の私有財産の管理
度量の大きさ、物惜しみのなさ	手厚い扱いが問題となる場合の自分の私有財産の管理
誇り高さ	自分自身の価値に関する態度と行為
穏和	侮辱と損害に対する態度
正直、真実 ユーモア、機知 篤実、親愛	「つきあい、ともに暮らすこと、言葉と行為における仲間づきあい」 （a）話における真実の尊重 （b）娯楽的な種類の社交的つきあい （c）より一般的な社交的つきあい
義憤	他者の幸運と不運に対する態度
さまざまな思考の徳（洞察力、知識など）	知的生活
思慮	自分の人生と行動についての計画

（ヌスバウム（2015: 112）の表を一部修正している）

とされているものがそれである。[47] さまざまな行為に応じて称賛や非難をする一般的な人間社会にあっては、優れた行為をすることに対して名誉を与える、称賛するのが通常であるが、それを過度に欲する人は非難されるべきであるし、優れた行いをしたのにそれに応じた名誉を欲しない人も非難に値する――もちろん、私たちはどちらかと言えば、過度に名誉を欲する人を非難する。そこに傲慢という醜さが見えるからである。そしてそれらの中間に自分の働きに見合った適切な名誉を求める徳、「適切な功名心」が置かれることになる。このようにアリストテレスは、当時のギリシアには対応する用語のないような性向についても「無名称の徳」として自らの「徳と悪徳の一覧表」に加えているのである。[48]

ただし、その「徳と悪徳の一覧表」が普遍的なものであるからといって、有徳な「善き人」が常にそれらの徳を発揮しているわけではない点には注意が必要である。それぞれの徳には、とりわけ発揮される領域があるからである。少し大きな視点から見てみると、例えば仕事や争いがあるなかでは勇気や忍耐といった徳が必要になり、余暇を過ごして平和に暮らしているときには節制や正義がよりいっそう重要になってくる。[50]争いや仕事のなかでももちろん節制や正義は重要だが、平和な暮らしのなかでは人は傲慢になってしまうことがあるゆえに、そうした徳がよりいっそう必要になるとアリストテレスは考えた。反対に言えば、全く争いがなく、戦争もなければ、そもそも勇気を発揮する場面がないかもしれない。しかし、私たち人間は、そのような場面にいつ出くわすかわからない。人生においては、そのような争いや戦いの場面に直面する可能性が皆無ではない。こうした事情から、人間の徳の一覧表には「勇気」が含まれているのである。

本書における「幸福」概念の確認：εὐδαιμονία《エウダイモニア》、happiness《ハピネス》、幸福

ここまでアリストテレスの導き出した「幸福」（つまり古代ギリシア語のεὐδαιμονία《エウダイモニア》）を概観してきたが、この語は日本語の「幸福」や英語の“happiness《ハピネス》”とは異なる含意を持っているように見えるかもしれない。そのことに釈然としない読者もいるだろう。そこで、その含意について若干の確認をしておきたい。実際、それらの言葉を単純に置き換え可能なものと見なすと誤解が生じてしまうからである。[51]

まず、英語の「ハピネス」と古代ギリシア語の「エウダイモニア」を比較してみよう。ハピネスは、標準的な英英辞典によれば、「喜びや満足感などの気持ちや表現」「何かが良いとか正しいとかい

うことに満足した気持ち」といった意味があり、[52] 個人の快活な気分を表すものである。他方で、古代ギリシア語のエウダイモニアはそうした個人的な気分にとどまらない含意をもっている。アリストテレスによれば、古代ギリシアでは多くの人が「エウダイモニア」を「善く生きること」や「よく行うこと」[53] と同義だと見なしており、[54] すでに見てきたように、アリストテレス自身もその定義の中核に「活動」という要素を据えていた。言ってみれば、このエウダイモニアという言葉は、最高善として「喜ばしい気持ち」や「満足感」を含みこんでいながらも、客観的に観察可能な活動性をより本質的な要素としている。これに対して、ハピネスにはそのような要素は含まれていない。ここから、ハピネスという訳語では、生のあり方や行為をも含んだエウダイモニアの持つ客観的な活動を捉えきれないということになり、[55] その意味でエウダイモニアのほうがハピネスよりも広い範囲に及ぶことが示唆される。[56] このような事情から、エウダイモニアに対しては、英語圏ではハピネスという訳語よりも、flourishing《フラウリッシング》（「繁栄」、「開花」などの意）という訳語のほうが好まれることがある。[57] また、同じ理由で、well-being《ウェルビーイング》という訳語を好む者もいる。[58]

　また、エウダイモニアを日本語の「幸福」と訳すと、ハピネスと同じような問題を抱えることになる。「幸福」は標準的な辞典では「不自由や不満もなく、心が満ち足りていること」と示されている。[59] また、詩人の相田みつをが「しあわせはいつもじぶんのこころがきめる」と述べたとき、「幸福」や「幸せ」といった語も主観的傾向が重要視されていることが明らかになる。[60] このような語感には、多くの人が賛同するはずだ。

　さらにエウダイモニアはこうした主観的気分と客観的状態にまたがるだけでなく、すでに言及したように、刹那的なものでもないという意味で持続的状態を意味している。[61] というのも、「一匹のツバメが春をもたらすのではないし、一日で春になるのでもないように、一日やわずかな時間が至福や幸福を作りだすのではないからである」[62]。これをもう少し具体的な例を考えてみると、「今日朝にコーヒーを飲んで幸せ（happy）だったが、午後から大雨が降ってきたのでその気分が吹き飛んだ」と言うことはできるが、そこにエウダイモニアの形容詞形である εὐδαίμων《エウダイモーン》 を代入することはできない。エウダイモニアは、人生全体にもわたりうるような持続的状態を含意しているからである。さらに、それゆえに、「善く生きること」とも言い換えることができるのである。

こうして、アリストテレスのエウダイモニアと対比すると、日本語の「幸福」や「幸せ」、英語の「ハピネス」で含意されている内実は、多くの場合「幸福感」と言ったほうが正確である[63]。そして、幸福やハピネスが「満足感」と同一視されるゆえんはここにある。反対に、「最高の幸福」や「本当の意味での幸福」などと言えば、エウダイモニアの本来もっている含意に近くなる。ただそれでも、学術的には幸福やハピネスという訳語が「誤解を招きやすいということは誰もが知っているが、他によりよい訳語がないために、大部分の人が使っている」[64]。本書においても、このような事情を踏まえたうえでいわば便宜的に「幸福」という語を使用することにしている。ただし、その含意はアリストテレスの「エウダイモニア」を踏襲しているものと考えていただきたい。

コーチの「幸福」についての一般的な見解

それでは、ここで一般的にコーチが「幸福」と考えている事柄の位置づけについても見ておくことにしたい。「外的な善として」の勝利がスポーツ全般にとってどのような位置づけになるかはすでに見てきたが、ここではとりわけ勝利や名誉などがコーチにとって最高善としての幸福《エウダイモニア》になりえるかを見てみよう。

（a）勝利

スポーツ競技の試合のなかでは「勝利」が最終的に目指されるわけであるから、コーチは勝利することに幸福感を覚えるかもしれない。確かに、コーチと同様に指揮を執る将軍（指揮官）にとって「戦争指導術の目的は勝利である」[65]。この考えを拡大することで、一つの試合に勝つことや大きな大会に優勝するという「勝利」こそがコーチを幸福にすると思われるかもしれないが、コーチという一つの存在の観点から見れば、勝利というある場面に限定された事柄が、コーチとしての究極的な目的になるということには飛躍がある。例えば、自分のアスリートもしくはチームが所属している競技団体の競技会であれ、リーグ戦であれ、トーナメントであれ、一つの勝利はそこで完結する。その意味で「試合」において目指される究極的な目標は「勝利」であるが[66]、それはコーチという存在にとっての究極的な目的ではないのである。つまり、勝利はさまざま求められる目的のうちの一つとして、目的階層のうちで「それ自体として求められるが、同時により高次のもののために目指されるもの」でしかない。目的階層における幸福の位置づけを考慮にいれると、勝利は幸福ではありえないということになる。

また、試合においては必ず競争相手がいて、その競争相手のパフォーマンスによっては、いくら自らの卓越性を発揮しても勝利することができないという事態が生じる点も考慮に入れなければならない。極端なことを言えば、自分のアスリートが最大の卓越性を発揮しても、相手がそれ以上のパフォーマンスをすれば、「勝利」することができないという事態も考えられる。この意味で「勝利」は、たとえ善きものであったとしても、卓越性の発揮という要素に対して、その人自身では完全にコントロールすることはできない、あるいは選択の対象とならない偶然的な要素を多く含む「外的な善」にとどまると言える——この点はすでに言及した通りである。アリストテレスによれば、「もっとも重大でもっとも美しい事柄〔つまり幸福〕を運にゆだねるとすれば、それはあまりにも浅はかなこと」[67]である。こうした目的階層における位置づけや偶然性という理由から、「勝利」をコーチにとっての究極的な目的として幸福と同一視することはできないのである。

(b) 名誉

コーチは名誉を得ることや、賞賛を受けることや、テレビに自分の顔が映し出されるのを見ることに幸福を感じるかもしれない。競技大会でチームが良い成績を収めることで、コーチが個人として「最優秀コーチ賞」のようなものをもらうこともあるだろうし、長い年月卓越した成績を収め続けることで指導者として功労賞を受けるということもある。そうした名誉は、その人の卓越性を示す徴として、善いものには違いないが、それによってコーチが幸福であるということにはならないように思われる。名誉は「端的に善いもの」ではあるが、最終目的にはなり得ないゆえに、幸福ということにはならないのである。アリストテレスによれば「名誉は、それが与えられる側の人よりも、それを与える側の人々にいっそう依っているように思われるゆえに、表面的なものに見える」[68]。それに対して幸福は「それをもつ人に固有な何かであり、その人から奪い取りがたいもの」でなければならない。アリストテレスの指摘によると、そもそも人々が名誉を求めるのは、「自分が善い人間であると確信したいため」[69]である。確かに、この名誉は、目的階層のなかでは、卓越性や快楽と同様に何か「それ自体として善いもの」のうちに数えられるものであり[70]、実践に従事する人が求めるものの一つと考えられるが、それでもコーチにとっての究極的な目的にはなり得ないのである。

（c）滅私奉公

私生活を犠牲にしてまでチームに尽くすことに幸福感を覚えるコーチもいるかもしれない。チームやプレーヤーに対して自分の全てを捧げているという感覚が一種の自己高揚感をもたらすのだろう。しかし、その感覚は自らの視野を狭くすることで、他の価値あるものを見えなくしてしまっている。むしろ、大きな視点で捉えてみれば「では何のためにそのような滅私奉公をするのだろうか」という疑問も生じてくる。それは、自らの全てを一つの会社に捧げた後に、引退して「自分は何のために働いたのだろう」と自問自答することと似ている。自己犠牲を厭《いと》わずに、チームに尽くすことを第一に考えているコーチにとっては、自己高揚感以外に、そこに「善」の要素を見出すことは難しいのである。その意味で「滅私奉公」を最高善としての「幸福」と同一視するのは難しいだろう。

（d）喜び

勝利が最終目的にはならないとしたら、勝利によってもたらされる「喜び」はどうだろうか。これは確かに「幸福感」と同一視することはできそうである。しかし、この喜びが何らかの形で幸福に寄与するとしても、ここまでの議論を踏まえれば、やはり「幸福」そのものとは異なると言わなければならない。しかし、幸福のうちに喜びが全く含まれていないというのもどこか不条理でもある。この喜びの位置づけ、および幸福との関係性については、コーチの「幸福」を規定する際に詳細に論じることにしよう。

　このような考察を見ていくと、以上の要素は全てある一定の幸福感をもたらす。つまり、一般的に言われている意味での幸福はもたらす。しかしそれは裏を返せば、いずれも最高善としての「幸福《エウダイモニア》」にはなりえないという点である。確かに、現に多くのコーチたちがそうしたものを求めているという現状もあるが、それはコーチとしての幸福を求めるのとは違った次元で何らかの幸福感を追求しているからである。それは、個人的な欲求と言ってもよいかもしれないが、必ずしもコーチングによって達成されるべきものというわけではない。言ってみれば、その多くはコーチング以外の営みによっても満たすことが可能な欲求である。コーチとしての「幸福」であるからには、やはりそれに固有の活動から生じてきたものでなければならないのである。

アリストテレス倫理学に依拠したコーチの「幸福」

さて、すでに見てきたように本書ではコーチングの目的を「プレーヤーやチームの卓越性を向上させ、それを発揮させること」と規定して、そのための働きかけや営みをコーチの働きと規定した。そうすると、コーチの「働き」である「卓越性を向上させること」と「卓越性を発揮させること」を目指した営みにおいて優れた活動をする者は、コーチとしての卓越性を発揮しているということになる。さらに、その卓越性を発揮しているところにこそ、コーチとしての優れた（よい）状態があると言えるが、ここでは二つの活動について、次のような説明を加えることにしたい。

コーチングのアプローチとしては、第1章で見てきたように、「伝える」、「命じる」、「示す」、「与える」、「質問する」、「答える」、「委ねる」、「見守る」といった基本的な行為を中心にプレーヤーやチームに働きかけることがある。それらを個々の場面に応じて使い分けることで、コーチはプレーヤーやチームの卓越性を練習において向上させること（指導）と、試合において発揮させること（指揮）を目指す。そこにコーチングの技能が関わってくるのであるが、それはより一般的な仕方では、次のように説明することができるだろう。

まず「卓越性を向上させること」を目指した「指導」では、主に専門的知識とコーチングの技能に基づいてプレーヤーやチームに働きかけることになる。そのなかでは、（1）競技に固有の個人技術や技能を向上させ、チーム戦術を伝えることが中心となるが、身体的な能力が競技力に大きな影響を及ぼす競技では、（2）競技に必要な身体的能力などを鍛えるストレングストレーニング、コンディショニングトレーニング、フィットネストレーニング、なども含まれる。そして、「心・技・体」の「心」の部分に関することとして、（3）重要な場面で力が発揮できるような個人の集中力を高めるメンタルトレーニングや心理的サポート、チームのハーモニーを高める瞑想のセッションなども考えられる。[71]この中でも特に（2）と（3）については、ストレングス＆コンディショニングコーチやメンタルコーチなど、その指導に特化した専門家がいるので、ここではとりわけ（1）が「コーチ」に固有の仕事ということができるだろう。[72]

しかし、こうしたアスリートの卓越性を向上させることには、より複雑な要素が含まれている点に注意しなければならない。つまり、すでに触れたように、「善いコーチ」の人間観からすれば、アスリートは私生活の悩みから人生における実存的な問いなど、さまざま問題を抱えている存在であるので、アスリートの卓越性の向上や発揮を目指すなかでは、そうした要素についてもしっかりと対応することができなければならないのである。それでも、アスリートには、家族や友人やその他の関係者もいるだろうから、コーチがコーチである限りで出来ることをしてあげることが肝要である。また、アスリートが人柄の徳を身につけることで、それが競技力の向上や発揮に寄与することがある。どんなに優れたスキルや身体能力をもっていても、重要な場面で怖気《おじけ》づいてしまえば、その実力を発揮できないが、勇気の徳を持っていれば、その実力も存分に発揮されるからである。このように、アスリートの卓越性はさまざまな要素が複雑に絡み合って構成されていることをコーチは理解しておく必要がある。

また、「卓越性を発揮させること」を目指した「指揮」については、次のような実例から考えてみよう。それは、一九九二年NCAAトーナメント東地区決勝戦においてデューク大学のヘッドコーチとして強豪のケンタッキー大学と対戦したコーチKの事例である。[73] この試合では、劣勢の状態からコーチKの見事な指揮で逆転を果たしているが、プレーヤーやチームの「卓越性を発揮させる」という観点からすれば、この場面にはいくつかの要点があったと言える。まず、残り時間が少なく、負けている状況で、コーチKは、(Ⅰ) チームの雰囲気が悪くなっていることを察知し、チーム全体の雰囲気を一変させるために意図的に積極的な勝利宣言をした。また、(Ⅱ) この状況に応じた的確なプレイの指示を出した。さらに、(Ⅲ) クリスチャン・レイトナーやグラント・ヒルといった重要なプレイを実行する二人のプレーヤーに対して自らの言動で自信と勇気を与えたのである。[74] それに加えて、(Ⅳ) ここに至るまでの過程で危機的な状況に備えた練習を普段から行っていることが推測される。こうした緊迫する場面において、まさに「卓越性を発揮させる」という「指揮」において優れた活動が行われていると言える。

また、そうした「指導」と「指揮」の両方にまたがる資質能力としては、「人柄の徳」が考えられるが、コーチが備えておくべき人柄の徳は、何より、プレーヤーやチームの卓越性の向上および発揮という実践的な観点から決定される。そして、この点について類比的に考えれば、医者の場合、「医者の性格特性のうちで徳とみなされるのは、患者の健康という目的を実現するのに役立つ性格特性である」[75]。例えば、「慈善心」「正直さ」「信頼性」「勇気」「謙虚さ」「正義」などがその徳に該当する。[76] そうすると、コーチの場合にも、緊迫した場面で思い切った采配を振るための「勇気」や、それぞれのプレーヤーたちに適切な仕方で接するための「公正」、プレーヤーたちとの良好な関係を築くための「正直」など、さまざまな人柄の徳が想定されうるだろう。そして、アリストテレスが指摘しているように、こうした人柄の徳は「思慮」なしには、本当の意味での徳にはなりえない。何より、人柄の徳と思慮こそが、コーチの主要な活動であるコーチングの導き手にもなるのである——善いコーチの「思慮」と「人柄の徳」については本書第6章と第7章において詳細に論じる。

そして、先のアリストテレス倫理学の幸福論に基づけば、以上のようなコーチとしての固有な活動において自らの卓越性を発揮するところにこそ、コーチの「幸福《エウダイモニア》」が存するということになる。しかも、幸福の持続性のことを考慮に入れれば、それに「自らの活動全体にわたって」という条件が付されるべきである。つまり、アリストテレスが言うような「善く生きること」など、時間的な幅を持ったものと考えられ、コーチの場合であれば、個別的な場面でたまたま上手くいくというのではなく、卓越性に基づいた「コーチとしての活動全体」という範囲に焦点があたることになる。その場合、コーチとしての卓越性・徳の内実を構成するのは「技能」や「思慮」や「人柄の徳」であり、先の目的階層のうちでは「(b)それ自体として追求され、同時に、より高次の幸福のために選ばれる善きもの」に該当する。こうした要素はコーチとしての「完成に関わる」のであって、それら通じてコーチとして優れた活動をすることで「幸福」は現実のものとなるのである。そして、コーチがそうした「技能」や「思慮」や「人柄の徳」に基づいて、実際にプレーヤーやチームが「身体能力」や「スキル」や「戦術理解」や「人柄の徳」や「チームワーク」などから構成させるプレーヤーとしての卓越性やチームとしての卓越性を向上させ、発揮することができれば、[77] それは同時に、コーチの側では、コーチとしての卓越性を発揮していることになる。このなかでプレーヤー及びチームとコーチはいわば「同心円状」の関係にあり、しかもその中心にはプレーヤーやチームがいる。[78]その意味で、コーチの幸福は、プレーヤーやチームの幸福とも強く結びついていると言える。そして、先の定義を踏まえれば、そうした関係性のなかでコーチは、コーチとしての「幸福」を実現しているということになるのである。

　では、こうしたコーチの幸福論にあって、喜びとしての「幸福感」はどこに生じるのか。この問題が先送りになっていた。それに対しては、このような「幸福感」は卓越したコーチングの活動に付随して生じてくる、と言うべきである。アリストテレスによれば、「自分がもつ機能を発揮して活動すれば、おのずからそこに充足感と喜びが生まれてくる」[79]のである。それは、活動そのものの内にあるもので、何か名誉や名声のように外から与えられるものではない。こうした活動に固有の内的な充足感と喜びは、活動そのものを持続的で、よりよいものにすると考えられる。[80]アリストテレスの言い方では、「快楽は活動を完成させる」のである。[81]これは、目的階層において「快楽」が行為者の「完成に関わるもの」とされたことにも合致する。やはりまったく「快楽」や「喜び」が伴わないものは、私たちにとって「幸福」とは呼びがたいはずだ。

　このように、コーチングにおいて卓越性が発揮されるうちにコーチとしての「喜び（幸福感）」が生じてくることを考えれば、コーチの「幸福《エウダイモニア》」には、「幸福感」が付帯的ではなく、むしろ内的に、それ自体として備わっていると言うべきなのである。

「幸福」は外的な善を必要とするのか？

以上のようにコーチの「幸福」が規定されたが、コーチとしての優れた力量、つまりコーチングの技能、思慮、人柄の徳を持っていて、それを活かせば「幸福」になれるというほど事態は単純ではない。幸福《エウダイモニア》にとって、確かに徳や卓越性は必要条件であるが、十分条件ではないのである。[82] その詳細は「外的な善」の問題として、次のように論じられている。

> 明らかに、〔幸福は〕さまざまな外的な善も、さらに必要としている。というのも、必要なものもそろっていないのに立派なことを為すということは、不可能であるか、あるいはそうでなくとも容易ではないからである。実際、（…）多くの事柄が友や富や政治的権力をいわば道具として使うことでなされているのである。[83]

このように、目的階層における（a）の道具的な役割を果たす「外的な善」がなければ、そもそも優れた行為を為すことができず、ひいては幸福になることができないと考えられている。[84] 例えば、「気前のよい行為」をしようとすれば、そのための金銭が必要になるし、その相手となる友人も必要になる。[85] これは、世界の「道理《ロゴス》」を踏まえた現実的な視点にほかならない。

これと同様の事態が、コーチングにおいても考えられるだろう。共に活動する選手やチームが必要であったり、一緒に仕事を遂行するコーチたちやトレーナーたちやスタッフが必要であったり、自らを支えてくれる家族が必要であったり[86]、用具を揃えるために金銭が必要であったり、コーチとしての「権限」や「地位」が何らかの形で必要であったりするだろう。より善いコーチングを行おうとすれば、自分の内にあるコーチとしての卓越性のみならず、さまざまな「外的な善」も必要になるのである。

ちなみに、こうした外的な善をも視野に入れたアリストテレスの幸福論に対して、古代ギリシアのキュニコス派の哲学者アンティステネスは「幸福になるためには徳だけで十分である」[87]という説を唱えた。これは多くの資源を持たない人たちにとっては朗報であろう。しかし、アリストテレスが指摘するように、世界の道理を弁えた外的な善の必要性の観点からすれば、例えば、さまざまな徳を持っていたとしても、健康でなければ、その発揮は妨げられてしまうだろう。現実的に考えるとやはり幸福になるには徳だけでは足りず、健康などを保証する外的な善も必要になると言わざるを得ない。コーチングの場合でも同様に、自分の活動に必要になるさまざまな外的な善についても気を配る必要があるのである。なぜなら、コーチングという営みには必然的にスポーツの活動に必要となるさまざまな資源があるからである。これについては現実的な視点を常に持ち続ける必要がある。

不運は「幸福」を損なうのか？

外的な善が幸福に影響することはわかったが、不運も幸福に関係すると思われる。この点についてアリストテレスは、「不運は幸福を損なうのか」という問題を切り口にして、不運と「幸福」の関係性を論じている。そのなかでは、ホメロス『イリアス』に登場するトロイアの王プリアモスのように最愛の息子ヘクトルが敵に殺され、娘たちも奪われるなどの不運に陥った人物を本当に幸福と見なしてよいのか、という具体的な事例を検討している。[88] それに対するアリストテレスの答えはおおよそ「有徳な人であれば、不運が起こったからといって直ちに不幸になるわけではない。卓越性に基づいてそれに対処するからである。ただし、度重なる大きな不運が起こった場合にはその人の至福を損なうかもしれない。そこには多くの苦痛が生じ、活動が妨げられるから」というものである。[89]

ここで注目すべきは、そうした不運の場面でこそ人間としての「立派さ《カロン》[90]」が生じるという事実である。スポーツの場面では、怪我や病気などが典型的な不運の例であろう。怪我や病気は、アスリートにもコーチ自身にも苦痛をもたらし、活動を妨げるからである。このような場面に打ち勝つことで、コーチとしての「立派さ」、アスリートとしての「立派さ」が輝き出るということは、容易に想像することができる。[91] 例えば、マイケル・ジョーダンが、一九九七年NBAファイナル第五戦で食中毒による極度の体調不良に陥りながらも三八得点という大車輪の活躍を見せた出来事がそれにあたる。

アリストテレスの見立てでは、人柄の徳を備えた善き人は決して惨めな境遇に陥ることはない。苦境に陥ったときでも、有徳であるがゆえに、「厭うべきこと、忌まわしいこと」を決して行わないからである。「真に善き人」や「思慮ある人」なら、さまざま偶然のめぐり合わせに耐えて、自分の置かれた状況のなかでその都度最善の行動を心がけるはずである。それは「すぐれた将軍がいまある軍隊をもっともうまく戦えるように用いたり、すぐれた革職人が与えられた革からもっともできの良い履き物を作ったりすることと同じ」[92]である。もちろんこれと同様なことが、コーチの場合にもあてはまる。善きコーチであれば、不運な状況でも苦境に立たされても、絶対に不正な手段に訴えることなく、その都度できる限りの最善の行動を取るがゆえに、その「幸福」は容易に取り去られることはないし、決して惨めな境遇に陥ることもないのである。

「コーチの幸福」を「人間としての幸福」から考える

以上のように明らかになった「コーチの幸福《エウダイモニア》」であるが、それは「人間としての幸福《エウダイモニア》」とどのような関係にあるだろうか。本章を閉じるにあたり、やや学術的な話が多くなって恐縮だが、その関係性にも言及しておくことにしたい。

まず着目すべきは、アリストテレスが『ニコマコス倫理学』の終盤で人間にとっての「完全な幸福」を「知性に基づく観想的活動」と述べている点である。[93]これは、誤解を恐れず簡潔に言えば、この世界に存在する原理やさらにその世界を成り立たせている原理を考察すること、すなわち「形而上学的な学的探求」を中心とした生活のことである。これに対して、アリストテレスは「他の徳に基づく生は二次的な意味で幸福である」と述べており、それが「人間にふさわしいもの」だと指摘している。ここで念頭に置かれているのは人柄の徳と思慮を中心とした実践的な生における幸福である。この指摘によってアリストテレスの幸福論にもいくつかの段階が残されることになる。つまり、知性に基づく観想の至高の位置づけに同意しながらも、そうした「思慮」や「人柄の徳」に基づいた実践的な生においても私たちは人間にとってのある種の幸福を形成することが可能なのである。

ただし、アリストテレス自身が指摘しているように、思慮に基づく実践的な生の典型である「政治的な生」は、いわば「他の人のために生きること」であり、余暇《スコレー》もない生活である。[94] これはアスリートの卓越性を向上させるために余暇なしに活動するコーチの活動に似ている。そこには観想的な生ほどの専心性はないし、安定性もない。[95] しかし、政治的な生においても、コーチとしての生き方においても、それぞれに固有の卓越性を発揮することで、「人間にふさわしい幸福」が開かれているのである。つまり、コーチングの場には、「人柄の徳」や「思慮」を発揮する余地も、コーチの専門に即した「技能」を発揮する余地も残されているのである。

このような観点からすれば、私たちは「コーチの幸福」を「人間としての幸福」の枠組みから捉えていくことも十分に可能である。その中心的論点となるのは、コーチは自らの活動を通じてコーチとしての卓越性を発揮することができるという点と、人間としての善を発揮することができるという点である。また、そうしたコーチングの活動のなかでは、「コーチとしての卓越性」の発揮が、同時に「人間としての善」の発揮になっていることがある。そもそもスポーツにおけるさまざまな場面は、人間としての有徳な活動が顕現化しやすい性質を持っている。コーチングを経験したことがある人なら誰もが同意するだろうが、コーチはスポーツの場において自らの思慮や技能や人柄を大いに試されることになる。しかも、その場面が困難であればあるほど、よりいっそう人柄の徳が必要になるし、困難な場面を自らの卓越性によって乗り越えるところに「立派さ」も生じてくる。その典型的な例は、すでに述べたような緊迫した場面での「勇気」の事例であろう。アリストテレスは勇気が生じる特徴的な場として死の危険が生じる「戦場」を挙げている。[96]そのなかでは、人間としての勇気という卓越性を発揮しつつ、同時に将軍や兵士としての技能や卓越性を発揮することが可能である。その一方で、私たちが平凡な日常のうちでしか生きていない場合、「勇気」を発揮する場には出くわさないだろうし、それに伴って自らの「立派さ」を示すことはできないだろう。これと同様のことが「節制」「穏和」「誇り高さ」などといった他の徳にもあてはまる。コーチにとっても、アスリートにとっても、スポーツという場は、自らの徳を発揮する場となり得るのである。もちろん、そうした挑戦や困難な場があるからこそ、コーチもアスリートも悪徳に流れてしまうことがある。つまり、勇気ではなく、無謀や臆病に流れてしまうこともある。また、公正ではなく、不正や違法に流れてしまうこともある。その意味で、スポーツの場は、日常的な場面に比べて、無為であることが許されないという特徴を持っている。それは、政治の場が政治家にとって徳を発揮する場にもなり得るし、悪徳に陥ってしまう場ともなりえることとも類比的に考えられる。コーチにとってスポーツの場は、アスリートの卓越性を向上させ、発揮させることを目指した働きかけや、アスリートとの交流を通じて、さまざまな人柄の徳や思慮を発揮することのできる場であり、コーチとしての知識や技能を発揮する場にもなるという意味で、「コーチの幸福」と「人間としての幸福」は決して切り離されていないのである。[97]

第5章　コーチングの技能

大事なことは、あなたが技術者としての自分の責任を自分の頭で理解し、初めて出会うようなケースでも自分の頭で倫理的に適切な判断を下せるように、スキルを高めることです[1]。（戸田山和久）

優れたコーチングの技能を気づかせてくれるもの

善いコーチが備える卓越性《アレテー》・徳の一つとして優れたコーチングの「技能」があったが、その技能がどのようなものであるべきかを示してくれるうってつけの技術の事例がある。それは、中国の工芸技術の「俏色《しょうしょく》」である。おそらくこの名称を初めて聞いたという人がほとんどだろう。簡潔に言うと、素材の質の高さによって優れた工芸品を作るのではなく、自然が持っている色の特徴を活かして、その特徴に見合った作品を作り上げる技術のことである。その工芸品の最高峰は現在、「白菜」「角煮」などのユニークな通称で親しまれているが、そこにはコーチングの技能との類比を見て取ることができる[2]。

私は二〇一四年三月に台湾を訪れた。大学院を出て、研究者として働き始めた一年目の終わりに、精神的にも肉体的にも疲れ切ったなかで、何か新しいものに触れたかったからだ。その旅のなかで故宮博物館に赴いた。蒋介石率いる国民政府が台湾に逃れる際に、紫禁城にある数々の秘宝も運び出したわけだが、故宮博物館にはその秘宝が展示されている。現在、故宮博物館は日本人にとって人気の観光スポットであるから、そこに私が赴いたことは何ら特別なことではなかった。そこで目の当たりにすることができたのが、「翠玉白菜」と「肉型石」(通称「角煮」)であった。そのうちでも、「翠玉白菜」は、素材の特徴を最大限に活かした工芸美術品として、大いに私の興味を惹いた(ちなみに翠玉白菜は、二〇一四年に東京国立博物館で台北・國立故宮博物院の特別展が開催された際に展示されているので、その存在を知っている人もいるだろう)。しかし、その当時は、この長さ約二〇センチの美しき工芸品が優れたコーチングの技能を示してくれるものだとは気がつくことはなかった。

翡翠《ひすい》には、白や赤紫や緑といったさまざまな色のものがあるが、「翠玉白菜」はそのうちでも白と緑色からなる玉石から作られている。言うまでもなく、白菜は白と緑の野菜であり、「翠玉白菜」はこの野菜を白と緑の玉石で再現している。しかし、よく見ると単なる白菜の形をしているだけではなく、ある昆虫も添えられている。つまり、緑色でキリギリスやイナゴなどの昆虫も再現しているのである――諸説あるようだが、この再現によって白菜は昆虫がとまるほどの美味しさであることを示唆していると言われる。

この「翠玉白菜」には、玉石の持っている色などの特徴を最大限に活かした彫刻技術と「巧思《こうし》」(つまり「巧みな思考と洞察」)が凝縮されている。まず、工芸品として極めて高い評価を得ている「翠玉白菜」の材料となっている玉は、それ自体としては最高級のものとは言い難いものだという。つまり、玉の内部には亀裂や斑点や傷があるので、玉材としてはもっと質のいいものがたくさん存在するのである。では、そうした玉材を至宝とまで呼ばれる名作品に変えたのは何であるのか。それは、無名作者の「彫刻技術」と「巧思」である。作者はまず玉材のうちに白と緑部分があることに注目する。そして、まだらになっている白色部分の特徴を活かして白菜の質感を再現した。まだらになっている特徴を逆手にとって白菜に霜が降りた状態を表現している。また、緑色部分を使って外葉と昆虫を再現するという着想は、その玉材から考えられる限りの最も美しい姿を描き出している。この場合、美術品としての最終目的は「美しくあること」である。反対に、このような素材で何か他の形のものを作ろうとしても白菜を作り出したほどにはうまくいかないことは容易に想像できるだろう。さらに、そうした着想のみならず、彫玉の技術によって、その着想を現実のものとしている。アリストテレスの専門的な用語で言えば、それは「可能態《デュナミス》」にある素材に働きかけることによって「現実態《エネルゲイア》」にある作品に作り上げるという形で示すことができる。[3] そうした巧思と技術が、至宝「翠玉白菜」を生み出したのである。そうすると、ここには技術にまつわる、次のような四つの要点が浮かび上がってくる。

(A) その素材の特徴を見極めること（この場合には、素材となる玉石の特性）
(B) そこから考えられる特徴を最大限に発揮した状態を描き出すこと（翠玉白菜という完成像）
(C) 描き出された状態に至るためにどのような段階を経て、どういう手順が必要かを思案すること（生成過程の把握）
(D) 描き出した理想的な状態を現実のものにする技術（この場合には、彫玉の技術）

さらに付け加えれば、その「最大限に発揮された美しい状態」は、唯一無二のものであり、手元にある素材が異なればそこからその完成像も異なるものになる。

このような翠玉白菜に凝縮されている卓越した思案と技術は、優れたコーチングの技能のあり方を私たちに示してくれる。先の四つの要点をコーチングの場合にあてはめてみよう。まず（A）自分が一緒に活動しているプレーヤーの特徴や潜在能力を見極めることが必要である。自分が一緒に活動しているプレーヤーが超一流ではないのはよくあることであろうが、まず何より個々の特徴をしっかりと把握することが素材を活かす上での鍵になる。その次に、（B）考えられるプレーヤーの特徴を最大限に活かした状態を描き出すことも重要である。美術品の場合は「美しくあること」が目的であったが、それに対してスポーツの場合は、チームやプレーヤーの完成像が目的である。その目的は、何かの大会に勝つことではなく、抽象的な表現ではあるが、チームやプレーヤーとして「立派であること」と言うことができる。ここで、自分がそれまでコーチングキャリアでうまくいったからという理由で、過去のチームやプレーヤーを理想像として現在見ているチームやプレーヤーに押し付けるようでは、潜在能力《ポテンシャル》を最大限に活かすことはできないだろう。それぞれのよさを最大限に活かした状態は唯一無二のものであり、プレーヤーやチームの構成が異なれば、その立派な状態もまた異なるのである。また、その「特徴を最大限に活かした状態」は、個人競技でもチーム競技でも適用することができるが、チーム競技ではより複雑で、その把握は容易ではない。それでも、こうした類比そのものは有効である。さらに、（C）特徴を最大限に活かした状態を思い描いたとしても、そこに至るまでに、どのような段階を経てその状態にたどり着くことができるのかを把握しなければならない。コーチングで言えば、どのような練習や試合を実施することで、アスリートが自らの卓越性を磨くことができるのかを考えることに相当する。いわば、計画の思案と言っていいだろう。そして、（'D）描き出した理想的な状態をコーチングという営みによって現実のものにするわけであるが、その際にはコーチングの営みにおけるさまざまな手法を駆使することが必要になってくる。つまり、彫りの技術は技術そのものの難しさはあるものの、「彫る」という動作に終始するが、コーチングの場合は、その営み自体が実に多くの要素から構成されているのである。この点は、彫刻とコーチングで、異なっている。

しかし、彫刻とコーチングのうちにある相違点のなかで最も重要なのは、コーチングの対象となるプレーヤーは自分の意志を持った存在で、自分自身を形づくることができるという点である。当たり前のことであるが、どんな玉材であってもそれ自身で勝手に工芸品になることはない。彫師が外から作用を与える必要がある。このような事情を考慮すると、アスリートは自分で自分の理想的な姿を描き出すことができ、それに向かって自分自身を高めることができるときには、「見守る」というコーチングアプローチが最も適していることになる。[4] アスリートが自分自身を形づくり、成長していくのをコーチは文字通りに「見守る」のである。

また、その点に付随して、コーチはプレーヤーと直接的にコミュニケーションを取ることができるから、この点でも彫師とは異なっている。優れた彫師は、素材の声を聞くことができると比喩的に言われることもあるが、コーチは実際にプレーヤーの声を聞くことができる。それゆえ、よい関係性を築くことで意思疎通《コミュニケーション》をコーチングに活かすことがコーチには求められる。[5]

さらに、コーチングは工芸品の制作過程と比べると、そのプロセスのなかにかなり複雑な要素が含まれている。アスリートやチームの成長も直線的ではない。したがって、コーチングを明確なプロセスから成り立つタイプの「技能」と完全に同一視するのは難しいという点も念頭に置いておかなければならない。

このようにして、「翠玉白菜」という工芸美術品とそれを作り上げた作者の巧思と技術から、コーチングにまつわる優れた思案と技能のあり方を知ることができるのである。

コーチングの技能の対象：人間

コーチングの技能そのものの本性についても触れておくべきだろう。まずその対象について考えてみたい。

楽器演奏の技能や大工の技能は、音楽家や大工が道具や材料をどのように使ってそれぞれの目的を達するかに関わっている。また、翠玉白菜を生み出した彫師の技能は、ある翡翠を材料として、唯一無二の完成品をこの世に生み出すことができた。こうした技能そのものについて言えば、アリストテレスによると、技能は必ず作り出されるものという目的を持っており、その目的たる制作物を合理性を持って生み出すことができる性向のことである。[6] 技能はそのようにすべて目的を持っているのだが、この点についてアリストテレスは、「技能」と「自然」を類比的に見ている。これは私たちの現代的な感覚からすると違和感があるかもしれないが、そこには観察から見出された一定の合理性がある。

まずアリストテレスにとって「自然」は、そのうちに成長や衰微といった「運動の原理」を備えたものとして、それぞれが自らの目的を実現するものと考えられている。例えば、植物は花を咲かせて開花することが目的であるが、それに対して技能はその対象となる制作物を生み出すことが目的である。ひまわりの種を埋めて、それが順調に育てば、やがてひまわりの花が咲くだろう。もちろん薔薇の花や桜の花が咲くことはありえない。また、植物のうちにもさまざまな器官があるが、根っこは養分を吸い出すためにあるのであり、葉っぱは光合成をするためにある。器官それぞれが固有の働きを持っており、その働きはより大きな目的と結びついている。つまり、それらが有機的に作用し合うことで、「開花」というさらなる目的を達成するのである。このような自然のうちにある目的を、技能は作用を加えることで実現しようとする。アリストテレスは「自然が技術を模倣するのではなく、技術が自然を模倣する」[7]と述べているが、これは私たちが持つ技能の理想的な姿を明確に表している。大工は素材に働きかけることで家を完成させ、彫師は玉石に働きかけることで「白菜」や「角煮」を完成させる。このように対象を生じさせる能力のことを私たちは「技能」と呼んでいる。

医術の場合はどうであろうか。医術が直接的に作用を及ぼすのは病源であって、それを治療もしくは緩和することで健康をもたらすことが主たる目的となっている。[8]すでに述べたように、医者は患者のうちにある病源に対して、解剖学や生理学や薬学に基づいて、外科手術や投薬といった手段を使って作用を及ぼす。その意味で、医者は家を作る大工や音を奏でる演奏家に近いと言えるかもしれない。しかし、明らかに異なる点がある。医術において患者は人間であり、医術の対象は人間である。人間をその対象とする以上、医術もある作用を与えるとある結果が出るというような機械論的な因果関係だけで成り立っていると理解してはならないと言われる。というのも、患者の心理的な要素や精神的《スピリチュアル》な要素が病態に影響を及ぼすこともあるからである。[9] それは、人間としての心身を考慮に入れたうえで医療行為を行わなければならないということを意味する。それに対して、コーチの場合も、医者と同様に、働きかける対象が「人間」であり、さらに教師や臨床心理士と同じように相手との交流によって自らの目的を果たすことになる。そして、コーチングも人間を対象とする以上、大工術のような機械論的な因果関係で技能を考えるわけにはいかないのは明らかである。例えば、プレーヤーがあるスキルを習得するために、コーチがそれに応じた練習課題を与えたとしても、あくまでその習得はプレーヤー自身が行うことであって、コーチが直接的に何らかの作用を及ぼせるわけではない。究極的なことを言えば、コーチがいなくてもプレーヤーは自分自身でそのスキルを習得することも原理的には可能である。ここにコーチングの技能としての難しさがある。と同時に、そこにこそ楽しさがあるとも言えるかもしれない。

　この意味での「技能」は、アリストテレスが「技術は自然を補助し、自然がやり残したことを埋め合わせるためにある」[10]と主張することと符合する。植物の例を使えば、中には人が全く手を加えなくても立派に育つ種類のものもあるが、他方で、人間が栽培の技能を使う必要がある種類のものもある。その場合、技能がしているのは、植物のなかにある自然の働きを助けることであって、新しい何かを技能によって作り出しているわけではない。これは、人間の発育にも同じようなことが言えて、出産の際には医学に基づいた助産術などそのための技術が必要になり、また物事を学んで成長していくなかでも人間は教育に関わるさまざまな技術の恩恵に与る。そうした技術なしには、人間が自らのうちに備えている潜在能力を完全に発揮するのは難しいだろう。そうした技術はすべて、対象のうちにある「自然」に働きかけるものであるが、それはコーチングの技能も同じなのである。このような区別を踏まえると、コーチングの技能と言われているものは、大工などの「ものづくりの技術」のように、因果関係がはっきりと見えるものではない点に注意しなければならない。

そこでコーチに必要になるのは、自分が相手にしている個々人を性格特性レベルで理解することであるが、もちろんそこには限界がある。例えば、「プレーヤーへの心的・身体的な準備の支援」について、イビチャ・オシムは次のように言っている。

モチベーションを高める方法なんて何千通りもある。それぞれ違うのだ。選手がモチベートされる要素としては、例えば、誰かからいいプレーをすることを強要され、怒鳴られてやっている人間もいるだろうし、時にはおカネを二倍払うからと言われてモチベーションを上げる人間もいるだろう。それはひとりひとり違うし、一概には言えない。[11]

確かに、一人ひとり性格は異なっているので、それに応じた方法が必要になる。その点で、一人ひとりの性格特性を理解しておくことが重要であるが、同じ選手でも時と場合によって異なる方法によってモチベーションを高めることがある。だからこそコーチには、その場での臨機応変さも必要になるし、マンネリ化しないためには創造力が求められる。この点についてコーチKは、プレーヤーたちのモチベーションを高めるためには「特定の公式」は存在しないと断言したうえで、次のように述べている。

人々にやる気を起こさせるためには、柔軟かつ臨機応変に、多彩に変化しなければならない。[12] あなたの想像力と創造力を活かして、人々のモチベーションを高めてもらいたい。実に様々なものが、私たちのモチベーションを高めるのだから。[13]

では、こうした言葉から総合して、コーチングの「技能」についてどのようなことが言えるだろうか。「技能」という言葉には、ある目的を効率よく果たす能力という含みがあるが、コーチングの場合、たとえ技能を持っていたとしても、その目的を達成できるかどうかには、コーチの手腕以外にもさまざまな要素が不可避的に関わってくることになる。コーチングの技能については、自らのうちに成長の原理を備えた「人間」を対象としているので、楽器演奏の技術や大工の技術などと比べると確実性の点で大きな違いがある。言い換えれば、コーチングにおいては確率論的にどのように見積もるかが鍵となるのである。さらに言えば、人間としてのアスリートは、コーチとの関係性、チームという共同体、家族という居場所、学校や所属組織といった場、そして社会の中で生きている存在である。コーチであれば、コーチングの技能を行使する際にも、こうした人間観を常に念頭に置いておく必要がある。

コーチングの技能の目的：アスリートやチームの卓越性

すでに何度か言及してきたように、コーチングではアスリートの卓越性の向上および発揮が目指されるが、ここでコーチングの技能や卓越性と目的の関係性について見ていくことにしよう。

まず「アスリートの卓越性」であるが、これは野球選手としての卓越性、フィギュアスケート選手としての卓越性、陸上競技選手としての卓越性といったように、主としてそれぞれの競技における優れた状態のことを意味している。競技によって、アスリートとしての卓越性がわかりやすい競技とわかりにくい競技があるのは事実である。例えば、陸上競技の一〇〇メートル走のアスリートのように誰よりも速くゴールすることが目的になる測定競技では、タイムというシンプルな形で示されるので、その卓越性もわかりやすいだろう。練習を通じて、自らの最善を尽くすことで、その卓越性を向上させることができる。[14] それが中距離、長距離となると、駆け引きなどの要素も競技に含まれていき、卓越性にもさまざまな要素が含まれるようになる。

また、個人競技かチーム競技かによっても事情は異なる。つまり、フィギュアスケートのように全員が同じような卓越性のもとで競技が競われ、採点される場合もあるし、野球選手のようにポジションや打順によって求められる能力や特性が異なる場合もある。例えば、野球のピッチャーにとって「シンカーを投げる技能」は一つの卓越性であり、サッカーのフォワードにとって「後ろから来たボールを振り返らずにトラップする技能」も一つの卓越性である。ただし、それらは判定競技における局所的な卓越性なので、競技のアスリートとしての卓越性とは異なっている。こうした競技内のさまざまな卓越性は、いわゆる目的論の事象的連関によって明らかになるものと言える。ここでは詳細に述べることができないが、すでに第3章でバレーボールのフローターサーブの例に言及したように、ある技能を習得するためには、他のさまざまな技能が必要になり、さらにそのさまざまな技能を習得するためにも、他の無数の技能が必要になる。

チーム競技の場合には、個々のアスリートが局所的な技能、身体能力、知識などの卓越性を発揮することがある。[15] アメリカンフットボールのように最初から役割分担が明確なスポーツにおいてはキックを専門とするキッカーがいて、そのポジションにおける卓越性はわかりやすいだろう。それに対して、チーム競技で個々のアスリートが局所的な卓越性を発揮する例もある。例えば、元巨人の鈴木尚広は、その走力と技能によって走塁や盗塁でチームに多大なる貢献を果たしたことはよく知られている。また、先発としては大成しなかったが、抑えとしてその能力を存分に発揮した投手もいる。漫画『SLAM DUNK』に登場する海南大附属高校の神《じん》宗一郎は、スリーポイントシュートを武器にチームのなかで存在感を発揮した。

ここまでの議論をまとめると、（a）アスリートがもつ局所的な卓越性（個々の技能や身体能力など）と、（b）アスリートとしての総合的な卓越性があることになる。それに加えて、次に述べるような（c）チームとしての卓越性も考えられる。[16]

この（c）チームとしての卓越性は、チーム内でさまざまな卓越性が組み合わさったものである。例えば、マイケル・ジョーダンはバスケットボールプレーヤーとして類まれな卓越性を持ったプレーヤーであったが、彼の所属するシカゴ・ブルズには、ディフェンスなどの優れた能力をもったスコッティ・ピッペン、リバウンドにおいて無類の卓越性を発揮したデニス・ロッドマン、長距離シュートに優れたスティーブ・カーというプレーヤーたちがいたことで、NBA史上屈指の強豪になることができた。チーム競技のコーチとしては、さまざまなレベルの卓越性を見極めたうえで、チームとしての卓越性がどのようなものであるか描き出すことができなければならない。もちろん、その卓越性はチームごとに異なっており、さまざま特色を持ちうるものであって、その評価の仕方も一様ではない。しかし、何より、コーチにとってみれば、それは目指すべき目的としての役割を果たす。このチームとしての卓越性は、植物が開花することと類比的に考えられる。つまり、植物は太陽の光と養分を得て成長して花を咲かせるわけであるが、チームは練習を積み重ね成長していって試合のなかで自らの卓越性を発揮するのである。アリストテレスが技能について次のように言っていることが、コーチングの技能の要諦をよく表している。すなわち、「総じて言えば、技術は自然がなし遂げることのできないものごとを完成にもたらすものであるとともに、自然のやり方をまねするものでもある」[17]。この場合、技能がまねる自然とは、開花という目的をもった自然のあり方にほかならない。

そして、先の「局所的な卓越性」は、この「チームとしての卓越性」に資する限りで成立する。つまり、デニス・ロッドマンのリバウンド力もスティーブ・カーの長距離シュート力も、それがチームとしての卓越性を向上させるものであるからこそ、卓越性と見なされる。仮に芸人のモノマネが得意なアスリートがチームにいたとして、それがチームの卓越性に寄与するものではないなら、局所的な卓越性とは言えない。局所的な卓越性は、あくまでのチームという全体があってこその部分なのである。善いコーチはここにも目的論的な構造を見ることができるだろう。

コーチングの技能のプロセス：医術との類比から

それでは続いて、アスリートの卓越性を向上させる「指導」という営みにおけるコーチングの技能について見ていくことにしよう。「指導」におけるコーチングの技能を考える場合、アスリートの卓越性などの目的となる何かを作り出す制作の過程には、必ず「思案」や「熟慮」も含まれる。ここでは、まず医術という技術の過程を見ていくことにする。

アリストテレスは医者の医療行為という技術の営みを、「思案」[18]や「熟慮」の段階（(1)～(5)）と狭義の「技能《テクネー》」の段階（(6)）に分けて、次のように説明している。それは、現在の医療技術から見ると極めて単純で素朴な図式であるが、医術の技能過程について基本的な段階を明確に示している。

(1) 健康とはこれこれの形相（状態）であると理解する。
(2) この病体の現在の状態を把握して、健康的な状態との比較を行う。
(3) この病体が健康であるためにこれこれのものが（例えば、熱と寒との均衡が）患者のうちに存在しなければならない。それゆえ、
(4) この均衡が存在すべきだとすれば、そのためにこの病体に熱が存在しなければならない。
(5) 熱を生じさせることは例えば摩擦療法によって可能であり、それが自分に実行可能である

とわかれば、

（6）その熱が身体に生じるような処置として摩擦療法をこの患者に施す。[19]

こうした処置を施す過程が、健康を作り出す製作《ポイエーシス》の過程として技能の段階にあたる。医術の場合、（現代ではほとんど使われることのないであろう）摩擦療法の他に、投薬、外科手術、経過観察などがある。それでも、このうちで一番「技能」と言えそうなのは、外科手術ではないだろうか。そこには、目標とする状態の生成・変化の因果関係の問題があるように思われる。つまり、外科手術の場合、指先という身体を駆使した技術によって原因となっている病源を直接取り除いており、目標とされる状態へと直接的に導いているように考えられるからである。それに対して、投薬の場合は、薬を与えるという行為はしているが、大部分はこの症状にはどのような薬が効くかを考えるという思考過程であり、何か身体を駆使した狭義の技術も伴っていないのである。[20]

このような「思案」と「技能」から成り立つ技能過程を、コーチングの技能のプロセスにあてはめると次のようになるだろう。

（Ⅰ）〔自分が関わる〕アスリートの卓越性の形相（つまり卓越性が何であるか）を把握する。

（Ⅱ）このアスリートが現在どのような状態であるかを認識して、目的としての卓越性を持った状態と比較する。

（Ⅲ）このアスリートが卓越性を向上させるために「望ましい要素」を見出す。

（Ⅳ）そうした「望ましい要素」を身につけるために、さらに個々の要素を身につけなければならないと把握する。

（Ⅴ）個々の要素を身につけるための方法を決定して、それが実行可能であるとわかれば、

（Ⅵ）実際にその方法をそのアスリートに実施する。


以上のような段階のうちでも、（Ⅰ）～（Ⅴ）は思惟の領域に該当するが、このうちでも（Ⅱ）は、認知能力が関わる段階である。「このアスリート」という個別的な対象の特徴をしっかりと見抜く必要がある。そのなかでは、「このアスリート」の技能レベルや身体的な特徴を知っておくことが重要であるが、性格特性や認知能力を把握しておくことも同じくらい重要である。なぜなら、それがひいては（Ⅴ）で練習方法を選択する際にも役立つからである。例えば、練習熱心なプレーヤーと飽きっぽい性格のプレーヤーでは、そうした性格に応じて効果的な練習が考えられるだろう。また、（Ⅰ）～（Ⅳ）の段階では、すでにお気づきの読者もいると思うが、ここには卓越性の形相を目的とした、一連の目的論的なプロセスがはっきりと見られる。そのなかでも、アスリートの卓越性が何であるかを知ることは知識に属することであり、さらに、その卓越性を構成する「望ましい要素」も知識の領域に属することであり、個々の要素もその知識の下位区分の領域に属することである。さらに、（Ⅴ）は、練習を実施するにあたりどのような練習を行うのかを考察し、決定する段階であるが、そのなかで実施される練習の方法なども知識の領域に属することである。それらは主に、各競技に関する専門的知識である。例えば、プロセスのうちに出てくる「望ましい要素」としては、各競技におけるさまざま

なスキルや戦術が含まれる。それらの名称、定義、その長所と短所に加えて、習得のために気をつけるべき点を知っていることが専門的知識である。その意味で、コーチングの技能を発揮するためには、それを支えるさまざまな知識が必要不可欠になってくるのである。そして、（Ⅵ）において、コーチは実際に練習やトレーニングを実施するなどして「働きかけ」や「介入」[21]を行う。この実施の部分が狭義の「技能」の領域であり、コーチングではそうした「働きかけ」や「介入」を合理的に、効率的にできるかどうかが技能の良し悪しを左右することになる。

そこで、それぞれの要素をより具体的に考えてみよう。例えば、（Ⅰ）で言われている「アスリートの卓越性」には、すでに見てきたような、（b）アスリートとしての総合的な卓越性が入り、チーム競技の場合は（c）チームとしての卓越性も含まれうる。また、（Ⅲ）の「望ましい要素」には（a）アスリートがもつ局所的な卓越性（個々の技能や身体能力など）が入ることになる。「シュート力」や「ディフェンス力」など個人のスキルに関わるものから、「ゾーンプレス」などの特定の戦術までさまざまなことが考えられる。さらに、（Ⅳ）には、例えば「望ましい要素」としてのシュート力があるとすれば、個々の要素として「シュートを真っ直ぐ飛ばすこと」「安定したシュートフォーム」などが入ることになる。そうしたら、コーチは（Ⅴ）で、そうした個々の要素を身につけるための方法を選択して、それが実施可能ということがわかれば、（Ⅵ）で実際にそれを実施するということになる。すでに述べたように、その際には、プレーヤーの技能レベルや身体的特徴のみならず、性格特性や認知能力なども考慮に入れておかなければならない。

このように医者の技術である「医術」の過程と類比的に、「コーチングの技能」のプロセスがどのようなものであるかを把握することができる。

こうしたコーチングの技能過程を見てみるとわかるように、それほど身体的技能が要求されることはない。確かに、野球でノックをする場合や、ボクシングでミット打ちの受けをする場合や、体操で補助をする場合などは、身体的技能を要求される。競技固有のスキルを実演してプレーヤーに「示す」ときには身体的技能が必要になることもあるが、これは映像を使うことで代用も可能である。そのように考えた場合、コーチングでは、身体的技能よりも、論理的な思考という技能と言語技能の方に重きが置かれることになる。いわゆる見本を「示す」技能指導や長嶋監督のような特殊な例を除けば、コーチの側で必要になるのは多くが「論理的思考の技能」と「言語的技能」と言える。それらに加えて、アスリートのスキルレベルや身体的特性や心の状態などを見抜く「認知能力」も必要になるのである。

コーチングの技能プロセスを補完する実践的な手法

先の（Ⅰ）～（Ⅵ）で示したコーチングの技能プロセスは極めて直線的なものであるが、現場ではこのような直線的なプロセスはほとんど見られないというのが現状であろう。さまざまな状況に応じて、コーチングの具体的なやり方を臨機応変に変更していく必要がある。言ってみれば、「自分がいま教えていることが、必ずしもあらゆる状況であらゆる人々に適しているとは限らない」[22]のである。この言葉の発言主であるコーチKは、コーチングに創造的で革新的な要素を持ち込むために、次の三つの事柄が重要だと考えている。[23]

ひとつは、「さまざまな手法を駆使すること」である。先ほどの直線的なコーチングプロセスでは、あたかも一つの目的を達成するためには一つの練習方法しかないように見えるが、そういうわけではない。練習があまりにも単調で、アスリートが簡単に予測できてしまえば、退屈になってしまうだろう。長年コーチングをしていると、アスリートの「喜び」と「退屈」に対して鈍感になっていくコーチが多い。練習を予測不可能な仕方で提供することで、アスリートが退屈に陥るのを防ぐことができる。また、この方法はアスリートに気づきを与えるためにも重要である。試合で大敗を喫した後、アスリートはコーチに叱られることを予期するかもしれない。その次の練習でコーチKは、バレーボールのネットを用意して、その日の練習では本来のバスケットボールは一切やらずに、バレーボールをプレーすることに終始した。球技を楽しんでプレーすることの喜びをアスリートが忘れてしまっていると感じたために、違う球技を行わせたことで、アスリートは球技を楽しむ喜びを実感することができたという。

もう一つは、できる限りアスリートに「自由を与えること」である。つまり、個人として成長するための自由、ミスを犯してそこから学ぶための自由、一所懸命に取り組むための自由、自分らしくあるための自由が極めて重要であると考えられている。アスリートに一定の形しか与えなかったら、その形通りにしか育たないだろうが、自由に成長できることを許せば、形にとらわれず成長することができる。アスリートに「委ねる」のである。これは一見すると、コーチが「アスリートの卓越性の形相」を思い描き、それに向けて練習をすることと矛盾するように見えるかもしれない。特に多くの日本のコーチたちはそのように感じることだろう。しかし、「アスリートの卓越性の形相」自体も、アスリートがもともと持っている素質と身体的特性に応じてさまざまなあり方が考えられるし、またその卓越性の形相も何か固定化した静的なものではなく、アスリートが成長していくなかで目指すべき姿も変わっていくから、創造的で革新的であるためには、コーチ自身も一方ではアスリートに自由を与えて、そのアスリートにとって自然なやり方でやらせてみるようにして、他方では自分自身の思考を柔軟に修正していかなくてはならない。[24]「柔軟であることが、良い選手たちに利益をもたらす[25]」のである。

そして、何より重要なこととして、「質問すること」がある。この「質問すること」については、コーチングのさまざまな場面で重要になるとコーチKは考えており、次のように述べている。

私は質問することを好んでいる――たくさんの質問をする。もしあるプレーヤーが何か答えを探しているとしたら、率直に答えを伝えてあげるのではなく、むしろ一連の質問をするだろう。そのとき、そのプレーヤーは自分自身で考えるだろうし、しっかりと頭で考えて答えを考え出すだろう。そうすれば、答えをよく覚えているだろうし、おそらくそれを実行に移すだろう。[26]

アスリートにわかりやすく伝えることもコーチングの技能の一つであるが、アスリートの思考を刺激し、主体性を持って考えるよう誘うために質問を投げかけることもコーチングの技能に含まれる。質問を投げかける場合には、その質問は「はい」「いいえ」で答えられるクローズドクエスチョンではなく、できる限り「はい」「いいえ」では答えられないオープンクエスチョンを使うことが重要である。「誰が」「何を」「どこで」「いつ」「なぜ」「どのように」といったことを問うオープンクエスチョンは、質問する方より、質問された方に考えることの主導権があるので、アスリートの側で主体的に考えることにつながるからである。

このように、「さまざまな手法を駆使すること」、「自由を与えること」、「質問すること」といった三つの事柄を念頭に置くことで、コーチングのプロセスをよりよいものにすることができるだろう。

技能の学び：コーチングの技能を向上させるために

ここまでコーチングのうちでもアスリートの学びを中心に見てきたが、ここでは少し視点を変えて、コーチの学びについても考えてみたい。コーチは、自らの技能を駆使してコーチングを行うわけであるが、当のコーチは自分自身のコーチングの技能をいかにして学ぶことができるだろうか。

コーチングの技能の具体的な学びとしては、技能の土台となる専門的知識を学ぶことから、実際にコーチングの技能を使うことで技能そのものを伸ばすことまで、さまざまな方法が考えられる。

コーチングの技能の土台となる専門的知識を学ぶことに関しては、競技固有のスキルや戦術を書籍やDVDから学ぶこともあるし、コーチの資格講習会に参加してそこから学ぶことも可能である。名コーチとの交流から学ぶこともあるだろう。また、学んだ専門的知識をコーチングの現場で活用して、その効果を振り返って考えてみることが、自らの技能を向上させることにもつながる。さらに、アスリートやチームの現状を分析したり、把握したりするためには、同僚コーチや他のコーチに意見を求めて、自らの考えと比較することも有効な手段になるだろう。そのなかでは自分に足りない視点を学ぶことができるはずである。

このように、コーチングの技能を向上させる学びについては数多くの方法がある。しかしここでは、それらを逐一取り上げていくことはせずに、技能の学びに通底する要素を見ていくことにしたい。これは言ってみれば、自らの技能の学びにもっと敏感であるためにコーチが心得ておくべきことである。

何より、技能そのものの学びを考えるうえでは、技能の本質を今一度理解しておく必要がある。技能には、例えば、陶芸の技能、医術という技能、知識を教える技能、配管工事の技能、法廷弁論の技能、翻訳の技能といったさまざまな種類があるが、それらは有形無形の何かを作り出すという共通点を持っている。こうした技能は、そのときの状況に応じて、異なる仕方で発揮される。そこには技能の担い手による「思案」と「創意」と「想像力」を見て取ることができる。また、技能は、何も考えないでできるような「機械的反応《ルーティン》」[27]とは明らかに一線を画している。例えば、この「機械的反応」の一例として、自動車通勤で職場に行くとき、毎日同じようなルートを通っているなかで何か意識的に考えて運転をすることはないだろう。お風呂で身体を洗うことも、食器洗いをすることも、基本的には「機械的反応」のうちに含まれる。

そうした機械的反応とは異なる「技能」を身につけるためには、必ず学ぶことが必要になる。そして、この技能における学びには、必ず実践が伴うことになる。技能であるからには、実際に当該の事柄を実践することによってしか学ぶことができない。医術であっても、楽器の演奏であっても、翻訳であっても、その真似事は誰にでもできるかもしれないが、技能として身につけるには、実際に治療すること、演奏すること、翻訳することといった実践を積み重ねなければならない。楽器演奏のハウツー本を読むだけではどう考えても演奏の腕は上がらない。私たちは当該の実践の繰り返しを通してのみその技術を持った実践家になることができる。[28] そうした実践を積み重ね、振り返りと改善を何度も行った結果、状況に応じて自分なりの改変《アレンジ》を加えることができるようになって、はじめて「技能を身につけた」と言えるだろう。その意味で技能の学びには「駆り立てる向上心」[29]も必要になる。

　こうした技能の学びの点においてコーチングは誤解されていることが多いように思われる。「自分のアスリートとしての経験をもとにすればコーチングぐらいすぐできる」と安易に考えている人たちが一定数いるからである。コーチは最初、自分が現役時代にやった練習を使って指導し、試合中に受けた鼓舞する言葉を元に指揮を執るだろう。あるいは、書籍や映像で専門的知識を学び、それを活用することだってあるだろう。しかし、それはある意味で、まだ真似事にすぎない段階であり、本当の意味での「技能」ではない。むしろ、「駆り立てる向上心」を持ってコーチングに取り組むことで、失敗と成功を繰り返して、改善していくことで、はじめて自分なりの技能を身につけることができる。さらに、自分なりの技能を学ぶなかでは、「なぜそうするのか」という「理由」を把握することも重要な要素となる。ジュリア・アナス曰く、「何らかの複雑さをともなう技能の場合、熟練者が学習者に伝えることのなかには、理由を与えることが含まれていなければならない。電気工や配管工の見習いは、電線や導管をある仕方で配置するという事実だけではなく、そのように配置する理由を知る必要がある」[30]。このように「理由」を把握しているからこそ、技能を学んだときとは異なる場面に実践のなかで遭遇しても、個別的な対応が可能になる。それはコーチングの技能も同じである。そして、そのように理由を把握して、現場で技能を行使するときにその失敗と成功の基準となるのはアスリートの卓越性を向上させ、発揮させるというコーチングの目的をどれだけ果たしたかである。

こうした技能の学びについてコーチKは、伝説的なコーチたちから優れた助言を受けている。その伝説的なコーチたちは、コーチKが師匠のボブ・ナイトからたくさんのことを学んで、理解することは重要だが、その師匠や他の優れた人物のようになろうとするのではなく、学んで理解したことをコーチとして自分流に作り直すことが重要だと助言を与えたという。[31] 師匠のボブ・ナイトは、その強烈な方法論には賛否両論があるものの、確かに優れたコーチングの技能を備えた人物であった。しかも、プレーヤーの才能を見極める慧眼、試合の流れを見抜く洞察力、選手たちを鼓舞する演説力も兼ね備えていた。しかし、いくらその師匠の技能が優れているからといって、それをただ真似ているだけでは自分自身の技能を活かしていることにならないのである。

また、技能と機械的反応で大きく異なる点として、一定の喜びが伴うか否かがある。自動車通勤などの例からもわかるように、機械的反応に喜びは皆無であるが、技能を持つ者は自らの技能の行使することによって、完成された対象を見て喜びを感じるものである。陶芸家は優れた作品ができれば、それに喜びを感じ、画家は美しい絵を描くことができれば、それに喜びを感じる。コーチングの場合では、例えば、練習でアスリートが向上しているのを見たときや、試合でアスリートが自らの卓越性を発揮する姿を見たときに、喜びを感じるだろう。また、技能にはそのような完成品に対する喜びとは異なる快さがあり、いわゆる「フロー体験」に生じる快さのようなものが伴うことも重要である。[32]

つまり、技能を持つ者は、当該の技能を発揮して、それに没頭することそのものに快さを感じるのである。心理学者のチクセントミハイの言葉を使えば、「最適経験」[33]のうちに、私たちは快さを感じる。言い換えれば、「思うままに注意を集中させる」、「気を散らすものに心を留めない」、「目標を達成するまで注意を集中する」、「目標達成の後まで注意を持ち越さない」[34]ときに、私たちは活動そのものに快さを感じるのである。技能を持つ者として、ピアニストやアスリートはそうした「フロー体験」を経験する代表格と言える。しかし、技能を持つ者としてはコーチもこのような快さを得ることができる。次の練習に向けて自らの知識を駆使して練習メニューを立てているとき、練習中に起きた思いがけない出来事に思慮深く対処しようとするとき、試合の前に言葉の限りを尽くしてアスリートの心を鼓舞する演説を行うとき、白熱する試合のなかで今やるべきことを自分の知性を活用して導き出すときなどに、コーチは「フロー体験」のような境地に至るだろう。反対に、このような体験が全くないようなコーチは、自分のコーチングが単なる「機械的反応」に陥っていることを疑うべきではなかろうか。

コーチにとっては、こうしたコーチングの技能は卓越性の一つであるが、実はこの技能という卓越性を追求し、発揮すること自体がコーチ自身にとっては目指すべき目的となりうるし、モチベーションにもなりうる。[35]一般的にコーチはアスリートがどうなるかに焦点を当てていることが多いが、このようにコーチングの技能という卓越性の発揮に焦点を当てることは独立した一人の人間として欠かすことができない自分自身に対する省察的な視点である。

コーチKはこの「卓越性」について、優れた芸術家とその優れた作品に関する興味深いエピソードを紹介している。優れた芸術家は、どのような状況にあっても――劣悪な環境であっても報酬がわずかであっても――、常に同じだけの配慮を持って、同じくらい精確な仕事をしようとすることで、優れた作品を生み出すことができる。この優れた芸術家は、自分が目指す水準と自分自身の基準を持っていて、置かれた状況のなかで常に最善を尽くして、そうした基準を満たそうと自らの仕事に取り組んでいる。同様に、すぐれた将軍はいまある軍隊をもっともうまく戦えるように用いたり、すぐれた革職人は与えられた革から最もできの良い履き物を作ったりする。[36] どのような状況であっても、そこには芸術家としての卓越性、将軍としての卓越性、革職人としての卓越性が現れる。コーチングであれ、スポーツのパフォーマンスであれ、この「卓越性を求めること」においては共通している。つまり、どのような状況においても、自らの卓越性に基づいて、その都度可能な最高のパフォーマンスを追求するのである。

このような「卓越性の追求」の観点から、コーチKは、大学内の立派な教会の中にある祭壇の壮麗な木彫りの話をアスリートたちに聞かせて、卓越性を求めることがどのようなことであるかを理解するよう促しているという。そして、この卓越性に関するエピソードは次のような印象的な言葉で締めくくられている。

私の欲求は成功ではなく、卓越性に向いている。なぜなら、自分が卓越性を発揮できるときには、成功はおのずとついてくるものだから。[37]

「善いコーチ」であれば、アスリートやチームの卓越性を向上させ、発揮させるというコーチングの主たる目的のみならず、同時に、自分自身のコーチングの技能を発揮して、それを高めることにも注意を向けるのである。

技能をメタの視点から考える

本章ではここまで、コーチングの技能を身につけることが善いコーチになるための一つの要素であることを見てきた。その締めくくりとして、その技能の「外部」についても触れておきたい。というのも、技能が一連のプロセスを経て有形無形の事物を作り出すものであるとしても、技能は本質的にそれだけでは私たちにとって本当に善いものにはならないと考えられるからである。言ってみれば、「よいコーチ」になるためには技能と知識と経験だけでも足りるが、「善いコーチ」になろうとすれば、それだけでは足りないということである。ここでは、(1)技能の選択、(2)技能によって作り出された事物の使用、(3)作り出されたものに対する意味づけや解釈、といった技能の「外部」に触れておくことにする。

まず(1)どのような技能を選択するかということについては、常に技能の目的は迅速に果たすが、その技能を行使する際に大きな代償を払わなければならないなどの副作用があるものやさまざまな違法性や不道徳が伴うものを選んでしまう可能性が考えられる。その最たるものが、「目的を果たすためには手段を選ばない」という事態である。もし仮に、結果的に同じようなものが生み出されるという条件のもと、即効性があるが大きな代償を伴う技能や、迅速であるが不道徳な技能や、時間はかかるが道徳的で安全な技能があるとして、そのどれを選ぶかは、技能そのものとは異なる資質能力にかかっている。ある目的を合理的に果たすという端的な技能そのもののなかには必ずしも倫理的な善悪の基準は含まれておらず、あくまで目的を合理的に、効果的に果たすことが技能の本質である。それでも技能の外部として、技能に伴う利害・善悪・美醜といった倫理的事柄や、技能が行使される文脈を取り巻く法律や人権などの社会的事柄との関係性も考慮に入れる必要がある。そのなかでは、コーチングの技能については、例えば、問いかけを中心としたアスリートの主体性やウェルビーイングを重視する「アスリート・センタード・コーチング」[38]の導入やスパルタ的な厳しい練習の実施などが争点になりうるだろう。さらに、体罰を含めた暴力的な方法を使ったコーチングのやり方を採用するコーチの是非を考える場合にも、こうした技能以外の要素に着目する必要がある。何より重要な点として、「学校教育法第一一条」では生徒に対する体罰は禁止されており、学校部活動のなかでそうした指導法は許されない。[39]体罰を行うコーチたちは、言葉にして明示するか否かは別として、「体罰を用いたコーチングの技能はプレーヤーを伸ばすうえで効果的である」と考えているが、そもそも、許容される範囲の手法ではないのである。コーチであれば、自らのコーチングのやり方が法律や倫理とどのように関わるのかを考慮に入れる必要がある。

また、(2)技能のうちには作り出されたものをどのように使うかということまでは含まれておらず、極端なことを言えば、優れた技能を持っていながらも作り出された物を悪用してしまうことも十分に考えられる。つまり、作り出したものを誤った目的のために使用することが可能なのである。この点については、例えば、科学者が優れた技術を開発したが、それを金銭と引き換えに凶悪な犯罪組織に提供してしまう場合を考えてもらいたい。その場合、この科学者には多大なる非難が向けられる。言ってみれば、技能には、目的として作り出されたものをどのように使うかまでは含まれておらず、善用することも悪用することもその人次第なのである。またコーチングの例では、プレーヤーやチームをコーチングの技能で向上させるものの、そうした技能の行使が、結局のところコーチ自身の名誉や地位の向上を目指したものだったということも考えられる。この場合は、技能を利己的な目的のために使用しているのである。[40]

さらに、(3)技能によって作り出されたものがどのような意味を持っているのかを解釈することも、技能そのものとは異なる資質能力によるものである。[41] 医術は医療行為によって患者に健康をもたらすわけだが、健康はその患者にとってどのような意味を持ち、医者である自分にとってどのような意義があるのか。また、患者や自分の人生のなかでどのような位置づけになるのか。そういった意味や意義を考えることは、技能そのものの働きではない。また、商品販売の技術を持っていることでたくさんの売上を出すことができても、その売上が自分たちにとってどのような意味を持っているのかを考えるのも技能そのものの働きではない。コーチングの場合、技能によってアスリートやチームが卓越性を向上させ、発揮することができたとして、それはアスリートにとってどのような意味を持っているのか。また、コーチである自分自身にとってはどのような意義があるのか。そうした意味や意義を考えることはいわば技能の「外部」にあることで、それは技能が触れることのできない領域なのである。このようにして、技能には「メタな視点」とそのための資質能力が必要になるのである。

以上のように考えると、コーチングの技能には、それ自体としては倫理的な意味での「善悪」は含まれていないと言ってよい。コーチングの技能のあり方そのものを反省的に考えることも、技能によってもたらされたものについて考えることも、技能そのものの働きではない。その意味で、コーチングの技能にも「外部」が考えられるし、善いコーチを目指すにあたってはその「外部」をよく考えるべきである。その外部にあるものとしては、まず（1）どのような技能を選ぶかということに関して、違法な手段や不道徳なやり方や副作用の強い手法を選択しないためには、技能そのものではなく、異なる知のあり方が関わってくる。また、この方法論については、コーチである自分とアスリートがどのような関係性にあるべきかという視点も関わってくる。さらに、（2）コーチングの技能で得た成果を利己的な目的のために使用することが考えられるが、これはコーチ自身がどのような人間であるべきか、どのような人柄を持つべきかに関わっている。そして、（3）作り出されたものの意味を考えることについては、コーチングの技能をメタの視点から見て、その技能によってもたらされたプレーヤーやチームの卓越性がどのような意味を持っているのかを考えることであり、それにも技能とは異なる資質能力、つまり思慮が必要になる。アリストテレスはこれを「技能にはそれの卓越性《アレテー》が存在するが、思慮にはそれの徳《アレテー》というものはない」[42]と独特の仕方で表現している。この一節の含意については、次章以降で思慮について論じていくなかで明らかにすることにしよう。

第6章　「思慮」をもつとはどういうことか

いかなる国家、いかなる個人といえども、正義に支えられつつ思慮ある生を送るのでなければ、そしてそのためには、そうした思慮を自分自身が身につけているなり、神に対する畏敬の念をもった人たちの主導の下に正しい仕方で習慣の養成と教育を受けるなりするのでなければ、けっして幸福になることはできないだろう。[1]
(プラトン『第七書簡』三三五D)

「賢い人」から「思慮ある人」へ

それでは続いて、善きコーチの卓越性《アレテー》・徳の一つである「思慮」を見ていくことにするが、これは単なる「賢さ」や「頭のよさ」とは異なっている。

学生のときを思い出してほしい。学校で「賢い」や「頭がいい」と言うと、大体が「テストができる」ということを意味していたに違いない。しかし、社会に出ると、それらは別の意味を持ってくるというのが多くの人が経験していることであろう。社会に出ると、「あいつは、勉強はできるのかもしれないが、普段の生活では賢くない」とも言われるように、いわゆる「テストができる」といった要素とは違った意味での「賢さ」が強調されるようになる。例えば、「仕事ができる」を中心として、「作業が早い」、「要領がよい」、「的確な判断を下せる」といったことから、「人付き合いが上手い」、「コミュニケーションが巧み」といったことまでが「賢い」に含まれるように思われる。このように、社会においては「賢い」や「頭がいい」という言葉がさまざまな意味を持ってくる。これは私たちが日常的に出くわす「賢さ」から、わかりやすく要素を取り出した一般論である。

これに対して、さまざまな実験から導き出された研究結果に基づく「賢い人」についてのより洗練された議論を見てみよう。心理学者のギロビッチとロスは『その部屋のなかで最も賢い人』という著作のなかで「賢い人」のもつ特徴を挙げている。そのなかでは、まず（1）「個々の出来事を大局的にとらえ、目の前にある問題をより幅広い視野から見ることができる」[2]という「大局観」や「視野の広さ」を特徴として挙げている。これは賢い人は「木を見て森を見ず」という状態には陥らないということであり、これは明らかにテストで良い点が取れることとは一線を画している。つまり、問題となっている目の前の場面にそもそもどのような事柄が関係しているかを見抜く能力は、紙の上に記載された問題を解く力とは異なっているのである。賢い人は、利用可能なさまざまな情報を把握して、効果的に処理するような知能を持っている。しかし、それは「賢さ」の一部分にすぎず、むしろ、それ以外のさまざまな要素も含まれている。例えば、（2）「どういう目的が本当に追求するに値する価値があるのか、どういう手法を用いればその目的を最も上手に追求できるのかを見抜く」[3]といった「価値認識力」や「課題発見力」や「問題解決力」や「優れた思案」も賢さの重要な側面である。これは、物事そのものをより広い視野から考えることができるということで、それに加えて価値ある目的を達成するための合理的な手段も見つけることができるということである。さらに、（3）賢い人は人と向き合ったときに、そこから相手の望みや恐れや情熱や衝動を理解できるような「感受性」も備えている。[4] 相手の状況を全く意に介さず、決められた手続きに則って対応するだけの人を誰も賢い人などと言わないだろう。自分自身の求める美を独力で具現化しようとする芸術家であれば、対人的な知は必要とされないだろうが、賢い人は人間に精通していなければならないのである。そして、最も重要なこととして、（4）賢い人は、それが何であるか、どのようであるかという物事の事実を説明することができるが、それだけでなく、なぜそうなっているのかという理由や原因を把握して、それを明確に説明することができる。[5] 言ってみれば、賢い人は、物事の因果関係を理解することができているという意味で「洞察力」があり、道理を弁《わきま》えているという意味で「分別」を備えているのである。

そうすると、ギロビッチやロスの研究からは「大局観」「価値認識力」「課題発見力」「問題解決力」「優れた思案」「感受性」「洞察力」「分別」といった要素から「賢い人」を描き出すことができるわけだが、この意味での「賢さ」は何らかの専門的な技能や知識と同一視できるものではないし、学問的な理解力とも同一視できるものでもない。むしろ、人とも関わる何らかの実践において発揮される知的な能力にほかならない。

これに対してアリストテレスはそうした実践における知的な能力のことを「思慮《フロネーシス》」として、思考の徳の観点から、さまざまな説明を与えている。そこにはギロビッチやロスが示したようなさまざまな要素も含まれているが、それに加えて、最も重要な点は、すでに第4章で言及したことだが、「思慮がなければ本来のあり方における善き人〔＝有徳な人〕であることはできず、また人柄の徳がなければ思慮ある人であることもできない」[6]という人柄の徳との関係である。ここで「善き人」はさまざまな善き人柄を備えた「有徳な人」を意味している。その含意を理解するためには、アリストテレスが「思慮ある人」に「狡知に長けた人（ずる賢い人）」を対置させていることを知っておく必要がある。「思慮ある人」も「狡知に長けた人」も、確かに、物事の問題を発見して、解決する能力や、推論を行って目標に到達する手段を見つける能力、つまり「問題解決力」としての「頭のよさ」を備えている。しかし、「狡知に長けた人」はそもそもの目的が劣悪なもの、つまり誤った目的であるために、行動もそれに応じて劣悪なものになってしまう。いわゆる知能犯やマッドサイエンティストなどはその典型である。他方で、「思慮ある人」は、そのように誤った目的を意図的に実現することはありえないという意味で、「狡知に長けた人」とは異なっている。むしろ、「思慮ある人」は、常に適切な目的を持っている。この点についてアリストテレスは、「〔人柄の〕徳は目的を設定し、思慮は目的へと向かう事柄を遂行させる」[7]と述べているが、人柄の徳が適切な目的を定めることで、思慮ある人はさまざまな思案を行っても決して誤った方向へと流れることはない。その意味で「思慮ある人」は、必然的にさまざまな人柄の徳を備えた「善き人」でもある。そうした目的の違いが「思慮ある人」と「狡知に長けた人」を分けるのである。

さらに、思慮は実践に関わるが、製作によって何らかの成果を生み出す「技能」とは異なっており、「人間にとっての善が関わる行為の領域」でその本領を発揮する。[8]さらに、普遍的な知識のみに関わる「学的理解」とも異なり、個別的な状況の把握と原理原則の適用という個別と普遍の両方にまたがった、行為につながる知である。[9]そうして、この「思慮」は、実践において幸福を目指すアリストテレスの倫理学において中核的な位置を占めている。しかし、古代ギリシアのみならず、現代でも実践家が持つべき知として重要視されることがある。学術界においてアリストテレスの倫理学は二〇世紀に再び注目を集めるようになったのだが、実は、そのきっかけの一つとなったのは「思慮」概念の再評価であった。[10]

実践家の観点からは、野中郁次郎と紺野登が『美徳の経営』という著作のなかでビジネスにおける「思慮」の重要性を述べている。二人は、二一世紀では、企業が経済的な利益を追求するだけの時代は事実上終焉を迎えつつあるとして新たな経営の必要性を説き、美徳がその中心的な役割を担うと論じている。[11] そのなかで「賢慮《フロネーシス》」はそうした美徳を社会的・経済的に具現化する能力と考えられている。[12] 彼らは、思慮ではなく「賢慮」という用語を用いているものの、その含意はおおよそ一致しており、この「賢慮」に基づいたフロネティックなリーダーシップを明確に描き出している。さらに、「美徳の経営」の旗印のもと、アリストテレスの「賢慮」を今一度再考する必要があると主張している。[13]

このように実践家としての経営者には思慮が求められると考えることができるが、他の実践家にも思慮が求められていると主張する研究者たちがいる。例えば、生命倫理を専門とするエドムント・ペレグリーノとデイヴィッド・トマスマは、思慮が「医療にとって欠かすことのできない徳」[14]だと主張している。彼らはアリストテレス（およびトマス・アクィナス）の思慮概念に基づいて、思慮が医師にとって求められる人柄の徳（正直、共感、知的謙虚さ、慈善心、勇気、信頼への忠誠など）と強固に結びつくものであると考え、患者の健康や癒しを目指す医療という実践においては技能の行使と道徳的判断を融合させる必要性があることから、思慮こそが人柄の徳を踏まえて正しく医療行為をするのを可能にする知だと考えている。[15] 他にも、看護やジャーナリズムなどの実践分野で思慮が重要だと主張する研究者たちがいる。[16]

では、コーチングの場合はどうであろうか。倫理的な行為や対人的な行動に関わる実践において思慮が欠かせないのであれば、当然、コーチングにも思慮は重要な位置を占めることになるはずだ。この点については、「思慮あるコーチ」と考えられるコーチKの逸話を中心に思慮のさまざまな特徴と具体的なあり方を見ていくことにしたい。コーチKの逸話はこれまで本書でたびたび言及されてきたが、この「思慮を持つ」という点こそが、何よりもコーチKを優れたコーチにしている。ただし、コーチKの逸話はスケールが大きいので、一見すると一般的なコーチングの現場に適用するのは難しいように見えるかもしれないが、その本質的な部分はどのコーチにも共通するものであることを忘れないでもらいたい。

コーチKの思慮：柔軟性

「思慮あるコーチ」の特徴として最初に触れるのは、「個別的な状況に柔軟に対応する能力」[17]、つまり「柔軟性」[18]である。コーチKは、コート内外でその柔軟性を体現しているが、[19] それを自分のコーチから学んだと確信している。それは選手であった陸軍士官学校時代にまで遡る。そのエピソードのなかには、柔軟性の要諦が示されている。

コーチKに柔軟性が重要であることを示したのは、すでに何度か言及したボブ・ナイトであった。このボブ・ナイトは、極めて厳しい練習をプレーヤーたちに課していた。コーチKの現役時代には「ジグザグ」と呼ばれる特に厳しい練習があったという。この「ジグザグ」は名前の通り、バスケットボールのコート上を「ジグザグ」と往復していく練習であり、コーチK曰く「体力的にも厳しい練習」だった。このような厳しい練習に耐えて、コーチKは陸軍士官学校のチームで大いに活躍した。そして、卒業した後に合衆国陸軍で五年間の兵役に就くが、その兵役を終えた後には、その当時インディアナ大学に移籍していたボブ・ナイトの元で大学院生アシスタントとしてコーチングのキャリアをスタートさせる。現役時代には「ジグザグ」をはじめ、さまざまな練習に苦しめられたわけだが、インディアナ大学ではいったいどんな練習をしているのか、コーチKは心を弾ませて練習に参加した。しかし、そこで思いもしない事態に遭遇する。ボブ・ナイトがあの「ジグザグ」を練習メニューに組み込んでいないのだ。そして、その不可思議な事態は次の日も続いた。そこで、ボブ・ナイトが上機嫌であったのを確認して、コーチKは「ジグザグ」を練習メニューに加えていない理由を尋ねる。すると、ボブ・ナイトは「君とクイン・バックナーでは大きな違いがあるだろ」と告げてきたという。このクイン・バックナーはインディアナ大学で後に全米制覇を成し遂げ、オリンピックのアメリカ代表チームにも選ばれるような優れたプレーヤーで、NBAでも十年にわたってプレーするほどの才能の持ち主だった。しかも、この当時のインディアナ大学にはバックナーだけでなく、それ以外にもいわゆる全国屈指のプレーヤーたちが複数在籍していた。そうすると、確かにプレーヤー個人の能力の点で、コーチKと彼らを比べた場合には大きな差があり、チームとしても陸軍士官学校とインディアナナ大学では大きな差があった。このように能力が全く違うチームに対して同じ練習をすることは、ボブ・ナイトからすれば馬鹿げた話であった。そして何より、ボブ・ナイトは自分が置かれている「個別的な状況」、つまり「コーチングコンテキスト」の特性をよく見抜いていた。この「個別的な状況」を見抜くのは知覚と同一視されるような知性の働きであるが、[20]ボブ・ナイトはその点で優れた知性を有していた。そして、〈今〉〈ここで〉自分が接しているチームがあり、この場合の「個別的な状況」を構成していたのは、チームの各プレーヤーたちと、そのプレーヤーたちがそのときに備えていた身体能力やスキルといった資質である。コーチKはこのような経験から「あなたが立てる練習計画は、そのときのチームの状況を見極めたうえで、それに適合したものでなければならない」と述べている。この見極める対象が「個別的な状況」にほかならない。「思慮あるコーチ」は個別的な状況を見極めて、それに柔軟に対応することができるのである。

では、そもそもなぜコーチングにおいては「柔軟であること」が大切であるのか。コーチKによれば、柔軟に対応することで、それぞれのプレーヤーや同僚コーチの長所を引き出すことができるからである。[21]反対に、常にリーダーである自分に合わせるように周りに要求すれば、プレーヤーや同僚コーチたちの長所を消してしまうことにもなりかねない。[22]いわば柔軟性は、現場で指揮を執るコーチとしても選手育成の指導をするコーチとしても必要とされるのである。さらに、コーチが柔軟であることは、コーチングの技能的な側面のみに関わるのではなく、それ以外の行動の面にも関わると考えられる。柔軟性を持つことで、さまざまな状況に応じて、よりよい選択をすることが可能になるのである。

コーチKの思慮：背景《コン》・状況《テキスト》への理解

「思慮あるコーチ」の「柔軟性」は、実際に行動に表れるものであるが、それを支える認識論的な要素がある。それは、「背景《コン》・状況《テキスト》への理解」と「広い視野」である。確かに柔軟性を持っていれば、個々の状況に臨機応変に対応できるようになるだろうが、それは一見すると、ただ目の前の状況につけ焼き刃的に対処して、その場しのぎをしているようにも見えてしまう。今の状況を改善するためには、まず自分自身がどのような状況にいるのかを適切に把握できていなければならない。その把握には、自分たち自身のことを知ることと、自分以外の周囲のことを知ることが含まれる。さらに、現在のことのみならず、自分たちの過去や自分以外の周囲の過去も知ることで、かえって現在のさまざまな状態がはっきりと見えてくることがある。「背景《コン》・状況《テキスト》への理解」は、まさにそうした点に関わっている。この点について、コーチKの次のような事例を見てみよう。

コーチKは、自分が本務としているデューク大学でのヘッドコーチ職の他に、二〇〇六年から二〇一六年までアメリカ代表チームのヘッドコーチも務めた。アメリカ代表のバスケットボールチームといえば、一九九二年バルセロナオリンピックのときにマイケル・ジョーダンやマジック・ジョンソンといったNBAの超一流プレーヤーたちが「ドリームチーム」を結成して、圧倒的な差で金メダルを獲得したことで知られている。しかし、二〇〇〇年代に入り、他国が力をつけてきたことに伴い、アメリカもその支配的な地位を脅かされるようになった。そして、二〇〇四年アテネオリンピックでは三位に終わっている。ＮＢＡ選手たちを大会直前に集めて、本番の大会に臨むスタイルではもはや勝つことができなくなっていた。そこで、プロレベルでのコーチ経験はないものの、長年大学バスケットボールで優れた手腕を発揮してきたコーチＫに白羽の矢が立った。

　こうした状況のなかでヘッドコーチに就任したコーチＫは、まず自分たちの組織に関わる背景や自分たちが置かれた状況をしっかりと把握することに努める。ここで言われる「背景」は当該組織や団体の歴史とも言うべきもので、特に過去から現在までをつなぐさまざまな歴史的事実が示唆されている。また、「状況」としては、特に現在の自分たちを取り巻く環境のことを指している。「背景」と「状況」という二語が英語ではcontext《コンテキスト》という一語で表されている。日本語には精確に対応する言葉がなく、そのように複数の言葉にまたがった広い意味を持っている。「コーチング文脈《コンテキスト》」といった場合にも、同様にそうした幅広い意味を持っている。

　ここで言われている背景・状況《コンテキスト》は、いま目の前にある状況というよりも大きな出来事に関わるものであるが、その背景・状況《コンテキスト》への理解は、あらゆる人々にとって重要になるとコーチＫは考えている。それぞれの分野の専門家にとっても重要であり、例えば銀行や投資会社で働いていれば、自分の組織のことを把握することは重要であるが、それと同時に経済の浮き沈みという周囲の状況も一年中敏感に察知する必要がある。それにより、自分たちがいまどのような状況にいるのかがはっきりとわかるからである。そして、それが今取るべき行動を浮き彫りにするのである。

　そうした背景や状況《コンテキスト》について、まずコーチＫは、すでに述べたようなバルセロナオリンピックから自分が就任するまでに至る、アメリカ代表チームの「歴史的な事実」を知ろうとする。そのなかで特筆すべきは、ドリームチームの活躍に刺激された多くの海外選手が海を渡り、NBAの舞台で活躍するようになっていた現状である。それと同時に、他国はプレーヤーの育成にも力を入れるようになり、スペインのように一貫した育成システムが成功して、力をつけてきた国も現れている。こうした時代の流れにあって、アメリカのメディアはコーチKが率いる二〇〇八年の代表チームを「リディームチーム」と呼んだ。それは、かつての「ドリームチーム」をもじったもので、国際舞台での「名誉挽回のためのチーム」を意味したが、コーチKからすれば、それはどこか違和感のある名称だった。自分の置かれた状況を正確に理解している立場からすれば、もはや「バスケットボールはアメリカ人のもので、それを取り戻さなければならない」と考えることは傲慢《ごうまん》な態度に他ならず、むしろ、新しい時代の流れに順応した考えを持つことが必要だった。そうした考えに基づいてこそ、自分たちのやるべきことが明確になってくるのである。

実は、コーチKの師匠であったボブ・ナイトも一九八四年ロサンゼルスオリンピックでアメリカ代表チームを率いて金メダルを獲得している。このときナイトは金メダルを獲得することだけでなく、「バスケットボールの世界を支配すること」[23]を目指していた。いわばバスケットボール発祥の地にしてバスケットボール大国に君臨していたアメリカの威信を世界に知らしめることを目論んでいたのである。しかし、コーチKが代表チームを率いたときには状況が全く異なっていた。それゆえ、コーチKの姿勢もボブ・ナイトの姿勢と正反対のものとなった。もしコーチKに背景・状況《コンテキスト》への理解が欠けていて、師匠の考え方だからとしてボブ・ナイトの傲慢な考え方に従っていたら、北京オリンピックの金メダルとは異なる結果になっていたかもしれない。

こうした背景・状況《コンテキスト》への理解の重要性から、過去に失敗を経験している個人をチームから排除してしまうことは間違いであるとコーチKは考えた。失敗や挫折は未来の成功へと続く踏み石となりえるが[24]、その教訓を活かすためには、そうした失敗や挫折を経験した人たちが、組織の中にいて、積極的な語りと行動を示すことが欠かせない。それが、背景や状況に対する他の人たちの理解をよりいっそう深めることになるのである。

コーチKの思慮：広い視野

コーチKは「背景・状況《コンテキスト》への理解」とは別に「広い視野《パースペクティブ》」の重要性を強調している。[25] 一見すると、それらは同じことのように見えるかもしれないが、その含意は大きく異なっている。「背景・状況《コンテキスト》への理解」は、自分たちが今いる状況を知ることや、自分が属している組織や団体の現状を把握することなど、いわゆる「事実的認識」が中心となっているが、それに対して「広い視野《パースペクティブ》」は、より大きな物事に対する自分たちの存在のあり方に関わるもので、「価値や意義の認識」をもたらす。

コーチKは、さまざまな機会を設けることで、アメリカ代表チームでプレーヤーたちの視野を拡げようと試みている。例えば、負傷軍人たちとの交流機会を設けて、国を代表して戦うことの意味を話してもらっている。また、海外遠征の際には米軍の駐屯地を訪問して、アメリカを代表するチームのあるべき姿をプレーヤーに知ってもらおうとする。コーチKの考えでは、軍隊も国の代表チームも、「国を代表して戦っている」点から見れば、同様の取り組みを行っており、スポーツの代表チームとしては軍人たちの考え方やあり方から多くのことを学ぶことができる。その一つが、負傷軍人たちが伝えた「無私の奉仕」の意味であり、他の軍人からは「愛国」の意味も学んでいる。[26] 視野を拡げたことがそうした価値の認識につながったのである。さらに別のときには、代表チームで自由の女神を訪れて、自分たちの先祖が夢を抱いて海を渡りアメリカにやってきたことを感じ取ってもらおうとする。これは自分の先祖が辿ってきた歴史に思いを馳せる機会になり、それを通じて自分自身が何者であるかを考えることにもつながった。また別のときには、自分たちが挑戦していることの過去を知る人物にその過去の挑戦を直接語ってもらうための機会も設けている。バルセロナオリンピックでドリームチームの一員として金メダルを獲得したマジック・ジョンソンに当時のエピソードを語ってもらっている。それに加えて、過去にオリンピックで苦汁をなめたダグ・コリンズという人物にも演説の機会を設けている。このダグ・コリンズは、アメリカが銀メダルに終わった一九七二年ミュンヘンオリンピックでプレーヤーとして代表チームの中核を担っており、そのときの苦い経験を現在のプレーヤーたちに提供したのである——ちなみにこのときアメリカはバスケットボールがオリンピックの正式種目になって以来、初めて金メダルを逃している。こうしたマジック・ジョンソンやダグ・コリンズから成功と挫折に彩られた逸話を聞いたことで、プレーヤーたちは自分たちの挑戦していることの意義を理解できるようになった。

こうしたさまざまな場面でプレーヤーたちは「聞く」「見る」「感じる」「行う」ことを通じて、自分たちのうちにある感情を見つけ出すことができ、自分たちが関わる歴史や文化、価値観や意義についてもより深いところで理解することができた。何より重要な点として、そうした機会に触れることで、「自分よりも大きな何かが存在していること」を実感することができた。この「自分よりも大きな何か」は、自らが属する共同体《コミュニティー》のことを指している。通常、共同体は何らかの善を目指して形成されるものであるが、[27]「思慮あるコーチ」にとっては自分たちが属している共同体の目指している善を把握し、自分自身と周りにいる人々にとってどのような行動がその善に向かうことなのかを精確に把握しておくことが重要である。また、「自分よりも大きな何か」があることを知ることで、自分よりも大きな存在から自分自身を眺めることができるようになる。そして、そうした「広い視野」からの眺めがあるからこそ、私たちは本当の意味で「自分が何者であるか」を知ることができるようになる。哲学者のアラスデア・マッキンタイアはこれを「自己についての物語的見解」と呼んでいる。[28]人間は誰しも、物語や歴史、共同体のなかで生きている。コーチKの場合は、さまざまな機会を通じてプレーヤーたちに「アメリカを代表するチームの一員としての自分」という共同体のうちにある自己性や、「移民の先祖を持つアメリカ人としての自分」という物語や歴史のうちにある自己性を実感する場を提供している。そして、そうしたさまざまな物語や歴史が一人ひとりの「統一した自己」を形成しているのである。さらに、そうした自己性の実感に基づいて自分自身が大きな存在のうちにある小さな存在であることを理解することで「謙虚さ」が生まれてくるとコーチKは考えている。こうした「広い視野」によってもたらされた自らのあるべき姿が、自分自身とチームの振る舞いや行動、そして人々の関係性にも大きく影響を及ぼすのである。[29]この点に関してマッキンタイアは、「「私たちは何を行うべきか」との問いに答えられるのは、「どんな（諸）物語のなかで私は自分の役を見つけるのか」という先立つ問いに答えを出せる場合だけである」[30]と述べている。「思慮」を構成する

「広い視野《パースペクティブ》」はまさにそうした自分のあり方を見つけることを可能にするものであり、それは価値や意義の認識につながっているのである。

コーチKの思慮：傾聴

ここまで「思慮あるコーチ」を特徴づける柔軟性や、それを支える二種類の認識について見てきた。思慮あるコーチはさまざまな要素を考慮に入れて行動できるわけであるが、それでも全てを独力で行えるわけではない。むしろ、思慮あるコーチだからこそ、多くの人たちの意見を取り入れるはずだ。その典型例は、それぞれの専門家の意見に従うことである。例えば、自分にとって必ずしも専門ではない科学的知識に基づいたトレーニングについては、その分野の専門コーチやトレーナーの意見を取り入れたり任せたりするだろうし、また私生活の場面では、自分の健康については、専門家である医者の意見に従うだろう。[31] それは思慮あるコーチが専門知の重要性を弁えているからである。

思慮あるコーチは、より一般的な事柄についても、他の人たちの意見に耳を傾けようとするだろう。まず自分がやっていることに直接関わる人たちの意見に耳を傾ける。例えば、会社であれば上司や部下といった同僚であり、学校で言えば同級生や先生たちであり、スポーツチームであればアスリートや同僚コーチである。さらには、それ以外の人たちにも耳を傾ける。例えば、自分の家族や友人たち、また自分の属する共同体の関係者などである。

思慮あるコーチとしてコーチKは、さまざまな人たちの言葉に耳を傾け、自らの行動を決定しており、その行動の振り返りをしている。仕事よりもまず自らの健康に目を向けるべきだと告げる配偶者の声に耳を傾け[32]、自分を支えてくれている人たちがたくさんいることを気づかせてくれたり、自分の持っている情熱に素直に従うように促してくれたりする親友の声に耳を傾け[33]、「自分のコーチとしての手腕を信じろ」と発破をかけてくれる恩師の声に耳を傾ける[34]。またときとして、同僚コーチやアシスタントコーチたちの声に耳を傾け[35]、自分の過ちを率直に指摘してくれるアスリートたちの声にも耳を傾ける[36]。それは、そうした声から自らのあり方や考え方を見直すことができるからである。コーチKは、自分の周りにいる人たちから、さまざまな意見を聞いて、それを活かそうとしている。中には、自分のチームのロッカールームの清掃員からもプレーヤーの様子やチームの雰囲気についてさまざまな助言を得ている[37]。もちろん、この清掃員は、専門的知識に基づいて助言をしているわけではない。それでも、自分とは異なる見方を提供してくれる可能性を秘めているのである。

このようにして思慮あるコーチとして多くの人たちの意見に耳を傾けるのは、自分に見えていないさまざまな側面を見ることができるからである。思慮あるコーチは、この自分に見えていないさまざまな側面を見ることが重要だと理解している。とりわけそれは、人間が誰しも「素朴な現実主義」という一種の偏見に陥る可能性を持っていることと関係している。ギロビッチとロスによると、人間には、自分自身が触れてきた物事が「客観性」を持っていると見なしてしまう「客観性の幻想」という傾向性がある[38]。また、自分が主観的に見たもの、感じたものを、客観性を持ったあるがままの姿だと思ってしまう感覚も持っている。それが「素朴な現実主義」である[39]。歴史家のヘロドトスは「どこの国の人間にでも、世界中の慣習の中から最も良いものを選べといえば、熟慮の末、誰もが自国の慣習を選ぶに相違ない」[40]と言っているが、これは「素朴な現実主義」の典型であろう。大抵の人にとっては慣れ親しんだものが、最も快いもので、最もよいものに見えて、何より最も普通なものに見えてしまうのである。もっと身近な例をあげれば、自分の部屋の温度がちょうどいいと思っていても、同じ部屋にいる人が寒がっているのを見ると「なぜそんなに寒がっているのか、なぜ実際の温度に気づかないのか」と不思議に思ってしまうものである。[41]コーチングの例で言えば、真面目なプレーヤーを見ると、私生活を含めて「全てが真面目な人間だ」と思うだろうが、それは一側面しか見られていないかもしれない。そうした自分の触れている現実を客観的で、普通のことであると考え、矮小化した視点で捉えてしまうのが「素朴な現実主義」の正体である。自分がそうした「素朴な現実主義」に陥っているときには、その視点を他に向けてくる人が必要であるが、コーチKの場合は、周囲のさまざまな人に耳を傾けることで、この「素朴な現実主義」に陥らないようにしている。この点については、コーチK以外のエピソードも参照することにしよう。

それはNBAでも有名なコーチであるスティーブ・カーの例である。カーは競争熾烈なNBAのなかにあってヘッドコーチ就任初年度に優勝を果たした稀有な人物であるが、彼のもとにはロン・アダムスという年上のアシスタントコーチがいる。普通アシスタントコーチというと、ヘッドコーチの元で下働きをする年下のイメージがあるかもしれないが、アダムスはそのイメージからはほど遠い存在である。アダムスは「真実を語る人」と呼ばれ、ヘッドコーチのスティーブ・カーに対して率直に自分の思ったことを直言する人物なのである。[42]このアダムスは、ヘッドコーチの意思決定を助けるという意味で、まさにアシスタントコーチの責務を果たしていると言えるだろう。野村克也はさまざまな著作のなかで「直言してくれる友」、「原理原則を教えてくれる友」、「人生の師といえる友」という三人の友を持つことを勧めているが[43]、そのうちでも「直言してくれる友」は、自分に見えていない嫌なことでもしっかりと指摘してくれる人という意味で、貴重な存在である。野村克也が言う「直言してくる友」は、スティーブ・カーにとってのロン・アダムスにあたる。

他方で、素朴な現実主義に陥っているコーチは多くいるかもしれない。例えば、自分がプレーヤーとして受けてきたやり方が他の多くのコーチたちもやっている普通の方法であると考えてしまう場合がある。このような素朴な現実主義は、私たちが判断を下す際に大きな影響を及ぼすことになる。しかも、客観的な基準が存在しないにも関わらず、自分だけは客観的に判断できていると思うから、その判断が正しく見えてしまうのである。しかし、思慮あるコーチであれば、「協力して推論を行って相違を小さくすることで、そして疑わしい場合には妥協点を見つけることで、その代償を少なくしようと試みる」[44]のである。そうすると、最も思慮深いのは自分で素朴な現実主義に陥らないでいられる人であろうが、その次に思慮深いのは自分に見えていない視点を提供してくれる人が自分の側にいてくれるように配慮して、その声にしっかりと耳を傾けることができるコーチであろう。

思慮あるコーチは行動に際して、自らに見えているもの、聞こえているもの、感じているものを疑いなく信じるのではなく、「素朴な現実主義」に陥らないように、さまざまな人たちの意見に耳を傾けるのである。

コーチKの思慮：規則に依存せず「適切さを正しく判断できる知的な能力」[45]

アリストテレスは「思慮」の主領域を「人間にとっての善が関わる行為」としたが、続いて見ていく「適切さを正しく判断できる知的な能力」はその中核的な部分を担っている。そこには「思慮」と「人柄の徳」（特に公正）の関係性も見て取ることができる。この点については、コーチKが「プレーヤーの遅刻[46]」という事例のなかで、思慮に基づいてどのように対処しているのかを見ることを通じて、その要点を示すことにしたい。

まず、およそ四年間全てのことをしっかりとやり遂げてきた最上級生が、突然、試合会場までのバスの乗車時間に遅れるか、チームミーティングの時間に遅れるかした場合、コーチKはその選手のために数分間待つという。この選手は、チームの最上級生として、長きにわたって時間厳守をしてきたことでコーチKと信頼関係を築いてきたからである。最終的に、その選手が姿を現したとき、コーチKの目をしっかりと見て、なぜ自分が遅れたのかを次のように説明するだろう。つまり、「コーチ、車が壊れて、車内に電話がありませんでした〔注・まだ携帯電話がそれほど復旧していないときの話〕。なので、ここまで走ってきました」、あるいは、「コーチ、単純に自分のミスです。言い訳はありません」と言うかもしれない。この選手は、確かに遅れはしたが、それまでの信頼関係があることと遅れた理由を正直に述べたことで、コーチKは有無を言わさず処罰を与えるということはしない。それはたとえその選手の単純なミスであっても変わることはない。

それに対して、まだ信頼関係を築いていない新入りプレーヤーの場合には対応が異なるとコーチKは述べる。それほど柔軟に対応しないというのである。例えば、（後に活躍することになる）選手がまだ新入生のときに、集合時間に遅れてきたことがあった。二人がどこにいるのかわからないし、電話もかけてこなかった。しかも、チームのそれ以外のメンバーたちは全員時間通りに集合していた。だから、コーチKたち一行は、その二人を残して出発したが、最終的には二人は追いついて、コーチKはその二人に雷を落とそうとした。しかし、そうはしなかった。事情をよく聞いてみると二人が寝過ごしたことが判明したが、そのような状況では、お互いに協力して遅刻しないように配慮することが必要だと感じて、雷を落とすよりも、むしろチーム全体でそのようなことが起こらないように確認し合う体制を整えることが先決だと考えたからである。[47] 大切なのは次に同じような事態が起きないことである。懲罰を与えることで同じことが起きないようにするコーチもいるが、コーチKは自分たちのあり方を見直すことで同じことが起きないように対応している。

しかも、遅れた二人が自分たちの陥っていた状況について説明したとき、その二人はコーチKの目をしっかりと見て話した。その二人が本当のことを言っていて、心から反省していることも見て取ることができた。コーチKは、プレーヤーたちの目を見ることで、彼らの心情を図り、彼らの自信の程度を見積もり、信頼を築こうとしている。大抵の場合、プレーヤーたちはコーチKの対応に対して難癖をつけることはないという。そして、プレーヤーたちは確かに自分たちの目が物語っていることから自分たちの心情を隠すことができないでいる。だから、コーチKは、チームの全員に対して、「話すときにはお互いに目を見て話すように」と促している。

コーチKによれば、絶対厳守の厳格な規則がないからこそ、こうした状況の場合でも、自分は柔軟に対応することができるという。それはリーダーとしての自由裁量を与えてくれるのだ。また、それによって、コーチ自身がチームのプレーヤーたちを一人ひとり気にかけていることを示すことができ、コーチ自身が公正であろうと努めていることを示すことができるのである。

こうした場面で思慮あるコーチは、「実践的推論」に従って判断を下している。つまり、さまざまな原則や原理を大前提として、個別的な状況を小前提として、そこから結論を導き出している。先の最上級生で信頼関係を築いてきた選手が遅れた場合には、次のような実践的推論が考えられる。

大前提：長年の行いから信頼できる選手は信じて（時間が許す限り）待つべきだ
小前提：遅れているその選手は信頼できる最上級生である
結論：その最上級生を待つ［行為］

それに対して、新入りの選手たちの場合は、次のような実践的推論が適用されている。

大前提：新入りの選手が遅れた場合には厳しく対処するべきだ
小前提：遅れているその選手たちは新しく入ってきた者たちで、現況もわからない
結論：厳しく対処する（この場合はその新入生たちをおいて出発する）［行為］

これはかなり簡略化された実践的推論であるので、少々強引な印象を受けるかもしれないが、重要なのは、思慮あるコーチがおおよその原則を常に念頭におきつつ（大前提）、自分が置かれた個別的な状況を把握したうえで（小前提）、そこから推論して、「行為」という結論を下している点である。そのときにどのような原則があてはまるのかを考え出す必要があるし、自分の状況認識が間違っていないことを確認しておく必要もあるので、実にさまざまな事柄を考慮に入れなければならない。

こうした思慮に基づいて判断するコーチがいる一方で、スポーツの世界では珍しいことではないが、さまざまな「規則」によって選手たちを管理しようとするコーチがいる。さまざまな「規則」を設ければ、当該選手の行動だけに注意を向け、その行動が規則に反している場合、「それは規則に反している」というだけで選手を罰して、行動を規制することができるのだから、容易な方法に見える。また、あらゆる選手に対して一律に「規則」を適用することで一見すると「選手たちを平等に扱う」という平等主義的な観点からもチーム運営が上手くいくように見える。「時間厳守」という規則があれば、それに反する選手は全員罰する必要があることになる。しかし、普段はまじめに規則を守りながらも予期せぬ事態に巻き込まれてしまう場合もあるし、気をつけていながらも意図せずそのような間違いを犯してしまう場合などもある。その場合、平等に扱うことでかえって不公平を生じてしまうこともある。実際の場面では、個別的状況をしっかりと考慮に入れて判断しなければ、公正を期することができないのである。

コーチK曰く、規則《ルール》があまりにも多すぎると、自分自身を小さな箱のなかに閉じ込めてしまう。言ってみれば、規則を好むコーチは、自分自身の決定権を行使しようと欲しているものの、最終的に、自分自身が作り上げた法令のようなものに従うことを余儀なくされる状況に行き着くことになってしまう。「〈やらなければならないこと〉と〈やってはならないこと〉」が長々と書かれたリストの力にあやかりたいと欲するコーチたちのことを考えてみよう。規則至上主義のコーチは「お前はリストで禁止されていることをやったな。捕まえたぞ」と言い、チームではそうした「捕まえた」という行為が横行するだろうが、思慮あるコーチはそのような事態を望まない。

　コーチKによれば、多くのコーチたちが自分自身で決定を下すことを避けるために規則を設けている。しかし、本来リーダーシップは、常に現在進行形で、個々の状況に順応することができて、柔軟かつ動的なものでなければならない。[48] そのようなものとして、指導者《リーダー》は一定の決定権を維持する必要がある。コーチKは「自分はマネージャーとか独裁者になりたいのではない。指導者《リーダー》になりたい」と述べている。そのためには個別的な状況を見抜いて、適切な原則に従って、自分自身で決定を下す必要があるのである。

　ただし、デューク大学バスケットボール部にも全く規則がないわけではない。しかしそれはとてもシンプルなものである。コーチKによれば、その唯一の規則は「自分自身に害をもたらすことは何であれしてはならない」という極めて単純なものである。その自分自身に害をもたらすという意味でやってはならないことには、例えば、「学業において不正をすること」、「薬物《ドラッグ》を摂取すること」、「深夜二時に飲酒すること」、などが含まれる。実際には、上級生が下級生に、その意図することと具体的な内容を伝えることもあるが、プレーヤーたちが自分自身で主体的に考えることができて、自律しているのであればそのようなシンプルな規則でも十分なのである。

規則至上論者からの反論

ここまで見てきたコーチKの「規則」に関する厳しい見方に対してはさらに異論が申し立てられるかもしれない。そこで、その点について確認しておくことにしたい。

コーチング学の分野で世界的に有名な著作を刊行しているレイナー・マートンは、一例として、口汚い言葉を使ったプレーヤーに対しては、明確な処分の手順に従って処分することを勧めている。そこには、不祥事を少なくして、チームの秩序を安定させるという功利主義的な理由がある。処分の具体例としては、初回は注意を与えて、二回目は一時間ゴミ掃除や部室の掃除をさせて、三回目以降は、一つの違反ごとに一試合の出場停止にするという。[49] そうしたコーチは、規則を破ったことを放っておけば、チーム全体にとって悪影響を及ぼすので、何らかの罰を与えなければならないと考える。[50] 逆に言えば、何らかの罰を与えることで、チームはよりいっそう統率が取れるようになると考えている。これは、規則を破った本人のみならず、規則を破っていない他のアスリートたちにも「規則を破れば自分も同じような罰を受ける羽目になる」という感情を喚起する。いわば全体の秩序という利益のために、処罰を利用するという功利主義的な考え方に基づいているのである。したがって、規則を何よりも重要視するコーチであれば、規則を破ってしまったのがどんなアスリートであろうと、「これはチームの規則で、規則を破ったものはこれこれの処罰を受けてもらうことになる」と言って、理由は何であれ、罰することになる。そうした規則重視のコーチたちにとっては、「信賞必罰」という言葉にあるように、表彰と同じくらいに罰することが重要な意味を持っている。

こうした規則と処罰による統率については、現代からすればやや極端に見えるかもしれないが、『孫子』の作者の一人と考えられた孫武の逸話がその背後にあるさまざまな要素を明るみに出す手がかりを与えてくれる。『孫子』という現代でも有名な兵法書を書いたと考えられる人物には孫武と孫臏がいるが、そのうち孫武には、軍隊を統率する方法について興味深い逸話が残されている[51]。

あるとき呉という国の王に接見した孫武は、有名な兵法書に記した腕前を実践で見せて欲しいと頼まれ、快諾する。すると呉王は、宮中の美女でもできるかと訊ねると、孫武はそれも引き受ける。そこで、武器を持った百八十人の美女を相手に、それを二つの隊に分けると、呉王が愛していた姫二人をそれらの隊長に任命した。そして、孫武は細かい指示を与えて、さまざまな合図に応じて動くように美女たちに命令を出した。すると、美女たちは「かしこまりました」と返答した。そこで太鼓の合図で動くように美女たちに約束を説明して、何度も命令を出したうえで、太鼓の合図を送ると、美女たちはどっと笑ったという。それに対して孫武は「約束が徹底されず、命令が行き届いていないのは、将軍である自分の罪だ」と伝えて、命令事項を何度も繰り返して伝えてから、もう一度合図の太鼓を打ったが、美女たちの反応は同じだった。そうすると孫武は、自分は将軍としての役割を徹底しているのに、部隊が取り決めの通り動かないのは、監督している部隊長の罪だとして、二人の部隊長を斬り殺そうとする。これを見て驚いたのはもちろん呉王で、伝令を出して、孫武が軍隊をしっかりと指揮できることはわかったから、二人の姫を殺さないで欲しいと伝えさせた。しかし、それに対して孫武は、自分は王自身の命令を受けて将軍という立場になっていて、その将軍は戦場にあっては王の命令でも従えないこともあるといって、その二人の姫を斬り殺してしまった。すると、部隊のなかから新たに二人の部隊長を選出した。そうなると、太鼓の合図に対して部隊は決まりごと通りに動き、もちろん笑い声を出す者は誰もいなかったという。そこで、孫武は呉王に対して「部隊は一糸乱れぬ統率ができた」と報告するも、当の呉王が落胆に心を痛めたことは想像に難くない。それでも呉王は孫武を本当の将軍に任命すると、その将軍によって呉の国は繁栄したと伝えられている。

この逸話からは何を読み取ることができるだろうか。孫武が結果として優れた統率力を発揮したことは明らかだが、その一方で呉王の姫二人を斬殺するという多大なる犠牲も払っている。そして、部隊が統率されたのも、部隊長が本当に斬られてしまったという事態に恐怖感を抱いてのことであろう。統率訓練を終えた孫武は呉王に対して「王様のお望み通りに動かせます。水火の中に行かせることでも、できましょう」と述べているが、同時に一つの疑問も生じてくる。このような恐怖感による統率力が本当に危機的な状況においてもそれだけの威力を発揮することにつながるのか、という点である。そんな危機的状況では、兵士たちは状況に対する恐怖心に動かされて、むしろ一目散に逃げ去ってしまうかもしれない。結局のところ、恐怖感が行動原理となっているのである。

もちろんスポーツの場合にも、コーチはチームの統率を取るためにそのような恐怖心を駆使した方法を使うこともありえる。その最たるものが、チームの統率を取るために、乱れた統制をキャプテンのせいにして、体罰などの厳しい懲罰を与えるという方法である。[52] この手法の効力やその安定性については大いに疑問が残る。なぜなら、こうした統率法が危機的な状況でもチームの結束を生むような手段になる可能性は低いと考えられるからである。何より、そのようにして育成されたプレーヤーたちは、「処罰されたくないから形式的に規則を守る」だけになってしまうだろう。これは極めて他律な姿勢である。プレーヤーは自分自身を律することができているという意味で「自律」しているほうが望ましいという立場を取るなら、コーチもそれに従って行動しなければならない。確かに、そのような規則の適用は、規則を一律に適用しているという限りで「正しいこと」ではあるかもしれない。しかし、それを「善い」という観点から見るならば、単なる規則の適用は最善とは言い難く、より善い行動が考えられるはずである。[53]

もしかすると規則至上主義のコーチにとっては、そのアスリートがなぜ規則を破ったのか、規則を破ったのは意図的だったのかそれとも偶然なのか、規則を破ってしまったことに後悔の念のようなものを感じているか、これまでにどれくらいの頻度で規則を破ってきたか、といったことは一切関係なく、規則を破った者をとにかくあらかじめ決められた手続きに沿って処罰することが重要なのかもしれない。このような規則やルールの厳密な適用については、コーチが「機械的反応《ルーティーン》」によって行っているように見える。眼の前にある状況の表面的な部分だけに目を向けて、その背後にあるさまざまな要因に目を向けようとしてない怠惰な態度である。悪い言い方をすれば、コーチ自身が人間にとって重要な要素である「考える力」を放棄してしまっている。そうしたコーチの怠惰はアスリートにも受け継がれてしまうだろう。このようにして規則至上主義と厳しい懲罰による統率には、多くの点で疑問が寄せられることになるのである。

コーチKの思慮：スタンダードの活用（規則に頼らない手法）

コーチKは、アスリートが自分の頭で考えて、自らの行動を律するように促す手段として、「スタンダード」という手法を使っている。これは言ってみれば、自分たちの目指すべき姿や、思慮あるコーチの実践的推論の「大前提」となるような原則を、アスリートや他のコーチたちと共有する手法とも言える。こうした手法を使ううちにも思慮あるコーチの特徴を見て取ることができる。コーチKがこの「スタンダード」という手法を活用したのは、二〇〇八年北京オリンピックを目指すアメリカ代表チームのその年最初のミーティングのときである。

まず、コーチKは、選手たちに金メダルの写真と試合日程が記載されたノートを配った。これはコーチングスタッフだけで用意できるものであったが、そこには欠けているものがあった。それは金メダルを目指すうえで、どのような仕方でその目的を達成するかを示したものだ。それを「ゴールドスタンダード」と呼んでいる。その「スタンダード」は、スタッフのみならず、選手を含んだチーム全員で作り上げなければならないものだった。そこでコーチKは、手始めに実例としていくつかの「スタンダード」を自ら提示したうえで、チームが実行すべきスタンダードを提示していくよう選手たちに促した。すると、ジェイソン・キッド、ドウェイン・ウェイド、コービー・ブライアント、マイケル・レッド、アシスタントコーチのネイト・マクミラン、コーチK自身、レブロン・ジェームズが、自らの考える「スタンダード」を挙げていき、最終的に、次のような「ゴールドスタンダード」を完成させる。[54]

ゴールドスタンダード
私たちがいついかなるときでも実行すること。
私たちがお互いに対して責任を負っていること。

一．言い訳をしない（NO EXCUSES）
私たちは勝つために必要なことをする。
二．強固なディフェンス（GREAT DEFENSE）
これこそが金メダルを獲るための鍵となる。
私たちは泥臭くプレイする。
三．コミュニケーション（COMMUNICATION）
私たちはしっかりとお互いの目を見る。
私たちはお互いに真実を告げる。
四．信頼（TRUST）
私たちはお互いのことを信じる。
五．集団責任（COLLECTIVE RESPONSIBILITY）
私たちはお互いを信じて託して、献身的になる。

私たちは共に勝利する。

六．配慮（CARE）

私たちはお互いを支え合う。

私たちはチームメイトを助ける。

七．敬意（RESPECT）

私たちはお互いに、また相手チームに対しても敬意を払う。

私たちはいつも時間を守る。

私たちはいつも準備をしておく。

八．知性（INTELLIGENCE）

私たちは良いシュートを打つ。

私たちはチームファールの数を把握する。

私たちはスカウティングレポートを覚えておく。

九．平常心（POISE）

私たちは弱みを見せない。

一〇．柔軟性（FLEXIBILITY）

私たちはどんな状況にも対処できる。

私たちは不満を言わない。

一一．利己的にならない（UNSELFISHNESS）

私たちはつながっている。
私たちはパスを多く回す。
私たちの価値は出場時間《プレイングタイム》では測れない。
一二．積極性（AGGRESSIVENES）
私たちは毎回一所懸命にプレーする。
一三．熱い気持ち（ENTHUSIASM）
これは楽しみ以外の何ものでもない。
一四．パフォーマンス（PERFORMANCE）
私たちは向上に飢えている。
私たちは駄目な練習はしない。
一五．誇り（PRIDE）
私たちは世界一のチームであり、世界一の国を代表している。

こうした言葉の羅列は、一見すると何らかの規則《ルール》に見えるかもしれない。しかし、コーチK自身が指摘しているように、「スタンダード」と「規則《ルール》」は異なっている。[55] コーチKは「規則」と「スタンダード」の違いを次のように述べている。

チームづくりにおいて、私は規則《ルール》を信じていない。スタンダードを信じている。規則はチームワークを作り出さないが、スタンダードは作り出す。規則はリーダーによって集団に向かって発せられるものであり、（…）〔私たちはその〕規則を実行することはできない。他方で、スタンダードは実行されるものだ。私たちがいついかなるときでも実行することだ。それは私たちがお互いに対して責任を負っていることである。（…）一つのチームになるうえで大きな位置を占めているのは、（…）「自分たちの」スタンダードを確立し、集団としてそれを受け入れることである。[56]

この一節で、規則はリーダーから発せられた命令として選手たちを拘束する力を持ち、いわばモーセの十戒のごとくに「〜してはならない」といった否定的な言明や「〜せよ」といった命令的な言明でもって各自に伝えられるものと示唆されている。それに対して、スタンダードは、コーチとプレーヤーが一緒になって確立する目指すべき姿であり、チームの方向性を定める枠組みであり、行動するにあたっての基準である。アメリカ代表チームのスタンダードは、行動の基準となるさまざまな項目から構成されており、その中には、「強固なディフェンス」といったコート上での具体的な指針から、「言い訳をしない」や「コミュニケーション」といったプレーや日常生活に関わる規範、さらには「信頼」「配慮」「敬意」「柔軟性」「誇り」といったチーム作りや人間関係に欠かせない性質などが含まれている。そして計一五個の各項目には、それぞれ二つか三つのより具体的な下位区分が設けられている[57]〔例えば「コミュニケーション」のもとには「しっかりと相手の目を見る」「お互いに真実を告げる」[58]が添えられる〕。こうした下位区分があることで、その含意がより明確になっている。

では「スタンダード」を確立すること自体の目的は何であろうか。それは、「やるべきことを明確化すること」で、「チームの一員としての卓越性を確立すること」にほかならない。スタンダードをほかならぬ自分たちで確立することは、いわばチーム内における価値ある行動（あるいは立派な行動）を自分たちで明示的に定めることを意味する。コーチKはそのことを「スタンダードは私たちの本質から構成されている」と表現しているが、[59] それは言い換えればスタンダードには自分たちの「本来的なあり方」が示されるということである。そのようにして米国代表が定めたスタンダードは、チームの一員としての「徳」あるいは「卓越性」を明確化することにつながっている。自分たちの本来的なあり方を明示するそれぞれの項目をしっかりと実行することが、チームの中では徳に基づいた行為になるからである。その意味でこのスタンダードは、より一般的には、「卓越性の基準《スタンダード》」と言うことができるだろう。[60]

さらに、こうしたスタンダードをプレーヤーたちと一緒になって構築することにも狙いがある。つまり、「プレーヤーの自主性を重んじること」で、チームに所属する一人ひとりの「当事者意識を涵養すること」である。では、なぜ「当事者意識」が重要なのか。それは、その当事者意識こそが、積極的にチームに関わろうとする心を養うからである。[61] またそれと関連して、スタンダードは自分たちで確立したものであるから、それを守る責任が生じるとコーチKは考えている。スタンダードは、一人のリーダーに与えられたものではなく、ほかならぬ自分たちで話し合った結果として確立されるものである。だからこそ自分たちのスタンダードは、「いついかなるときでも実行すること」[62] になるのである。

このようにして、懲罰を伴った規則に頼ることなく、スタンダードを確立して、それを目指して活動することができる。思慮あるコーチは、そのような形でチームに共通のあるべき姿を共有するのである。

コーチKの思慮：幸福《エウダイモニア》への視点

ここまで、思慮に関するさまざまな要素を見てきたが、そうしたさまざまな要素をより根源的なところで支えている考え方がある。それは、「幸福《エウダイモニア》への視点」である。この場合の幸福《エウダイモニア》は、すでに述べたように、幸福感のような喜びの感情ではなく、最終目的としての幸福《エウダイモニア》を意味している。アリストテレス倫理学の幸福《エウダイモニア》の位置づけを思い出してもらいたい。そのなかで幸福《エウダイモニア》は目的論のなかで最高善と同一視されるような、最終的に目指されるものであるとされた。そのような目的があるからこそ、その下に包摂《ほうせつ》されるさまざまな営みや行為も善いものになる点はすでに見てきた。言い換えれば、行為に際していくら臨機応変で柔軟な対応ができても、その決定そのものがでたらめなもので、最終的な善い目的を目指したものでないというのであれば、個々の判断や選択も、善い判断、善い選択とはならないだろう。自ら選択した行為が、最終的に幸福《エウダイモニア》を促進するものであるからこそ、私たちの行為は善いものになる。アリストテレスが述べている思慮ある人の「幸福《エウダイモニア》への視点」もその意味で理解されるべきである。[63] では、コーチKは思慮あるコーチとして「幸福《エウダイモニア》への視点」をどのように捉えているのだろうか。

コーチKは、目指すべき目的ということについて、他の多くのコーチたちが目指している全国優勝のような目標を「空虚な成功」として退けている。[64] そもそも全国優勝のような目標は、ほとんどのチームが達成できないものであり、そのような目標を掲げる限り、ほとんどの試みは失敗に終わる運命にある。実際、優勝を勝ち取る一つのチーム以外はすべて失敗するのである。また、勝利は直接の選択の対象にはならず、むしろ自分たちに実行可能なのは自らの最善を尽くすために目の前にある自分たちにできることを選択することだけである。[65] ここにはコーチKがコーチとしてやっていることを部分的な成功から捉えるのではなく、より広い観点から目指すべき目的を思案していることがうかがわれる。そして、コーチKはコーチとしての自分自身の目的を「コーチングをするにしても、何事を行うにしても、自分の最善を尽くすこと」と述べている。これはコーチとして自分にできることであり、それは「チームが日々よくなること」に結実する。さらにそこから、自分自身とチームが「絶えず卓越した状態であること」を目的に据えている。では、その「卓越した状態であること」は、より大きな視点から見るとどのような意味をもってくるのだろうか。この点についてコーチKは次のように語っている。

私がチーム作りをするとき、私がいつも選手たちに伝えようとしているのは、「君たちは最終的に勝者になる」ということ、そして自分たちの目的地は勝つことだという考え方です。しかしその勝つことは、最終目的地が全国優勝を果たすことだということを必ずしも意味するわけではありません。それが意味するのは、自分の持てる潜在能力《ポテンシャル》を最大限に発揮できるように常に成長し続けることです。(…)チームが出来る限りのことを尽くして、それでも〔勝利には〕届かなかった場合、それは本当に敗北なのでしょうか？　私はそうは思いません。どんなチームであれ、自分のベストを尽くしたチームこそが勝者なのだと私は信じています。[66]

この引用のなかでコーチKが特に強調しているのは、最終目標は試合での勝利ではなく、むしろ「自らの潜在能力を最大限に発揮すること」である。もちろん試合での勝利も大切なことではあるが、まず何よりスポーツの場において自分たちの力を発揮することが先決であり、自分たちの力を発揮すればおのずと勝利は伴ってくるとコーチKは考えている。[67]また、この「自らの潜在能力」には、競技固有のスキルや戦術、身体能力といったアスリートとしての卓越性《アレテー》だけではなく、勇気や平常心や思いやりや誇りといった人柄の徳《アレテー》も含まれている。というのも、例えば、競技の中で「勇気」はスキルや身体能力といった競技に関わる卓越性を存分に果たすために重要な性向であるし、「思いやり」はチーム一丸となって戦うために鍵となる性向だからである。[68]アスリートとしての卓越性を発揮するためにも、人柄の徳が寄与するのである。それらを踏まえたうえで、コーチKは「試合での点数ではなく、「卓越性」の粘り強い追求こそが本当の勝者を決する」[69]と述べている。こうした言葉からは、目先の勝利に囚われることなく、勝利の先にある人生全体の価値ある目的を自覚しており、そのことを目指すべき目的にしっかりと据えていることがうかがわれる。

　ただし、コーチK自身は、「本当の意味での勝利」や「成功」といった用語で目指すべきことを表現しており、それを何か一つの言葉で表現するようなことはしていない。アリストテレス倫理学において人間にとっての目指すべき目的とみなされている最高善、つまり人生における「幸福《エウダイモニア》」や「善き生」に相当するような概念をコーチKは使用していないのである。その一方で、「勝利」や「成功」といった概念も通常とは異なる意味で使用しているのも事実である。コーチKが最終目的について語った一節では「目指すべき目的」と「自らの潜在能力（卓越性）を最大限に発揮すること」が「全体と部分の関係」として明示されていることを考えれば、コーチKの考えは最終目的としての「幸福《エウダイモニア》」と「卓越性（徳）に基づく魂の活動」を「全体と部分の関係」と見なすアリストテレスの考えとも大枠において一致していると言ってよいだろう。[70]

　アリストテレスによれば、思慮ある人は部分的な善いものではなく、幸福や善き生という全体的な観点から立派に思案することができる。[71]ここに思慮ある人の「幸福《エウダイモニア》への視点」があるわけだが、「思慮あるコーチ」であれば、自分自身のみならず、一緒に活動しているアスリートやチームが自らの卓越性を発揮して、アスリートとして善く生きるために何ができるのかという全体的な観点から立派に思案するのである。

　以上のように、本章では「思慮あるコーチ」という観点からコーチKに備わっているさまざまな特徴を見てきた。思慮は確かにある種の「賢さ」であるが、単なる目的合理性と問題解決能力にとどまらない、人生をより善いものとするさまざまな知恵を含んでいることが見えてきただろう。

第7章　コーチに求められる「人柄」とは

ゼウスはこれを見て、われわれ人間の種族が完全に滅亡してしまうのではないかと心配された。そこで彼は、ヘルメスを派遣して、人間たちに謙譲心と道義心を与えることにした[1]。（プラトン『プロタゴラス』三二二C）

コーチにはどのような人柄の徳が求められるのか？

まず、「コーチには人柄の徳は必要ですか」と質問されたとする。それに対して、おそらく「必要ない」と答える人はいないだろう。私自身の経験から言えば、コーチの資格講習会で「よいコーチの要素」をコーチの方々に問うと、必ずといっていいほどさまざまな人柄の徳が挙げられる。そこで、さらに「コーチであれば備えておかなければならない徳は何でしょうか？」と問えばどうか。多くの人たちが自分の経験をもとにさまざまな徳目を挙げることができるだろうが、一定の立場からコーチに求められる徳目を過不足なく挙げるのは、決して簡単なことではない。それゆえここでは、すでにさまざまな分野で論じられている「実践に関わる者がもつべき徳」の内容を頼りに考えていくことにしたい。

アラスデア・マッキンタイアは、『美徳なき時代』のなかで、まず徳の定義を明らかにしたうえで、その徳が目指す内在的な善を実践のうちで達成するためには、少なくとも正義、勇気、正直といった徳が必要になると述べている。この場合、徳は「獲得された人間の性質」であって、「その所有と行使によって、私たちは実践に内的なさまざまな善を達成することができるようになる。またその欠如によって、そうしたさまざまな善の達成から効果的に妨げられる」[2]性向である。実践において正義、勇気、正直といった徳が必要になるのは、例えば、他の人々と共同して実践で何らかの達成を日指すためには、良好な関係性を保つうえで「正直」であることが必要であるし、実践のなかで関わっている人たちを差別せず、公平に接するためには「正義」が必要になるからである。また、さまざまな物事や個人および組織を配慮したり気にかけたりしていながらも「勇気」がなければそうした配慮や気遣いを実行に移すことができないからである。この場合、「勇気」は、「害や危険を自らに敢えて被る性質」であるが、『論語』で「義を見て為《な》さざるは、勇無きなり」[3]と言われるように、そうした害や危険を恐れて何もしないのでは、本当に配慮している、気にかけていると言うのもおかしな話というわけである。このように、実践として何らかの目的に対して行動する場合には、確かに正義、勇気、正直といった徳が必要になってくる。コーチングも実践であることを考えれば、実践家としてのコーチにもそうした徳が必要だと言えそうである。

そうした主張のなかでマッキンタイアは実践の内実を限定しないで使っているが、実践をより限定した形で、専門的な実践のなかで必要とされる徳を考えている人たちがいる。例えば、医療という実践的分野の場合を見てみよう。古代ギリシアのヒポクラテスは医術の本質を「病人から病患を除去し、病患からその苦痛を減じること」[4]として、「患者を健康にする」ことを医療の目的としているが、そのように考えた場合、医者の持つべき徳もそうした実践の目的と本質的特徴に応じて定められることになる。『生命医学倫理』という教科書的な著作を書いたトム・ビーチャムとジェームズ・チルドレスは、医療実践者にとっての「主要な徳」として、思いやり、識別力、信頼に値すること、誠実、良心的なことを挙げており、それに加えて、気遣い《ケア》、敬意、悪意のなさ、善意、正義、真実を語ること、忠実、といった徳も挙げている。[5] このうちでも「思いやり」は「他者の不幸や苦痛に際して、他人の幸福に向けた積極的配慮の態度と、深い同情、優しさ、不安といった想像力豊かな自覚や感情的反応とが結びついた特性」[6]であり、その思いやりの欠けた医師は患者との良好な関係性を築けないだろう。また、医師のダニエル・オーフリは、『医師の感情』のなかで、他にもさまざまな徳を挙げるなかで、医師には「共感」や「平静の心」といった徳が重要であるとしている。[7] 患者と向き合う医師としては、「他人の視点で物事を見て、感じることのできる能力」として共感が必要不可欠だからである。さらに、生命倫理を専門とするジャスティン・オークリーとディーン・コッキングは、専門職の役割と徳を論じた著作のなかで、医者にとっての徳、つまり「患者の健康という目標を実現するのに役立つ性格特性」について精緻な考察を行っている。オークリーは、次のように要約してその著作における諸徳の例を挙げている。

> たとえば、医療上の慈善心は徳とみなされる。なぜなら、それによって医師は患者の利益に目を向け、不必要な防衛医療に傾くことに歯止めをかけるからである。同様に、医師が信頼に値することは、患者が個人的な情報を安心して打ち明けられるようになるため、効果的な診断と治療に

役立つ。一方、医療上の勇気は、必要があれば重大な感染の危険にも立ち向かうと同時に、自分が感染する危険性に対して適切な用心をすることもおざなりにしない点で、医師が患者の治療に取り組むことに役立つ。[8]

このようにしてそれぞれの論者が医療という実践の本質的な要素を考慮に入れたうえで、それに対応するさまざまな徳を挙げている。そこから、医者として優れた腕を持っているだけでは、医療行為の目的を本当の意味で完遂することができず、そのためにはさまざまな徳が必要になることが見えてくる。技能を持つ医師にはその実践に応じた徳が求められることになるが、他の技術を持つ者にとっても同様のことが言えるのは明白である。弁護士、警察、演奏家、料理人、陶芸家など、実践家の持つべき徳はさまざま考えることができるだろう。こうした観点から、コーチにとってのしかるべき人柄の徳を考えてみることにしよう。

善いコーチの人柄の徳

では、コーチングの目的に応じて、善いコーチであれば備えておかなければならない人柄の徳とは何であるかを考えてみることにしよう。ラルフ・サボックは、すでに見てきたように、『ザ・コーチ』という著作のなかでコーチに必要な資質能力を語るなかで、情熱、勝利に対する強い欲求、職務に対する意志、平凡であることを嫌うこと、品位を保つこと、信念を貫く勇気、正直、公平さ、首尾一貫性といった性格特性を挙げている。確かに、そうしたさまざまな性格特性はコーチングという実践にとって重要な役割を果たすように思える。しかし、「情熱」や「平凡であることを嫌うこと」などは、果たして絶対に欠かすことができない性質であるのかという疑問も残る。[9] そこで以下では、コーチングという実践の本質的な要素を考慮に入れたうえで善いコーチに必要不可欠な人柄の徳に絞って挙げてみることを試みたい。

マッキンタイアの説明では正義、勇気、正直がさまざまな実践において求められる徳とされているが、そうした徳は善いコーチにとっても欠かすことができない。イビチャ・オシムは「ジダンやロナウドが間違った動きをしている。全然動けていない。それを指摘できなければ、監督という呼び名は返上すべきだ[10]」と主張しているが、ここから、コーチであるからにはプレーヤーに真実を伝えることができなければならないという意味で求められる徳が見えてくる。[11] もちろんコーチにとっては、プレー上の真実のみならず、それ以外の場面でもプレーヤーに真実を伝えることが重要な意味を持ってくるが、そうした真実に関わる徳としては「正直」が該当する。これと同様に、「勇気」や「正義」やそれ以外の徳がコーチングのさまざまな場面でどのような意味で必要になるか考えてみよう。

まず「勇気」について言えば、スポーツの試合には勝敗が存在するので、そこに重圧《プレッシャー》が生じるが、そうしたなかでも、自らのコーチングの技能を存分に発揮するためや適切に遂行するために、「勇気」という徳を欠かすことができない。おそらくこの点については反論するコーチはほとんどいないはずだ。帝京大学ラグビー部監督の岩出雅之は「勝負強さの根幹にあるのは人間力」と言っているが、[12] この場合の人間力は、具体的には「勇気」という徳目を指すものと考えてよいだろう。

また、「公正」としての「正義」は、それぞれのあり方にふさわしい仕方で接すること、行動することに関わる。コーチとしては、一対一のコーチングのみならず、チームという文脈《コンテキスト》のなかでコーチングをすることもあり、その場合には、コーチ自身の気分や好みで物事を決めるのは正しいことではない。また、あらゆる場面で細かい個別的な要素を全く勘案せずに等しく平等に扱うのも正しいことではない。むしろ、物事の道理を弁えたうえで、しかるべき人たちにしかるべき事柄を割り当てるのが「公正」である。また、何か不均衡が生じた場合に、それを矯正することもこの「公正」に含まれる。コーチとしては、この「公正」という徳に基づいた行動が求められる。ちなみにアリストテレスは、このような「公正」という徳を、正義のうちでも狭義のものとして「配分的正義」と「矯正的正義」の名で呼んでいる。

また、「誠実《インテグリティ》」は、通常、対人関係のなかで真摯に接することを意味していると考えられるが、コーチとしての「誠実」は、それよりも広い範囲にまで及んでいる。というのも、コーチの誠実は、自分自身の理性に従って思慮深く行動することから、法律や条例や規則を遵守することに至るまで、幅広く関わっているからである。さらに、自分のうちで分別と欲求と行動が常に一致しているという意味での首尾一貫性も、この「誠実」のうちに含まれる。[13] 自分自身の分別に誠実であるがゆえに、困難な状況でも分別が求める勇気ある行動や正しい行動を取ろうとするという意味で、誠実はあらゆる徳を保証するような性向として重要である。つまり、勇気ある行動や正しい行為を取ろうと心のなかで欲していても、周りの圧力に屈したり、周囲からの評判を気にしたりして、感情に囚われてしまうとそのような行動を取ることができないこともあるが、自分自身に対して誠実なコーチであれば、自分が本当の意味で欲していることを首尾一貫して行おうとするのである。[14] マッキンタイアによれば、あらゆる実践はそれを支える組織や制度なしには存続することができないが、そうした組織や制度は、金銭や地位や名誉といった外的な善を所有することや配分することに不可避的に関わらざるを得ない。それゆえ、実践のなかで目指される内的な善としての卓越性の発揮は、そうした組織や制度のもつ外的な善への獲得志向によって常に脅かされることになる。もちろんコーチングもその実践に含まれ、すでに本書第3章で見てきたように、組織とその経営者や管理職による「勝利至上主義」は、卓越性の発揮を脅かすものの典型例である。つまり、その勝利至上主義は組織のために名誉や金銭を獲得することを目指して、不正な手段を使ってでも目標を達成させるよう命じることにつながる場合にコーチやアスリートに対する圧力になりうるのである。コーチとしては、そうした勝利至上主義に屈しないようにするために、競技における卓越性を目指した自らの活動に「誠実」でなければならないのである――同時に組織や制度の圧力に対して「勇気」と「正義」と「正直」をもって臨まなければならない。[15] このようにして「誠実」は、アスリートとの関係性のみならず、組織や共同体のなかで活動する者としても重要な意味をもってくるのである。

さらに、「穏和」も善いコーチの持つべき徳と言える。この「穏和」は、日本語では、どのような状況でも穏やかに対応するという意味合いで使われるが、ここで念頭に置かれているのは、アリストテレスが言うような「怒りに関する中庸」としての穏和であり、[16] 異なった含意をもっていることに注意してほしい。中間的な穏和とは、「しかるべき事柄について、しかるべき相手に対して怒りを覚え、さらにはまたしかるべき仕方で、しかるべき時に、しかるべき時間の長さ、怒ること」を意味しており[17]、絶対に怒らないことではなく、むしろ、しかるべきときには適切な仕方で怒ることができることに力点が置かれている。その場合、怒ることの目的も重要になる。つまり、この怒りに関する徳を持った人は、全く怒らないのではなく、むしろ、普段は穏和でありながらも、しかるべき事柄、相手、仕方、時と場合をそれぞれ踏まえたうえで怒る人、中庸を体現して怒る人を意味する。スポーツという場では、その内外においてさまざまな間違いが起こりうる。プレー上の意図しないミスには当然仕方ない部分もあるが、プレーヤーの極めて悪質な行動（例えば違法行為や不正行為など）に対しては、しかるべき仕方で怒りを向ける必要がある。反対に、そうした場面でも怒ることができなければ、それは悪徳と言えるだろうし、また怒ることができずにその感情をずっと溜め込むことも悪徳と言える。ただ、その一方で、すぐに怒る人、怒るべきではない相手や、怒るべきではない事柄、怒るべき以上に怒る人も、悪徳に陥っているし、長時間にわたって怒り続ける「根に持つ人」や、ささいなことに対して激烈に怒る「極端な癇癪持ちの人」も、悪徳に囚われてしまっている。それに対して、善いコーチであれば、怒るべき相手に対して、しかるべき事柄について、しかるべき時に、しかるべき方法で、しかるべき時間の長さ、怒ることができる。昨今では、「褒めるコーチング」の隆盛で、それと連動して「怒らないこと」が評価される傾向にあるが、実践的な意義を考えると、しかるべきときには怒り、そうではないときには怒らないというほうがより評価されるべきである。

また、「節制」も善いコーチにとっては重要な徳である。なぜなら、コーチには、精神的にも身体的にもさまざまな快いものが近くにあり、そうしたものに対して自らの思慮を保つためには、節制が必要になるからである。面白いことに、ギリシア語の「節制《ソーフロシュネー》」は、文字通りに「思慮を救う」を意味している。[18] 名誉や金銭や勝利や地位およびそれを手に入れたときの喜びや肉体的な快楽にあまりにも囚われてしまうとき、私たちは思慮深くものごとを考えることができなくなってしまう。そして、コーチは、通常の生活をしている人たちと比べて、そうした名誉や金銭や勝利や地位およびそれらがもたらす快さに触れる機会が多い。だからこそ、コーチには自らの思慮をいついかなるときでも保つために「節制」という徳が必要になってくるのである。

さらに、「誇り」も善いコーチにとって欠かすことができない徳である。通常「誇り」は、家族や親類、同志や仲間など自分と親密な関係にある人たち、自分が所有している事物や行っている行為、所属している組織や団体などに対する肯定的な感情を意味している。この場合の誇りには、何より、物事や自分に対する「正しい認識」が前提となっている。それに対して、「コーチとしての誇り」の場合、善し悪しに対する「正しい認識」というよりもむしろ物事の「適切な理解」に重きが置かれる。つまり、コーチという立場にある限り、コーチとしてやるべきことをまず何よりも大事なものと考えて、その目的を果たそうとするときに不当な仕方を使わないということである。不正やズルをしてでも勝利を手にしようとするコーチには「コーチとしての誇り」が欠如している。コーチとしての誇りを持っているのであれば、自らのコーチとしての技能を尽くし、徳を発揮することで、自らの目的を果たそうとするはずだ。また、誇り高いコーチは、自分のコーチとしての役割はあくまでプレーヤーが存在しているゆえに成立していることを適切に理解しているからこそ、プレーヤーのためにさまざまなことを為そうとする。この点について野村克也は、スター選手であったコーチはスター意識を捨てるのが難しいとも指摘している。スター意識を捨てきれないコーチは、プレーヤーのことを考えるよりも、自分自身が采配で目立とうとしてしまうのである。確かに、自分で注目を浴びたいと思っているコーチは、「プレーヤーやチームの卓説性を向上させ、発揮させる」というコーチング本来の目的を第一のものとは考えずに、それとは異なった目的を持ってしまっているのである。こうした点に「コーチとしての誇り」は強く関わっている。ただし、この「誇り」には注意が必要である。哲学者の中島義道が指摘するように、誇りは「高慢」や「差別」などとも近い関係にあるゆえに[19]、コーチたちは自らの誇りが転じて高慢や差別に陥らないように常に「誇り」を試金石にかけなければならないのである。

さらに、「思いやり」や「共感」といった徳も、コーチングにおいて間違いなく重要になってくる。というのも、コーチングはアスリートという人を対象とした営みであるから、自分が接するアスリートの喜びや痛みや苦悩といった感情に対して共感し、思いやりを持つことは、コーチングの目的であるアスリートの卓越性を向上させ、発揮させることにおいても重要な意味を持ってくるからである。それだけでなく、アスリートの人生に与える影響をも念頭に置くうえで欠かすことができない性向だからである。また、アスリートのみならず、アスリートの保護者や一緒にコーチングをしている仲間のコーチたち、さらにはコーチングに関係する人々とよりよい関係を築くうえでも、そうした共感や思いやりは重要な役割を担っている。

これらの徳に加えて、「篤実」や「機知《ユーモア》」や「慈悲」といった徳も、とりわけアスリートとの関係性のうちで重要な要素になってくる。ただし、この点については、コーチとアスリートの関係性を述べる次章で詳しく論じることにしよう。

そして、最後に一つ言及しておきたいのは「情熱」である。指導者の講習会などでコーチの方々からよいコーチの資質能力について意見を聞くと、必ずと言っていいほどこの「情熱」やそれに類する言葉がコーチングに重要な要素として挙げられる。その原因は私にとっては必ずしも明らかではないが、そこには何か「情熱」信仰のようなものがあると感じている。おそらくコーチたちは自分がやっていることに対するある種のやる気、モチベーションをそのような語彙で表現しているのだろう。しかし、私としてはこの情熱を善いコーチに求められる徳には敢えて含めないようにしたい。自分のやっていることに対して燃えるような感情を抱いていることは確かに重要かもしれないが、より重要なのはどのようにその情熱を持つかである。つまり、「情熱」がありすぎるがゆえにコーチは行きすぎた指導をしてしまうし、そもそも「情熱」自体は感情であって徳ではないのである。[20] そして、「情熱」を中庸に従って適切な仕方で持つのであれば、それは徳になりえるし、そのことは重要であろう。こうした点を踏まえれば、「情熱」そのものは、善いコーチに求められる徳には含まれないと言わざるを得ない。

なぜ徳にこだわるのか：徳倫理学の意義

この章では、善いコーチの人柄の徳を中心的に論じているが、なぜそもそも人柄の徳にそれほどこだわる必要があるのだろうといぶかしく思う読者もいるかもしれない。わざわざ人柄の徳など取り上げなくても、コーチの行いが適切であればいいじゃないか、とつけ加えるかもしれない。こうした意見には確かに一理ある。しかし、物事をより広い視点から見たとき、それでは明らかに不十分である。
学術的な話をすると、このように徳を中心として実践的な行為の善し悪しを考える規範倫理学の立場は、「徳倫理学」[21]と呼ばれている。この徳倫理学は、主にアリストテレスの倫理学を基調としている。アリストテレスの倫理学は衰退している時代もあったが、さまざまな学者たちの手によって二〇世紀に息を吹き返して、二一世紀になった今も、その流れを組む徳倫理学は、規範倫理学のなかでもカント倫理学に立脚する「義務論」[22]、ミルとベンサムの思想を源流とした「功利主義」[23]などと並んで、一つの有力な立場を形成している。[24] このような学術の専門的な話は本書のなかで詳細に述べることはできないが、少なくともそのような背景があることを知っておいてもらうことは無意味ではないはずだ。[25]
さて、コーチが正しく振る舞っていれば、それでいいのではないかという立場の人には次のような事例を考えてもらいたい。ヘッドコーチ一名、アシスタントコーチ五名の体制で一つのチームを見ているなかで、自分がアシスタントコーチの一人であるとしよう。厳格なヘッドコーチの指導のもと、チームはうまくまとまっているように見える。そんなあるとき、自分のうっかりでミスをしてしまった。練習でプレーヤーたちに説明するための相手チームの分析映像を家に忘れてしまったのだ。するると、もうひとりのアシスタントコーチAが事前に渡してあった分析映像を持ってきており、それを使っていいと言ってくれた。結局、そのおかげで大きな混乱もなく練習を終えることができたので、貸してくれたアシスタントコーチにお礼を言うと、「いえ、ヘッドコーチが「同じ映像を持っているなら貸してやれ」と言ったので貸しただけですから」と応じた。もう少し尋ねてみても、どうも本当にヘッドコーチに言われたことが理由のようだった。そして数ヶ月が経った後、またもや同じようなことが起こってしまった（失敗の後には普通その予防策を考えておくものだがそれを怠っていた）。すると、前とは違うもうひとりのアシスタントコーチBが同じように自分の持っていた映像を貸してくれた。そして、無事に練習が終わった後に、お礼を言うと、「困っているのがわかったから、貸しただけだよ」と応じた。少し尋ねてみると、困っている人がいたら助けるのが善い行為だと考えてのことだという。さらに、また同じようなことが起こったときに助けてくれたアシスタントコーチCは、「映像がないと、チーム全体の練習がうまくいかないし、次の試合にも影響してしまうかもしれないから」という理由を返してきた。さらに、アシスタントコーチDの場合は、「困っている人がいたら助ける義務があります。誰にだって助ける義務があるはずです」と義務感をその理由としてあげてきた。この四人のアシスタントコーチは行為としては「映像を貸す」という同じ行為をしているが、どうも全く同じとは言えないように思える。何が違うだろうか。アシスタントコーチAは、あくまでヘッドコーチに言われたことに従っただけである点に特徴がある。他方で、アシスタントコーチBは、困っている人がいたら助けるという「思いやり」の心から行動している点に特徴があるといえるだろう。さらに、アシスタントコーチCは、全体の結果がよくなることを見越して行動している点に特徴がある。そして、アシスタントコーチDは感情云々ではなく、とにかく困っている人を見てその場合に考えられる義務に従ったという特徴がある。

　これらのアシスタントコーチたちは全員が同じ行動をしているが、明らかにその動機の点で異なっている。アシスタントコーチAの場合は、確かに助けてくれはしたが、ヘッドコーチに言われただけで動いており、自分自身で（つまり自律的に）考えての行動ではないようだ。これはスポーツの世界ではよく目にするものではないだろうか。私自身も学生時代にプレーヤーとして同じような場面に遭遇したことがある。同級生が上級生に「五分前行動をするように」と言われていて、その同級生はそれに従っていたが、理由を聞いたら、「先輩に言われたから、とりあえず従っている」と応じてきたのだ。他の場面でも、先輩に対して威勢よく返事をしているわけだが、それについては「大きな声で返事をしておけば先輩たちは満足する」と言っていた。なぜそのようにするのか、といったことは特に問題ではなく、「機械的反応」として大きな返事をして、言われたままのことをするだけなのだ。実際は、嫌々五分前行動を守っていることもあるだろうし、先輩が見ていないところでは時間に遅れても構わないと思っているかもしれない。それは、極めて他律的な行動でしかない。この場合も、先のアシスタントコーチAの例でも、他の人に何か言われなければ適切に行為できないかもしれないという疑念が残る。また、アシスタントコーチCの場合は、全体の利益があるから、助けてくれたわけだが、そうした全体の利益に結びつかない場合には、何もしてくれない可能性もある。場合によっては極めて打算的な行動に出ることさえ考えられる。また、アシスタントコーチDは、「困っている人がいたら助ける」という自分自身の格律に従ったのであり、誰か困っている人がいればとにかく義務感で行動すると考えられる。確かに義務感は重要だが、その義務がどれほど弾力性を持っていて、さまざまな事態に対応できるかはわからない。それに対して、アシスタントコーチBの場合、困っている人を助けることが立派な行いであるとわかっており、またあなたがミスをして苦痛を感じていることも気遣って行為をしている点にポイントがある。この場合、自分自身で善いと考えたことに従っているわけだから、自らの行動に喜びすら感じていることだろう。

こうした対比をしたとき、とくにアシスタントコーチAに何か歪んだものを感じないだろうか。また、CとDの場合にも、それを手放しに「善い行為」と認めることに若干の抵抗を感じないだろうか。私たちは、さまざまな善い行動を見るとき、その行為だけを見るのではなく、その人がどういう人で、どのような性格に基づいて、どういう理由から行為しているのかも自然と気にしている。生き方として見た場合、アシスタントコーチBのほうが自分自身の頭で考えて行動しており、しかも、「思いやり」という人柄の徳に従って行為していることから、他の場面にも適用可能である。先に触れた徳倫理学では、行為という切り取られた一部分だけで考えるのではなく、行為者とその生き方という観点から行為の善し悪しを考えるという特徴がある。

私がここで善いコーチとしての人柄の徳を扱うのは、それがコーチの実践をより善いものにするという力を持っているからである。徳は私たちにとって特定の状況で実際に善き行動を喚起する力を持っている「濃い倫理的概念」[26]である。さらに、それ以上に重要なのは、人柄の徳はコーチ自身の善い生き方にも通じると考えられるからである。徳の発揮と幸福の関係性は、アリストテレスの幸福論やコーチの幸福を見ていくなかですでに明らかにしている。それだけでなく、人柄の徳を持った善いコーチ自身の生き方は、そのコーチと活動をともにするアスリートにとっても間接的に善い影響を及ぼすと考えられる。つまり、コーチが自らの徳を示すことで、アスリートは見習うべき徳の模範として接することができるのである。その意味で、コーチングという領域において徳を強調することは、単に体罰やハラスメントの根絶を目指した局所的なものではなく、さらにその先を見越してのことである。体罰やハラスメントの根絶だけが目的であれば、極めて厳しい罰則を設けて、それに少しでも違反したものはコーチングの領域から排除すればよいだろう。しかし、それでは単に他律的な生き方のなかで勝利と名誉を求めることしかできないし、単なる厳しい罰則によってコーチたちがより善く生きることができるかといえば、そうではないだろう。むしろ、自らの徳や卓越性《アレテー》の追求こそがより善く生きることへとつながる道である。この点は「コーチの幸福」を論じる中ですでに見てきた。大げさに聞こえるかもしれないが、コーチングにおける人柄の徳は、コーチ自身の善き生や幸福にとっても重要な位置を占めているのである。
　こうした事情を踏まえたうえで、そもそも善いコーチにとっての人柄の徳が一体どのようなものであるかをより詳細に見ていくことにしよう。

内面の葛藤と行為の結果をどう考えるか

アリストテレス研究者のJ・O・アームソンが、「勇気ある人」について興味深い事例を挙げている。これは、私たち現代人の勇気観にも見直しを迫る好例だと思われる。

今ここにブラウンという頑健で、外向的で、自信に満ちた人がいたとしよう。彼がある会議に出席して、彼が誤りと信じる提案が過半数の出席者にとって大いに人気のあるものだったとする。ブラウンは提案への反対意見を何の苦労もなしに陳述する。一方、スミスという内気で、控えめで、優柔不断な、ブラウンとは対照的な人物も同じ会議に出席していて、彼もまた、この人気の高い提案に反対だとする。スミスは非常な努力の結果、意志の力で苦痛を克服して何とか反対を表明することができる。たぶん我々は、スミスこそ勇気の徳を示した人物とみなすであろう。もしも誰かがブラウンに向かってその勇気を賞讃したとしたら、ブラウンには何のことだかわかりもしないであろう。しかし、アリストテレスにとっては、ブラウンこそ優れた性格の人物なのである。[27]

ここでポイントとなっているのは、多くの人が不安や恐怖を抱く対象に対して、平然と中庸に従って行為できる人こそが勇気ある人だとされている点である。優柔不断で控え目なスミスは、ある種の葛藤を自身の内に抱えている。つまり、この場合、自分の意見の方が正しいという自信を持っていながらも、「自分の考えが否定されてしまうのではないか」という恐れや、「きっと誰も自分の意見に耳を傾けてくれないだろう」という諦めの気持ちが邪魔をして、率直に自分の意見を表明することができないのである。そうした自信と恐れ、諦めといった感情が自分のなかで葛藤を起こしている。恐れと自信の中で揺れ動いている。いわゆる理性的な判断と感情の方向性が異なる方向に向かっている。そうした葛藤の末に、何とか意見を表明するに至っているのである。

他方で、ブラウンは、自分の理性的な判断を押し止めるような恐れや諦めといった感情がなく、むしろ自分の理性的な判断と感情（自信）が一致している。アリストテレスによれば、それこそが、勇気ある人や節制ある人といった有徳な人の内部で行っていることである。つまり、その人の気概、情念を含んだ「内部のすべてが分別・理性《ロゴス》に同調の声を上げている」[28]のである。

これをコーチの例にあてはめるならば、極めて緊迫した場面でも、その場のプレッシャーに負けずに堂々とした采配を振る場合や、雌雄を決する大一番でも、ためらうことなく大胆な戦術に打って出る場合を考えられるだろう。そうした場合にも、スミスの持っている勇気ではなく、ブラウンの持っている勇気と同じものに従うコーチこそが、本当の意味での勇気あるコーチである。

ただし、ここで注意しなければならないのは、そのように勇気ある行為をしたからといって、結果が必ずしもうまくいくとは限らない点である。この点についてジュリア・アナスは、次のように指摘している。

> 勇敢な人は、勇敢な活動をそれ自体として尊重し、たとえ目的の達成に失敗しても、その活動を悔いることはない。もちろん、有徳な活動は、それによって何か別のことができるという理由で、手段として尊重されることもあるだろう。しかし、有徳な活動が有徳なものであるならば、その活動はそれ自体としても尊重される。（…）ここでよく用いられるのは、スポーツからの類推である。スポーツのプレーは、何らかの理由で賞をとれなかったとしても、それ自体で尊重され、賞賛されるからである。[29]

このように勇気ある行為が優れたものであるか否かは、結果に左右されるわけではないという点については、コーチKも全国優勝のかかった大きな試合での采配に言及しており[30]、実践的な観点から勇気と結果の関係性を説明している。コーチKはその全国優勝のかかった試合で結果的に負けてしまうものの、自らの心《ハート》に従って、ゲームの流れが掴めてきたと感じた重要な局面で、エースのプレーヤーのためのセットプレーを行う指示を出している。このようなプレーの指示を出したのは、チームも自信を持ってプレーしているようであったし、そこに至るまでに何度も繰り返し練習してきているセットプレーだったからだ。また、試合のそれまでの流れを考えると、どうも他のプレーではうまくいきそうにないし、他のプレーヤーに任せられるような状態でもなかった。何より、この特定の状況では、そのように采配を振ることがまさに勝利を目指す上でしかるべきことだと思われた。このようなさまざまな理由を全て考慮に入れれば、この段階における決定に迷ったり、怖気づいたりする理由は何もない。そこでコーチKは迷うことなく采配を振った。その結果はうまくいかず、現実には負けてしまい、後になってそのことを非難する声が多かったという。しかし、もし仮に勝っていれば多くの人たちは、「コーチKは敢えてタイムアウトを要求しないという勇気を持っていた。自分のチームを信頼したんだ」と賞賛していただろうとコーチKは指摘する。他人の評価など結局、勝敗や結果という表面的な部分しか見ていないのである。しかし、コーチKにしてみれば、結果がどのようなものであろうと、確固たる理由があったうえに、自分自身の心《ハート》に従うことが重要だった。そこにこそ、人柄の徳である勇気の本質がある。コーチにとって采配そのものが「勇気」あるものであることは、結果までは保証しないし、結果から逆算して人柄の徳を判断することもできないのである。これはすでに触れた勇気以外のさまざまな徳にも言えることであるが、私たちは徳を安易に帰結主義に還元してしまわないように注意しなければならないのである。

徳の輪郭：「本当の勇気」と「勇気もどき」

さらに考えたいのは、特に葛藤なく勇気ある振る舞いをしている人であれば誰でも勇気ある人であるのか、という問いである。ここまでの考察を踏まえれば、あまりにも容易な問いであり、多くの人は「そうだ」と答えるかもしれないが、実のところ、事態はそれほど単純ではない。

アリストテレスは、『ニコマコス倫理学』で、次のように真なる勇気ではないもの、つまり「勇気もどき」を七つ挙げているが、それが反対に「真なる勇気」の輪郭を描き出すことにつながっている。

（1）名誉への欲求に基づく勇気
（2）羞恥心に基づく勇気
（3）罰や非難を避けるための勇気
（4）優位性による勇気：傭兵などが持つ知識による勇気
（5）激情から生じる勇気：獣が持つ勇気と同等のもの
（6）楽観主義的な勇気：楽観的な人が持つ勇気のようなもの
（7）無知による勇気：状況を勘違いすることで生ずる勇気のようなもの

それでは、勇気もどきについて、それぞれ説明を加えていき、適宜「真の勇気」との対比を行うことにしよう。それがひいては「徳」そのものの説明にもなっている。

まず（1）名誉への欲求に基づく勇気、（2）羞恥心に基づく勇気、（3）罰や非難を避けるための勇気のなかでポイントになっているのは、それぞれの動機の違いである。（1）〜（3）の勇気の場合は、自分だけではなく、他の人たちとの関わりのなかではじめて勇気ある行為を行うことができるという意味で「外的な動機づけ」によって動かされている。例えば、（1）名誉への欲求については、劣勢な場面でも、そこで踏みとどまり勇敢に行動すれば、周囲から名誉を与えられるからという理由で勇気ある行為をする場合がある。（2）羞恥心については、臆病な振る舞いをしてしまえば、それは仲間たちに対して恥ずかしいことだから、そうならないように勇敢に振る舞おうとする場合がある。また、（3）臆病な振る舞いをすれば味方から非難されたり、上官から罰せられたりするからというネガティブな動機で、勇気ある行為をする場合もあるが、これは明らかに本末転倒な勇気である。具体的には、ホメロスの『イリアス』においてギリシア方の王アガメムノンが「戦いの場を離れて船の傍らに残ろうなどという気を起こした奴がわしの目に留まったならば、そやつはもはや野犬野鳥の餌食となることを免れぬものと観念せよ」[31]と告げた結果、兵士たちは恐怖心を抱いて行動せざるを得なくなった場面があてはまる。また、部隊長が兵士たちを自らの前に配置し、後退しようものなら鞭で打って前進を余儀なくさせる場合などもあてはまる。これをコーチにあてはめるならば、例えば、自分を雇っているオーナーや自分の学校の管理職から非難されるからという理由で形だけは勇敢に振る舞うような場合、あるいは、周囲から批判されたくないから勇敢に振る舞うという場合が考えられる。アリストテレスによれば、こうした種類の「市民としての勇気」に基づく行為は、本当の意味での勇気ある行為に最も似ている。[32] その意味で、この種の勇気は非難されるほどのものでもないが、その一方で真なる勇気とも同一視はできないものである。真の勇気ある人であれば、勇気ある行為そのものの立派さを目指して行為するという意味でいわば「内的な動機づけ」がある。この点については、少し補足しておこう。

真に勇気ある者について、アリストテレスは「しかるべきものを、しかるべき目的のために、しかるべき仕方で、しかるべきときに、耐えたり恐れたりする者、そして同様に平静を保つ者[33]」と表現している。真に勇気ある人は、単に情念が中間的な状態（中庸）にあるだけでなく、他にもさまざまな点で「しかるべき」というあり方も体現していると考えられている。この勇気ある人は行為に際して、その対象、目的、方法、時が「しかるべき」であるとされているが、そのなかでも「目的」という動機に注目したい。目的については、「勇気とは（…）、その行為が立派であるがゆえにこれを選びとったり耐え忍んだりするものである[34]」と言われている。

名誉を得るために勇敢に行為する場合や、非難されたくないために勇敢に行為する場合は、「行為そのものの立派さのゆえに」選択しているのではなく、名誉獲得のためや非難回避のためにそのような行為をしているにすぎない。ここで、徳はそれ自体が善いものであるという「内在的な価値」を持っていることを思い出してもらいたい。「徳に基づくもろもろの行為は立派な（美しい）ものであり、立派さ（美）のために為される[35]」のである。だからこそ、有徳な行為は結果的に行為以外のものが何ら得られなかったとしても、それ自体として選び取られるに値するものである。[36]「有用性」ではなく、「立派さ」や「美しさ」という「善さ」を持っているのである。なぜ勇気ある行為をするのか。それは、勇気そのものが人間にとって善いものであり、立派なものだからだ。それは他の徳にもあてはまる。なぜ思いやりある行為をするのか。それは思いやりそのものが人間にとって善いものであり、立派なものだからだ。こうした内在的な価値は、有徳な人にとって「立派なこと」あるいは「美しいこと」として映る。有徳な人は、理性の目を通じて立派なことや美しいことを捉えているのである。勇気ある行為は立派なものであり、同様に、思いやりのある行為も、節制ある行為も、立派なものである。また、もう一つの重要な点として、そうした行為は立派なものであることから、行為者には喜びをもたらす。そこには「立派さ」に付随する「快さ」があるのである。以上を踏まえて、より一般的な言い方をすれば、有徳な人は「その有徳な行為そのもののゆえに選択して行為を行っている」のである。

　では、再び「勇気もどき」の例に戻ろう。（4）「優位性による勇気」は、例えば、自分が知識や腕力によって優位に立っているから勇敢に振る舞うことができる場合である。アリストテレスが出している例によれば、傭兵たちは戦場での経験があり、その経験に基づいて自分の武器を使いこなせる知識があるゆえに、相手よりも優位に立っていて、優位性を保てる限りで勇敢な振る舞いができるという。[37] 自分は優れた武器を持っていてその使い方を心得ており、相手が一応武器を持っているものの、それを全く使いこなすことができないようであれば、その優位性から自信に満ち溢れた振る舞いをできるのは当然であろう。ＲＰＧの『ドラゴンクエスト』や『ファイナルファンタジー』で、最強の武器を持っていれば、冒険序盤の雑魚モンスターを相手に恐れを抱く者などいないはずだ。コーチの場合でも、自分たちが圧倒的に戦力で勝っていることをわかっていれば、試合前に恐れることはないし、試合中も大胆な采配を振ることができるだろう。また、知識の点で圧倒的に優位に立つコーチは、プレーヤーに対して、大きな態度を取ることができるだろう。しかし、こうした人々は、ひとたび自分の優位性をなくしてしまえば、同時に勇敢に振る舞う理由も失ってしまうかもしれない。その勇敢な振る舞いは知識による優位性によってのみ保証されたものだからである。勇気は本来、気持ちや性向の面で優れた性質に宿るものであるが、「優位性による勇気」はそうした気持ちや性向の強さを前提としていない。それゆえ、古代の時代でも、傭兵たちは自分たちが劣勢に立たされるや一目散に逃げ去ってしまったという事例がある。それに対して、最後まで踏みとどまって戦ったのは羞恥心や名誉心を持ち合わせた勇敢な市民たちであった[38]。

また、(5)「激情から生じる勇気」は、なにか自分のうちにほとばしる感情から勇敢に振る舞うことである。言い換えれば、これは自分を傷つけた相手に立ち向かう獣のごとき勇敢さである。あるいは、何かの復讐のために、煮えたぎる情念から生じるような行動であろう。コーチの場合でも、そのような激情から勇敢と見えるような行動を取る者もいるかもしれない。しかし、アリストテレスにしてみれば、このような勇敢さは真の勇気と言うことができない。なぜなら、単に情念に駆られて行動することは、獣でもできるようなことだからである。そこには立派な目的を目指すという動機がなく、自らの分別を働かすこともない。逆に言えば、「この激情に基づいた勇気がもっとも自然なもので、そこに選択と目指す目的が付け加わるならば、本来の勇気になる[39]」のである。何より、勇気にとって重要な情念や感情は持ち合わせているものの、それらが中間的な状態にはなっていない。危険を全く省みることがなく、恐れが欠如しているという意味で、無謀のほうに傾いてしまっているのである。

（4）優位性による勇敢に振る舞う人も、（5）激情から生じる勇敢に振る舞う人も、先のブラウンの例のように、決して、確固として動じない性向を保って行為をしているわけではない。アリストテレスによれば、勇気ある人を含む有徳な人は、一般に「確固として動じない性向を保ってその行為を為す」[40]ものである。この「性向」という言葉は、日本語としては聞き慣れない言葉かもしれないが、ある状況に出くわしたときに一定の行為をするという傾向性のことを意味している。この「性向」は、古典ギリシア語では「持つ」から派生した「ヘクシス」という言葉で表現される。それは、繰り返し行為を行うことで、その人のうちに一定の「持ち前」が生じた状態である。有徳な人のうちには、この「性向」が形成されており、その性向は、「確固たるもの」で「動じないもの」である。勇気ある人を含めた有徳な人は、同じような場面に出くわしたときに、いつも同じように一貫性を持って行為することができる。私たちはそこに「確固とした」あり方を見ることができる。周囲の人からすれば、そうした一貫性を持っているからこそ、その点で信頼することができるし、当てにすることができる。また、「動じない」というのは、「揺るぎない」と考えればよりわかりやすいかもしれない。これは、過度な情念に駆られて行為に促されることがなく、分別の声に従えている中間的な状態であることを意味する。それゆえ、困難な状況でも容易な状況でも、有徳に行為することができる。その意味で、有徳な人の性向は揺らぐことがないのである。こうした有徳な人の特徴の一つである「確固として動じない性向」は、（4）優位性による勇敢に振る舞う人も、（5）激情から生じる勇敢に振る舞う人も、持っていないものなのである。

最後に、(6)「楽観主義的な勇気」、(7)「無知による勇気」という残りの二つについては、手短にすませよう。「希望による勇気」は、楽観的な人が持つようなもので、例えば、本当はそうではないのに自分自身が一番強いと勘違いして楽観視していたり、酒を飲んで気分が大きくなっていたりする場合には、人は勇敢な振る舞いをするかもしれないが、それは自分自身を正しく認識できていないだけである。そのような勇気がいとも容易く崩れ去ってしまうのは、想像に難くない。また、「無知による勇気」は、例えば、状況をよく把握できていないがゆえに、勇敢に振る舞うが、自分たちが対峙しているその相手が大したことがないと思っていたところ、実は自分たちよりもかなり格上だったことを知って怖気づいてしまうことがある。この場合も、やはり「真の勇気」とは言えないだろう。[41]こうした人々には、正しい自己認識や状況認識が欠如しているのである。反対に言えば、真に勇気ある人は、自己についても状況についても正確な認識を持っており、それに基づいて行為を選択している。

このような一見すると勇敢に見える「勇気もどき」は、「真の勇気」と比べると、さまざまな点で欠けているところがあるのがわかる。そうした事例を通じて、逆照射的に、「真の勇気」の輪郭が明らかになった。勇気ある人を含めた有徳な人は、(a)目的(動機)として行為の立派さ・美しさを目指す、(b)確固として動じない性向を持っている、(c)正確な自己認識と状況認識を備えている、といったさまざまな特徴を有しているのである。[42]

「技能」と「人柄の徳」の対比から見えてくるもの

ここまで、有徳な行為のさまざまな特徴を見てきたが、ここでは少し視点を変えて、優れた技能との対比を行うことにしたい。何のためにそんなことをするのか、と思う人もいるかもしれないが、この技能との対比を通じて、不思議な類似点が見えてくるからである。ここでは羽生善治が将棋の指し手の美しさについて語っていることがその導き手となる。

「指し手の美しさ」と「有徳な行為の美しさ」の類比性

羽生は、「将棋の指し手を決める時の大事な要素の一つに、型の美しさがあります」[43]と述べている。この美しさにはいくつか種類があり、「陣形としての伸びやかさやバランス、進展性を考慮した美しさ」と「一局面だけではなく何十手も動いてきた手順としての美しさ、流れについての美しさ」があるという。それらは個別的な状況の美しさと大局的な状況の美しさと言い換えることができるかもしれないが、そうした美しさが、将棋の指し手を選択する際に重要な要素になると羽生は考えている。反対に、歪んだ形や悪い形は、自分が避けるべきものとして、指し手を選択する際の基準になるという。こうした発言を踏まえると、一見すると不思議なことかもしれないが、「技能に基づく行為で目指される美しさ」と「有徳な行為で目指される美しさ」にある種の類比関係が見えてくる。

もちろん、そうした指し手の美しさは「将棋のルールを覚えたての時には」見えてこないもので、将棋を指していくことで段々と見えるようになってくる。それが「上達」したことの証拠になると考えられている。そして、羽生は、この指し手の「美しさ」を、古美術商が刀鑑定をする際に使用する「映《うつ》り」になぞらえて説明している。多くの刀を鑑定して、審美眼が養われることで、「映り」という独特の美しさを見られるようになるのである。もちろん、それは素人には見えない。将棋の場合も、さまざまな局面を見ていくうちに、そのうちに独特の美しさを見ることができるようになるという。これも、徳と同様で、私たちはさまざまな有徳な行為に触れることで、段々と有徳な行為の「美しさ」や「立派さ」を見られるようになる。

また、羽生は将棋における「局面の美しさ」と「全体の流れの美しさ」を分けて考えているが、それらは有徳な行為における「行為そのものの美しさ」と「人生全体の美しさ」と類比的に考えることができるだろう。それはいわば「美」を媒介した部分と全体の関係性のなかで、物事を見抜くことにもつながっているのである。

さらに、羽生は「決して勝負を度外視するわけではないですが、自分の納得できる手が指せた時には、たとえ負けても満足できます」[44]とも語っている。この満足感は自分のなかでも将棋に内的な善を発揮したことから生じるような純粋な喜びではないだろうか。そして、「美しい手」こそがこの満足感を与えてくれると言い、「毎回毎回、泥仕合では、嫌になってしまう。理想というか、ロマンティックな要素がどこかにあったほうがいいと思います」と語っている。この点にもまた、有徳な行為との類比関係を見ることができる。試合の重要な局面で技能の限りを尽くして、勇気ある立派な采配をした場合には、たとえ勝利を得られなかったとしても、そこには自分の善さを発揮した喜びが生じてくるはずである。ここにも、美しい手と立派な采配には類似性を見て取ることができるのである。

こうした一連の話のなかで羽生が述べている指し手の「美しさ」は、容姿の美しさなど、肉体的な感覚を通して見られる「美しさ」とは明らかに異なっている。将棋に熟練することや、刀鑑定に精通することで見えてくるものという意味で、理性的な能力を通してのみ観ることができるような「美しさ」である。有徳な行為の「立派さ」も、容姿などの感覚的な美しさよりも、指し手の「美しさ」や刀の「壮麗さ」に近いと言えるだろう。

正しい判断ができなくなってしまう要因

羽生善治は『大局観』という著作のなかで将棋において正しい判断ができなくなってしまう要因を語っているが[45]、実はこの点にも、人が有徳な行為をし損なってしまう場合の原因との類似点が見られる。

羽生は、まず「最善の選択や決断が思い浮かばなくてミスをしてしまうことがある」と指摘しているが、これはすでに触れた「美しい指し手」が見えていない状態で、有徳な行為で言えば、目指される目的としての「立派な行為」や「美しい行為」がどのようなものであるか見えていない状況に相当する。これらの場合、行為においても指し手においても、「目指される目的を含んだより幅広い視野を持つこと」、「物事との因果関係を見極めること」が必要になるだろう。

また、羽生は正しい指し手が見えているにもかかわらず、うまく選択できず、結果的にミスになってしまうケースについても言及している。その要因としては、「（a）個別的な状況認識が間違っている場合」と「（b）そのときの感情や心境に囚われてしまう場合」の二点を挙げている。

（a）個別的な状況認識が間違っている場合

自分の置かれている状況が正しく判断できていないとは、将棋では自分が優勢か、互角か、不利なのかがわかっていない場合や、決着をつけるにはあとどれくらいかがわかっていない場合のことである。「現在の状況と、自分の状況認識の間に、少しでもズレがあると、そこから導かれる決断にもズレが生じる可能性が高くなってしまう」[46]という。

（b）そのときの感情や心境に囚われてしまう場合

状況が自分にとって有利なことで楽観的になってしまい、詳細なところにまで考えが行き届かず、最善の手が打てなくなってしまう場合と、反対にあまりにも劣勢なことで悲観的になりすぎてしまい、思い切った手が打てなくなってしまう場合があるという。

このようにして将棋で正しい選択ができなくなってしまう二つの要因に対して、有徳な行為の場合も同じような要因が行為を誤らせてしまう原因にもなると考えられる。まず、（a）のように個別的な状況を誤ってしまうことで、自分のすべきことがわからなくなってしまうことがある。徳には個別的な状況として、相手、事柄、方法、時と場合などが関係することをすでに見てきたが、そうした状況《コンテキスト》を見誤ってしまえば、容易に間違った行為に進んでしまうだろう。例えば、勇気の場合に、自分と対等の相手だと見積もっていたが、実は自分の手には負えないような相手で、そのまま助けも呼ばず立ち向かえば、それは単なる無謀または蛮勇ということになってしまうだろう。また、（b）のようにそのときの感情に囚われれば、自分では正しいことだとわかっていても実行に移せないことがある。例えば、プレーヤーやその保護者に対して正直に意見を述べなければならないのに、「嫌われたくない」という感情から、甘い言葉を伝えてしまうことがこれに当たる。先のスミスの例では感情に囚われたものの、何とか自分の意見を言うことができたが、自分が劣勢だと思ってその感情に囚われすぎると反対意見も言えなくなってしまうのである。

　このように一流棋士の言葉を手引きとして、有徳な行為と技能に基づく営みに類比関係が成り立っていることがおわかりいただけたのではないだろうか。これは「技能からの類推《テクネー・アナロジー》」という古代ギリシアでは広く受け入れられた考え方であるが[47]、そこからさらに、技能に練習が必要なように、有徳な行為にも行為の積み重ねが必要なことが明らかになる。この点をさらに深く掘り下げてみるために、「徳の学び」の事例を見てみることにしよう。

コーチKによる徳の学びとその段階

　人はどのようにして徳を身につけることができるのか。たとえ徳が重要であっても、それを涵養する方法を知らなければ実際に徳を身につけることは難しい。

　そこでここからは、コーチKが具体的にどのように「誠実《インテグリティ》」という徳を身につけたのかを見ていくことにしたい――そのなかにはアリストテレス倫理学で語られる「徳への学び」[48]と多くの点で一致する考え方を見出すことができる。

コーチKは敬虔なカトリックの家庭で育ったことから、両親が「正しいことをするように」と常々告げるような環境のなかで誠実さを学んだ。コーチKによれば、「誠実」は、結果や報酬がどのようなものであれ、自分が正しいと思ったことを実行し、自らの倫理観を実行に移すことを意味する。こうした誠実の徳をコーチKが学んだエピソードはとても印象的である。それは一つの出来事がきっかけとなって、誠実さの重要性を知り、誠実に生きていくことを誓っているからである。

話はコーチKが子どもの頃に溯る。労働者であった父のウィリアムは、いつも仕事には作業着を身につけて行っており、帰ってくると決まってその作業着を自分のベッドルームにある椅子の背もたれにかけていた。そして、その作業着には、決まってたくさんの小銭が入っていた。それを知っていたマイク少年は、ある日、父親が見ていない隙に部屋に忍びこんで作業着のなかから小銭をわずかばかり抜き取った。そして、その小銭で食べたかったお菓子を買って、美味しくいただいたのだ。小銭はたくさん入っていたので、父親は気づかないと思ったが、次の日に父親が小銭を抜き取ったことを問い詰めてきた。すると、マイク少年は嘘をついて、小銭を取っていないと答えてしまう――盗んだことを怒られるのが嫌だったからだ。では、なぜ父親は小銭が抜き取られたことに気づいたのか。実は、その小銭のなかに、父親がとても大切にしている硬貨が混ざっていて、マイク少年が抜き取ったうちの一つがその硬貨だったからだ。結局マイク少年が抜き取ったことがばれて、父親はそのことにとても失望したと伝えた。ここで、マイク少年は二つの過ちを犯している。一つは小銭を盗んだこと、もう一つは盗んでいないと嘘をついたことである。このことによって父親を失望させてしまい、また自分自身に対してもがっかりとした気分を味わったと回顧している。コーチKは、そのとき感じた嫌な気持ち――おそらく羞恥心のような感情[49]――をずっと忘れられないと語っている一方で、そのような嫌な気持ちを二度と味わいたくないとも語っている。こうした事件をきっかけとして、コーチKは「自分の人生を誠実に生きようとして」いるという。

　このエピソードのなかには、徳の学びを考えるうえで重要な点が含まれている。まず、マイク少年が道徳的な誤りを犯してしまった原因として、お菓子を食べたいという快楽への欲求が小銭を盗むことの動機となっており、怒られたくないという感情が嘘をついた動機となっている点である。もちろん本人も、漠然と「盗みは悪いこと」「嘘をつくのは悪いこと」とわかってはいたはずであるが、快楽への欲求や怒られたくないという恐怖心から不道徳なことをしてしまった。しかし、このような事件を経て、そうした不道徳な行動によって父親も自分自身も失望させたことで自らに恥じらいの気持ちを感じて、もうそのような行為をしないと誓った。次に「お菓子を食べたい」という欲求に駆られたとしても、嫌な想いをしないように異なる行動を取るだろう。さらに、それに伴って、なぜそのような行為が悪いのかという「理由」を以前よりも実感することができたはずである。

　しかし、そのような行為の悪さの理由を実感するだけではまだ誠実になることはできない。そこには、「習慣づけ」による学びが必要になる。コーチK自身は、誠実の学びに対して次のように語っている。

> 正しいことをするのは、時間をかけて反復を繰り返すことで、だんだんと容易になります。そう

するといつの日か、誠実であることがあなたらしくあるための不可欠な要素になります。そして、その倫理観がこれから先、いつもあなたの道徳的な指針になってくれることでしょう。[50]

この一節には、より一般的な「徳の学び」について極めて重要な点が示唆されている。それは、（1）行為の反復による「習慣づけ」の意義である。また、（2）そうした習慣づけにより当該行為の遂行が容易になっていく点である。

まず、さまざまな徳を身につけるためには、技能を身につけるのと同じように、必ず当該行為を実際に行うことが必要になる。ジュリア・アナスによれば、徳と技能は同じような知的な構造を共有しており、徳を明らかにする最もよい方法として、技能に類似したものと見なすことがある。[51] ここでポイントとなるのは、有徳な行為が、技能を要する行為と多くの類似点を持っている点である。これは先に触れた「技能からの類推」と呼ばれるもので、古代ギリシアの哲学者たちにとっては馴染みの考え方であった。ただし、この場合の技能を要する行為は、「学習の必要性」や「駆り立てる向上心」と結びついているものに限られる。[52] 例えば、野球のバッティングの技能を向上させるためには実際にバッティングの練習が必要であるし、バレーボールのサーブの技能を向上させるためにはサーブの練習が必要であるが、それと同じように、勇気という徳を身につけようと思えば、勇気ある行為を積み重ねることが必要であるし、節制という徳を身につけようとすれば、節制ある行為を積み重ねる必要がある。ただ頭で理解できているだけでなく、身体を使って実際に行為することが必要なのである。マイク少年の例では、「お菓子を食べたい」という欲求に対して、それを節制できるようになることで、節制という徳への道が開けてくる。つまり、最初は、欲求が物を食べるという身体的な快楽に向かっているが、節制を積み重ねることによって段々と欲求が洗練される。そのとき、欲求は分別が告げることに従える状態になってきて、同時に、そうした快楽を差し控えることに立派さ、美しさを感じられるようになってくる。それがいわば分別と欲求の一致であり、それが完全な一致に至れば、ブラウンのように葛藤なく有徳な行為ができるようになるのである。

　そうした節制ある行為や勇気ある行為も、時間をかけて反復を繰り返すことで、だんだんと容易になるとコーチKは述べているが、それはなぜか。それは、徳を身につけていない人にとって、有徳な行為は通常苦痛を伴うものであるが、当該の行為を繰り返し行って習慣づけをすることで自らの徳を涵養すると、有徳な行為のうちには「喜び」が生じるようになるからである。この点について、アリストテレスは次のように言っている。「節制ある人は、身体的な快楽を慎むことそれ自体を喜び、勇気ある人は恐ろしいものを耐えることそれ自体を喜ぶ」のである。[53] 逆に、身体的な快楽を慎むことそれ自体が立派なものと見えていない人にとっては、そうした節制ある行為は苦痛であるし、恐ろしいものを耐えることそれ自体が立派なものと見えていない人にとっては、勇気ある行為は苦痛である。このように、行為を繰り返して習慣づいてくると段々とその人のうちに一定の性向が形成されていき、そうした行為そのものが喜びをもたらすことになる。この喜びこそが当該行為が段々と容易になっていくことの原因である。また、習慣づけによっては、単に行為そのものが容易になるだけではなく、その行為が本当の意味で美しいもの、立派なものであることを認識できるようになる。マイク少年の例で言えば、誠実であることが立派なことであるとなんとなくわかっていたが、自らが誠実であることを積み重ねることで、そうした「誠実であることは立派なこと（美しいこと）」という道徳的な事実がより強固な考えとして自らのうちに根づいていった。これは、規則という外的な力によって行動を制御されている状態ではなく、自らのうちに徳性という規範が内在化した状態を意味している。さらに、その規範はコーチKが言うところの倫理観に相当するものであり、行為の道徳的な指針となる。この道徳的な指針は、思慮と結びつくことで、私たちを有徳な行為へと導くことになる。つまり、この段階では、ただ表面的に有徳な行為を行うのではなく、思慮を通じて実践的推論を行って、さまざまな選択肢の中から徳にかなった行為を選択できるようになるのである。もちろん、このときその目的となっているのは有徳な行為そのものの立派さにほかならない。ここに思慮と人柄の徳のつながりがはっきりと見えてくる。つまり、それこそが「思慮がなければ本来のあり方における善き人（＝有徳な人）であることはできず、また人柄の徳がなければ思慮ある人であることもできない」[54]とアリストテレスが語ったことの真意である。

そして、私たちは正しい行為をすることに喜びを感じる人を「正しい人」と呼び、気前の良い行為に喜びを感じる人を「気前のよい人」と呼び、さらに、立派な行為や美しい行為に喜びを感じる人を「善き人」と呼ぶ。[55]勇気の場合は、苦痛をもたらす恐ろしいことにも踏みとどまり、かつそのことを喜ぶか、あるいは少なくともそのことを嫌だと感じないような人が「勇気ある人」である。つまり、戦場において死や負傷を負うことは恐ろしいことではあるが、それでも勇気ある人にとっては耐えるという勇気ある行為が立派なことであり、それを実行することがその人に喜びを与える。他方で、耐えないことはその人にとって醜いことであり、苦痛をもたらすのである。

善いコーチは必ずしも「聖人」というわけではない

本章で見てきたように、善いコーチはさまざまな人柄の徳を備えているという意味で有徳であるが、聖人でなければならないというわけではない。つまり、私たち人間のレベルを超えるような、異次元の存在でなければならないというわけではない。この点について最後に補足しておこう。

聖人は狭義にはキリスト教で「神の恩恵を特に豊かに受け、キリスト者として優れた生き方と死に方をし、教会によって崇敬に値する者と判断された人々」と考えられており[56]、殉教者、修道者、司祭、聖なる君主、神秘体験に恵まれた女性たちなどが含まれる。日本に関係する者では、聖フランシスコ・ザビエルなどが聖人と見なされている[57]。しかし、もっと一般的に世間で考えられている「聖人」と言えば、例えば、イエス・キリスト、ソクラテス、仏陀、孔子などが挙げられる。こうした人たちが「聖人」とされるのは、何か人並みはずれた偉大な行いをしたと考えられているからである。それに加えて、何か道徳的に非の打ち所がない人物と見なされているからである。アリストテレスは、劣悪な側面である「悪徳」と「獣性」に対して、「徳」と「英雄的で神的な徳」を置いている[58]。人間が通常持ちうるような徳を超えたところで、ホメロスの『イリアス』に出てくるヘクトルのように、神々のような英雄的存在になるというのである。

もちろんスポーツの世界でも「神」といった言葉はよく使われる。NBAの往年の名選手ラリー・バードが「あれは、マイケル・ジョーダンの姿をした神だ」[59]と評したことは有名であろう。そこから日本では「神様ジョーダン」といった名称がよく聞かれる。確かにマイケル・ジョーダンのプレーは他のプレーヤーを凌駕する超人的なものであるが、それは極めて一面的であり、人生全体や人柄から見ると、ジョーダンは決して「神」ではない。彼の伝記を紐解けばすぐに明らかになるように、自らの抑えきれない闘争本能によってチームメイトを怒鳴りつけたり、トラッシュトークが発展して殴打を見舞ったりするなど、さまざまな非道徳的——あるいは人間的——とも言えるような行為を行っていた。[60]その意味で、マイケル・ジョーダンも一人の「人間」なのである。

これと同様に、多くの「聖人」と思われているコーチたちも、コートやフィールド上では類まれな指揮や指導能力によって「神のごとき」采配を振ることもあるかもしれないが、その一方で、長い人生のなかではさまざまなミスを犯し、ときには何らかの大きな誤りを犯してしまうこともあるかもしれない。しかし、そのような人間であっても、コーチは有徳であることができる。それでも、もちろん有徳さにも度合いはある。それはさまざまな技能と類比的に考えることができる。例えば、ピアニストの辻井伸行やフジコ・ヘミングなど、最高峰の技能を持つ人だけを「ピアノ演奏の技能を持つ人」と見なして、そうでない人は技能を持っていないと見なすということはない。他のプロ演奏家やピアノ先生も「技能を持つ人」と考える。同じように、完全無欠な諸徳を備えた聖人には及ばなくても、徳を備えた人であれば、私たちは「有徳である」、「善き人である」と見なすことができる。[61]さらにそれと同じように、善いコーチといった場合にも、その有徳さにはさまざまな度合いがあると考えられるし、そう考えるべきである。それでも、有徳さに度合いがあるとは言え、善いコーチが有徳であるからには、自ら選択して、進んで悪徳に手を染めるようなことは決してないのである。

第8章　コーチとアスリートの関係性——友愛と人間観

ちょうど植物が成長するために日光、水、良い土壌を必要とするように、人には愛と仕事と自分よりも大きな何かとのつながりが必要だ。あなたと他者、あなたと仕事、そしてあなたとそれよりも大きな何かとのあいだに正しい関係性を築くように努力することには価値がある。もしこれらの正しい関係を得られれば、人生の目的と意味の感覚はおのずと湧いてくるだろう。[1]（ジョナサン・ハイト）

コーチとアスリートのしかるべき関係性を考えるために

本章では、コーチとアスリートの関係性を取り上げる。しかし、その「しかるべき関係性」について考えてみようとすれば、それは簡単ではない。コーチとアスリートの関係性といっても、私たちが経験する関係性にはすでにさまざまな要素が入り込んでしまっているので、それらを一旦括弧にくくって、そのしかるべきあり方を考えようとしても、どうしても自分自身の経験やこれまでの慣習に引っ張られてしまうからである。

そこでまず、文化的な側面を考えてみよう。日本や東アジア諸国のように、年長者を敬う社会で、それに伴って上下関係が厳しい社会では、教師と生徒の上下関係が形式的にも実質的にもいわば当然のものと考えられているように、コーチとアスリートの関係も同じように「上下関係」で考えられることが多い[2]。これは主として学校の部活動で教師が指導者を務め、学生が選手を務めている事実が大きく影響していると推測される。しかし、これはコーチとアスリートの本来的な関係性に沿ったものであろうか。もしかすると単に相対的な文化的要因が色濃く反映されているだけにすぎないかもしれない。というのも、海外ではコーチとアスリートがお互いを名前《ファーストネーム》で呼び合う文化圏もあり、私自身の実体験では、コーチとアスリートの関係性もよりフラットなものだったからだ。

また、日本では、役職や地位を重要なものと見なして、相手を役職や地位で呼ぶ文化があり、それがコーチとアスリートの関係性に影響を与えているとも考えられる。この点について、ソフトボールの宇津木妙子は、「監督と選手が対等であるかのような呼び方はいけない[3]」からという理由で、自分のことを「宇津木さん」ではなく、敢えて「監督」と呼ばせていたと述べている。こうした監督と選手という立場には、もともと対等ではない関係性が含まれているという考え方が前提となっており、そのことをよりはっきりとさせるために役職で呼ばせていたのであろう。しかし、その一方でこうした考え方は、明確な根拠がなく、とても表面的に見える。なぜなら、確かに監督は役割として相手に対して指示を出すものではあるが、そこに対等でない関係性は必ずしも含まれていないと考えられるからである。それでも、その関係性のうちには、「上下関係」や「対等ではない関係」が分かちがたく結びつけられている。しかも、その関係性からは、無条件的な服従が生み出されることが多い。そうした関係性があることで、コーチはその権威や権限を利用すれば相手を簡単に従わせることができるし、その場合、「命じる」というアプローチだけを使っていればよいような環境を作り出すことができる。そうした関係性のなかでは、アスリートはコーチの言葉を一方的に聞くだけになりがちである。しかし、現実問題としては、そうした無条件的な服従があるような関係性のうちでこそ暴力的指導といったコーチングに関わるさまざまな社会問題が起こっているように思われる。確かに文化や伝統を重んじることは大切であるが、その無批判的な受容はかえって自己都合のために利用されることにもつながりかねない。だからこそ、そうした上下関係や対等ではない関係を絶対視せずに、コーチとアスリートの本来的な関係性はどのようなものなのかと私たちが問うことには意味がある。そこで、コーチとアスリートのもっと本質的な部分に注目してみたい。

まず、コーチとアスリートであっても、お互いに人間であるという側面に目を向ければ、その関係性は基本的に対等ではないだろうか。もちろん、そうした関係性のうちでも年長者を敬う文化は両立可能である。加えて、コーチングの定義に基づいて考えてみると、アスリートには「競技をする役割——つまり自らの卓越性を発揮するという役割」があり、コーチには「コーチングをする役割——つまりアスリートが卓越性を発揮できるように働きかけるという役割」があるように、本来的にはただ単にそれぞれ役割が異なるだけで、その関係性には上下関係は含まれていないと言えるだろう。確かに、コーチのほうが競技の専門的知識や長年の経験があり、一定の優位性がある場合が多い。しかし、その一方でアスリートの側にも競技をまさにやっているという実感や感覚がある。このように考えると、アスリートの側にもコーチの側にも、それぞれ尊重すべき固有の要素が備わっていると言える。そして、より根本的なところに目を向ければ、そもそもコーチがコーチであることができるのは、そこにアスリートがいて、チームがあり、さらに勝敗を競い合う試合が行われるという事実があるからである。言い換えれば、コーチという立場自体がアスリートなしには成立しないのである。その意味で、本来的には、コーチのほうがプレーヤーの存在に拠っているのである。上下関係を当然のものと考えたり、対等ではない関係を普通なことだと考えたりするコーチたちには、この「コーチの存在論」とも言うべき視点が欠如しているのではないだろうか。なかには、自分のもとからアスリートが去ることを何とも思わず、いくらでも替えがきくとさえ思っているコーチもいるだろう。しかし、結局そのように考えるコーチは、アスリートを手段としか見なしておらず、コーチとアスリートの本来的な関係性を正しく理解できていないのである。

これに対して、コーチの側でプレーヤーとの関係性について配慮することもある。私のコーチデベロッパー仲間で、ポジティブ教育学の研究者であるスティーブン・ハーヴィーのコーチング現場を見学したときに、彼が小学一年生のサッカープレーヤーたちに対して地面に膝をつけて、敢えて同じ目線になるようにして語りかけている姿を目にした。この点について彼は、コーチという「役職」とアスリートとの「年齢差」があることで、どうしてもコーチとアスリートの間には一種の上下関係のようなものができてしまいがちであるが、アスリートが自分自身で学ぶことを第一に考えれば、そうした関係性は余計なものになってしまうことがあるし、コーチの心がけでお互いがその関係性をより対等に近いものに感じられるようにできるならそうしたほうがいいのでは、という趣旨のことを語っていた。この中では、そもそもコーチとアスリートの関係性が何のためにあるのかが中心に考えられている。

具体的なコーチングのやり方や方法論としては、アスリートがもつさまざまな特性に応じて変化させるべきである。例えば、性別、年齢や世代、障がいの有無、アマチュアとプロ、レクリエーションと競技など、それぞれのコーチング文脈《コンテキスト》に応じてコーチのアスリートに対する具体的な指導法も異なるだろう。また、競技特性からも考えても、個人競技におけるコーチングと集団競技におけるコーチングでは、アプローチの仕方は異なるはずだ。単純に考えて、一対一のコーチングと一対多のコーチングであれば、その時間的な制約からアプローチも全く同じというわけにはいかないと推測できる——もちろん、一対多のコーチングのなかでもコーチの側でできる限り一対一のコーチングを心がけることは可能である。[4] それでも、こうしたコーチングの方法論はアスリートの特性や目的に応じて変化させるべきであるが、その一方で、コーチとアスリートの関係性は対等な人間同士にふさわしいものであるべきだろう。

コーチとアスリートの関係性や接し方については前提として以上のように考えられる。では「善いコーチ」であれば、アスリートを対等な人間としてどのような存在であると考えて、どのような関係性を築こうとするだろうか。本章でも、これまでと同様に、「善いコーチ」という観点から考えていくことにしたい。その際、とりわけ「友愛」と「人間観」と「徳」に焦点を絞って見ていくことにしよう。

アリストテレスの友愛論から関係性を考える

善いコーチとアスリートの関係性を考えるうえでその土台を提供してくれるのは、アリストテレスが述べている「友愛《フィリア》」という概念である。

アリストテレスは善く生きることを主題とした『ニコマコス倫理学』のなかで、実に五分の一を友愛論にあてている。私たちの感覚からすれば、倫理学のなかで友愛の語られる余地があるのかと疑問に思われるかもしれないが、人が善く生きるためにある種の「友愛」は欠かすことができないと考えられている。アリストテレスの人間観では、人間は自然本性的に人々の間で生きる存在であり、単独で生きるのは人間より優れた神か人間よりも劣った野獣だけである。「人間は生まれつき国家《ポリス》を形成する動物である」[5]というアリストテレスの有名な言葉は、その意味で語られている。しかし、この言葉は、単に人間は生きるために他者を必要とするという消極的な意味だけでなく、善く生きるためにこそ共同体のなかで優れた人々と共に生きていくことが必要だとする積極的な意味も持っている。そして、その善く生きるためにこそある種の友愛が必要になるわけだが、この点についてアリストテレスが友愛そのものには三つの種類があると分析していることを見てみよう。

まず、「快に基づく友愛」がある。例えば、あなたがある友人と一緒にいるのはなぜかと聞かれて、「その人と一緒にいると楽しいからだ」と答えれば、それはこの快に基づく友愛ということになる。[6]面白い友人がいたとして、その友人と付き合うのが自分にとって面白いからという理由であれば、「面白い」という要素が二人を結びつけているのである。そして、アリストテレスの見立てでは、若い人たちの友人関係はほとんどがこれにあてはまる。というのも、若い人たちは多くの場合、自分の感情に従って生きており、それは友人との交際も同じだからである。ただし、この友人関係には変化がつきものである。自分にとって何が快いかは年齢が上がっていくとともに変化するので、快に基づく友愛では相手も変化していくことになるのである。[7] また、恋人同士の関係もこの種の友愛に含まれ、相手の容姿を好んで付き合っていた場合でも、その容姿が変わってしまうことで自分にとって快い相手ではなくなってしまえば、その友愛関係も終わってしまうとアリストテレスは指摘している。[8] スポーツの場面で言えば、レクリエーションスポーツを一緒に楽しむ間柄はこの「快に基づく友愛」と言ってよいだろう。それは主に一緒にスポーツを楽しむ人たちの間柄であるが、レクリエーションのコーチなどもここに含まれる。お互いにとっての快いものを与え合う限りで、この友愛関係は成立しているのである。

もう一つの形態として「有用性に基づく友愛」がある。この友愛関係では、あなたがある友人と一緒にいるのはなぜかと聞かれて、「その人と一緒にいると何らかのよいものを手に入れることができるからだ」と答えれば、有用性に基づく友愛ということになる――もちろん実際の場面ではそんなにはっきりとは答えないだろうが。[9] これは現代で言えば、仕事やビジネス上の付き合いを考えるとわかりやすい。ビジネス上の付き合いは相手が自分に利益を与えてくれる限りで成立するものであり、もはや相手が自分に利益を与えてくれなくなったらそうした関係性はなくなってしまうだろう。その意味でこの友愛関係の人たちを「友人」と言うのも少し違和感があるのも当然である。また、自分が他の会社に移るなどした場合は、それまでの取引先の同じ相手がもはや利益を与えてくれる存在ではなくなってしまうことがある。そうなった場合、有用性に基づく友愛は終わりを告げる。ただし、それでもまた交友関係が続けば、それはそれ以外の種類の友愛に基づくものに移行したことになるだろう。また、有用性に基づく友愛関係は、さらに大きな枠組みから見た場合の共同関係のうちにも見られる。例えば、一つの船で航海をする船乗りたちは、航海することによって財貨を獲得したり何らかの儲けを上げたりするという共通の利益を持っているし、また戦場で戦う傭兵たちも戦争での勝利や金銭といった共通の利益を目指して共に戦うことがある。このような関係性を踏まえると、スポーツのチームも、共通の目的を持つ人たちの集まりという意味では、基本的に、この種の有用性に基づく友愛に含まれると言えるだろう。アスリートは自分の卓越性を高めるためにコーチを必要とするし、コーチのほうでもコーチングにおいて自らの卓越性を発揮するためにアスリートを必要としているからである。お互いが自分たちによいものを与え合っている限りでこの友愛関係は成立している。この関係性は、それぞれの役割を十全に果たし続けることで、安定したものとなる。

アリストテレスによれば、ここまでに触れてきた「快に基づく友愛」も「有用性に基づく友愛」もその人たちの人柄がどのようなものであれ成立しうるものであるが、場合によってはその関係性は長く続かないかもしれない。例えば、卑劣な犯罪を働く者たちでもお互いに利益がある限りで徒党を組むこともある。これは有用性に基づく友愛に相当するが、そのような人々は相手の不正で自分の利益に与れない場合には、すぐに仲違いをすることになるだろう。コーチングで言えば、アスリートは純粋に自らの能力を向上させるためにコーチを必要としているのに対して、コーチの側で自らの役割をしっかりと果たしているものの、自らの欲望を満たすためにコーチングをしていたり、自分の名誉や金銭を獲得するためだけにコーチングをしていたりする場合も考えられる。こうした関係性は本来歪んだものであり、コーチが名誉欲や金銭欲を優先させて、コーチングをおろそかにしたり、コーチングに不正な手段を持ち込めば、アスリートはその関係性を解消したいと思うに違いない――ただし、スポーツの現場ではアスリートの立場のほうが弱くその関係性を容易に解消することができないというジレンマが存在する。

それに対して、アリストテレスが「善に基づく友愛」と呼ぶものがある。[10] アリストテレスにとってはこの第三の形態の友愛こそが、その安定性と持続性ゆえに真の友愛にふさわしいものである。これは先に言われたような劣悪な人柄（悪徳）を持つ人たちの間でも成立する友愛とは異なって、優れた人柄（徳）を持つ人たちの友愛である。[11] その意味で、「徳に基づく友愛」とも言うことができる。[12] ここでポイントになるのは、それぞれの人たちがもつ優れた人柄、つまり、これまでに何度も論じられてきた人柄の「徳」や「卓越性」は、それ自体で求められる対象になるという点である。そうした優れた人柄を持つ善き人たちは、その人柄に基づいてお互いの善を願い合う。[13] その場合、先に言われたような快や有用性のように、何かその人に付帯的に備わっている要素ではなく、その人自身が持っている性格特性を愛しているということになる。そして、そうした善き人々が持っている優れた性格特性は安定した持続的なものである限りで、それに基づく友愛も同じように安定した持続的なものとなる。[14] というのも、優れた性格特性を持っている人は、相手に対して何か劣悪なことをすることはないだろうし、相手が何か優れた偉業を達成したとしても妬むことがないからである。むしろ、どんなときでも思いやりを持って、誠実に、穏和に、公平に接することだろう。だからこそ、そこには本当の意味での「信頼関係」が成立する。[15] さらに、こうした優れた人柄は、相手にとって快いものであり、ときとして有用性ももたらすものである。その意味で、「善（徳）に基づく友愛」のうちには、快や有用性も付随して生じてくると言える。その一方で、この種の友愛は稀にしか存在しないとアリストテレスは指摘している。そもそも優れた人柄を持っている善き人がそれほど多くないうえに、本当に相手の人柄を知るにはそれ相応の時間も必要になるからである。しかし、スポーツで直面するさまざまな場面では、自らの人柄を洗練することができ、またそのなかでは多くの時間を共有することになるから、スポーツは日常的な生活と比較すると、ある意味では、この「善（徳）に基づく友愛」が生じやすい環境でもある。

こうした三種類の友愛を考慮に入れると、スポーツにおけるコーチとアスリートの関係は基本的には自らの成長を中心的な目的として、勝利や名誉や財の獲得が付帯する「有用性に基づく友愛」ということになる。[16] また、すでに述べたように、楽しみのために集まっているレクリエーションや同好会チームならば「快に基づく友愛」が成立していることになるだろう。

しかし、スポーツという場が徳を向上させる場としてうまく機能する場合には、そうした単なる「有用性に基づく友愛」が「徳に基づく友愛」に変化する可能性があることも指摘しておかなければならない。確かに、チームスポーツであれ、個人スポーツであれ、最初にコーチとアスリートがその関係性を構築するのは、自らの競技力を向上させるためや自らの技能や善さを発揮するため、あるいは、勝利や名誉といった共通の目的を目指してのことである。その意味で、その関係性がお互いに有用性を求めたものであるのは自然である。しかし、スポーツという場においてアスリートもコーチも自らの技能のみならず、人柄も磨くことができるならば、それによって関係性が「徳に基づく友愛」に昇華することも十分に考えられる。ただそれでも、成人のコーチと小学生のアスリートの場合には、対等な関係を築き上げることは実際問題として簡単ではなく、成人と同様の優れた人柄を小学生が身につけることも現実ではまずありえない。[17] 本当の意味で人柄の徳を身につけるためには長年の習慣づけと思慮を必要とするからである。そうすると、最初のうちの関係性は、有用性に基づく友愛であるかもしれないが、アスリートが時間をかけて人間的に成長した暁には、その関係性もまた別の形態を取りうるということになる。何よりコーチはその成長に大きな影響を及ぼすことができる。そうしたコーチの働きかけがうまくいけば、「有用性に基づいた友愛」から「徳に基づく友愛」が生じることも十分に考えられるのである。その見込みがあるのであれば、コーチたちはアスリートとの間でそうした友愛を築き上げることを目指すべきだろう——現実には、アスリートと接することでコーチの人柄のほうが向上するという事態も十分に考えられる。[18] そして、こうした関係性のうちにこそ、「善いコーチは〔アスリートの〕人生を変えることができる」という言葉の本質的な部分がある。もしかすると、そうした「徳に基づく友愛」が生じるのは、アスリートが卒業してチームを去ったり、引退したりして、コーチとアスリートという関係性がなくなった後かもしれないが、それぞれの人柄の徳に基づいてその後も交流を重ねる限り、その友愛は長きに渡り続いていくはずである。そのなかではスポーツの場に限定されず、本当の意味で「共に生きること」[19] が実現するだろう。

「徳に基づく友愛」の前提となる人間観

このようにして、「徳に基づく友愛」がスポーツの範囲を超えて、人生という大きな枠組みのなかでより善い生き方のなかに位置づけられることを見てきたが、「有用性に基づく友愛」から始まって、そうした「徳に基づく友愛」を築くにあたり基盤となるコーチの人間観を示しておきたい。それはコーチがアスリートのことを、徳を身につけられる存在（つまり潜在的に徳を持っている存在、有徳な人の「可能態」）だと見なすことである。最初はさまざまな徳に似ていながらも未発達な性格特性をもっているだけかもしれないが、アスリートはスポーツという場を通じて誰もが習慣づけによって人柄の徳を身につけることができる。それは何よりアスリートが「人間」だからである。さらに、人生というより大きな視点から見れば、アスリートはさまざまな段階と経験を経て十全に理性を備えた人間になることができる存在でもある。こうした人間観こそが、徳に基づく友愛という関係性を築き上げるための大前提であり、出発点となる。もちろん、現実に人柄の徳を身につけるためには、アスリートの側で適切な習慣づけと思慮の涵養が必要になることは言うまでもない。そこでコーチとしても、そうした徳を身につけた姿を常に念頭に置いて、アスリートに接して、コーチングも行う必要があるだろう――ただし、成人のアスリートを対象としたカテゴリーでコーチングをしているのであれば、すでにアスリートが人柄の徳を身につけていることも十分に考えられる。

それと同時に、コーチはアスリートを人生という大きな視点から見るべきである。コーチとしては、とりわけユース世代のプレーヤーたちをコーチングしている場合に、相手が潜在的に大人であること、つまり将来大人になることを決して忘れてはならない。ユース世代のアスリートは、大人の「可能態《デュナミス》」なのである。多くのスポーツ競技では、小学校、中学校、高校、大学というカテゴリーごとに分かれており、そのなかで競い合うことが求められている。しかしこのようなカテゴリーに分かれていることで、現実には問題も生じてしまう。例えば、少年野球、ユースサッカー、ミニバスケットボールでは、コーチや保護者たちが小学生のうちに結果を出すことを求めることがある。また、中学生のときに注目されれば強豪高校へ進学できる可能性が出てくることから、中学時代に結果を求めるコーチや保護者たちもいるだろう。一つのカテゴリーのなかでの結果を追い求めすぎると、そこからさまざまな無理が生じてしまうのは容易に想像がつく。そのように無理が生じても、結局は誰も責任をとってくれず、不利益を被るのは常に当のアスリートである。また、高校野球では、甲子園に出場するために、さらにそこで優れた成績を挙げるために高校という限られた時間を無限に引き伸ばすべく、気の遠くなるほど長い練習時間が設定されることもあるだろう。しかし、それがそのアスリートの最大の卓越性の発揮にどれくらい寄与しているのだろうか。どんなプレーヤーであれ、そのカテゴリーを終えた後に、さらに上のカテゴリーでもプレーを続ける可能性を秘めている。基本的に、さらに上のカテゴリーでこそ、より一層卓越性を発揮することができるだろう。しかし、多くのコーチたちがそれを頭ではわかっていても、現実には限りある時間のなかで目の前の結果だけを求めてしまう。そのときコーチはアスリートが「可能態《デュナミス》」であることを思い出してもらいたい。そのときにこそ、アスリートの人生というより大きな視点から考えることができるだろう。

善いコーチは、このような人間観を踏まえたうえでアスリートとの友愛を築いていき、アスリートが自らの卓越性を発揮できるように働きかけるのである。反対に、そのような人間観を重んじずに、アスリートを他律的な人間にしてしまったとき、コーチとアスリートの関係性がどのような方向に向かうのかを、次に確認しておきたい。

「信頼関係があれば体罰は許される」の不条理

そこで手がかりとしたいのは、「信頼関係があれば体罰は許される」というコーチの考え方である。幸いなことに、最近はあまり聞かれなくなってきた言葉ではあるが、体罰を行っているコーチの常套句である。しかし、よく考えてみるとすぐに明らかになるように、信頼関係があれば体罰も許されるという主張はそれ自体として明らかな矛盾を含んでいる。

そのような主張をするコーチたちは、体罰という名の暴力的な指導を使って、プレーヤーに厳しく接する。もちろんそのコーチの内にはプレーヤーに伸びてもらいたいという気持ちもあるのかもしれないが、それと同時に他の考え方も同居してしまっている。つまり、「このプレーヤーは自分自身では厳しくできないから、自分が代わりに厳しくしてやろう」という考えが含まれているのである。それがさらに行き過ぎると「暴力という外的な力によって強制するしかない」という考え方になってしまう可能性がある。では、プレーヤーのほうはどうであろうか。おそらく「自分自身では厳しくできないから、コーチに厳しくしてもらいたい」と心のどこかで思っている。それがさらに行きすぎると「強くなれるなら殴られても仕方ない」と思うようになるだろう。こうしたコーチとプレーヤーの考え方の構図からすれば、体罰や暴力的な指導をする時点で、そもそものコーチはプレーヤーのことを理性ある人間として見なしていないし、信頼してもいないと考えられる。そこには本当の意味での信頼関係はなく、緩やかな暗黙の了解があるだけだろう。

何より、体罰のある関係性のうちに信頼関係などないと断言できるのは、そのような身体に苦痛を与える指導法によってアスリートのなかに生み出されてしまう感情が関係しているからである。つまり、体罰によって、アスリートのなかに不可避的に恐れが生み出されてしまうのである。その場合に、体罰を行うコーチの方では、アスリートに恐れを抱かせる暴力的な指導をすることでしかその力を引き出すことができないと考えるのであれば、アスリート自身の主体性や自主性やモチベーションを本当の意味では信頼していないということになる。他方で、アスリートの側は暴力的な指導が嫌な場合でも、それをコーチに伝えることができないとすれば、そこには明らかに本当の意味での「信頼関係」などないだろう。むしろ、そこには自分自身の利益のために利用し合う利己的な関係性しかない。

このように考えると、「信頼関係があるから体罰が許される」という主張は、自己矛盾を含んだ、極めて不条理な主張にほかならないということになるのである。

自律や主体性を大切にするコーチング

ここではさらに暴力的な指導の負の側面として自律や主体性を奪ってしまう点をさらに掘り下げてみたい。この考察に大前提としてあるのは、体罰が暴力や虐待と何ら変わらないものとしてそれ自体悪だという考えや、法律や人権の観点から許されない行為だという考えである。しかし、ここでさらに大きな問題点として指摘しておきたいのは、体罰という暴力的な指導によって、アスリートの自律や主体性が奪われ、ひいてはアスリートが人間的な理性を涵養することが極めて困難になってしまう点である。これは、本書第2章で言われたように、「善いコーチ」が人生をより善いものに変えるのに対して、「劣悪なコーチ」がその言動によりアスリートの人生をより悪しきものにして、台無しにしてしまうことにもつながっているのである。

確かに、体罰という暴力的手法で表向きにはプレーヤーを従わせることで、ある種の姿勢を涵養することが可能であるが、その一方で、アスリートのうちには何をするにも「殴られたくない」「怒られたくない」という理由が常につきまとうようになる。例えば、バレーボールの益子直美は、「指導者から褒められたことは覚えていないです。とにかく毎日ぶたれないように過ごすことを考えていた」[20]と回顧している。ここにはアスリートを他律的にしてしまったことが如実に表れている。しかし、そうした事態は体罰に限らず、極めて厳しい口頭の指導によっても十分に起こり得ることである。この点については、処罰されることを恐れて表向きは勇敢に振る舞う「勇気もどき」の事例を思い出してもらいたい。体罰という劣悪な方法だけでなく、口撃を含んだ極めて厳しい指導によっても、自律的な精神が育つのが妨げられてしまうのである。

コーチのうちでも競技力の向上と引き換えに、自律的な精神が育つ機会を奪ってしまう考えをいわば無意識的に持っている者がいる。例えば、コーチに叱られたときに、「「ああ、自分はなんて駄目なんだ」と思うのではなく、自分の未熟さを素直に認めて、「今度は叱られないようにしよう」と思えばいい」[21]と主張するコーチがいる。これはコーチのほうからアスリートの自律を遠ざけてしまう考え方の典型ではないだろうか。自律しているプレーヤーであれば、努力をすることで自分自身がどのようになりたいのかを主体的に考えるのであって、ミスをして「叱られないようにする」ことを目指すような、コーチに依存した他律的な考えはしないはずだ。もちろん、アスリートにも個人差があり、自律できる傾向性を持っているアスリートもいれば、人に頼ってしまいがちな傾向性を持っているアスリートもいる。それでも、人間が本来自律的で主体性をもった存在であることを考えれば、コーチとしても、アスリートのうちに「自律」と「主体性」を育くむことを考えなければならない。[22]

では、プレーヤーの「自律」や「主体性」を育てるためにはどうすればいいのか。為末大は、次のように述べている。

選手が自分で考え選べば、失敗するかもしれない。しかし失敗しないように周囲がお膳立てするよりは、人生にとってはいい。自分の人生は誰のものでもなく自分のもので、自分以外に誰も責任をとってくれない。だから自分で選んで生きていく。この感覚を伝えたくて私はコーチングをしている。[23]

プレーヤーが自分の失敗を自分自身で引き受けるからこそ、本当の意味での自律した精神を育てることができる。それに対して、善いコーチはできる限りの支援を行うだろう。ここには、「人生の現実」というより大きな枠組みから「スポーツにおける挑戦と失敗の意味」を考える視点がある。

こうした自律のススメに対して、「現場の指導によってはそんなに甘くない」と口にするコーチたちもいる。[24] 例えば、荒れている学校の顧問やコーチたちである。実際に、私自身、そのような声をこれまで幾度となく聞いてきた。確かに、コーチとアスリートの間で理性的な人間の関係性が全く成り立ちそうにない状況も考えられる。しかし、そのような状況でも身体的な苦痛を与えることによる改善しか思いつかないコーチのほうも知識や知恵が欠けているのではないかと問うことができる。

元永知宏は『殴られて野球はうまくなる⁉』という反体罰の主張を展開する著作のなかで、帝京第五高校野球部監督の小林昭則が暴力を全否定して、次のような印象的な言葉を語っていることを記している。

暴力でしか選手を抑えられないというのなら、それは指導者の問題です。その人に指導力がない証拠。もし選手が試合でミスをしたとします。それでバーンと叩いて試合に出さなかったら、その選手は不満を持って、後輩に暴力をふるうかもしれない。暴力は絶対にいけないことです。それでも、その必要があったとしたら、とことん育てるしかない。最後まで面倒を見なければならない。指導者にはその覚悟があるのでしょうか。[25]

こうした覚悟は、忍耐強くプレーヤーと接することにもつながるだろうし、さらにさまざまな方法を試してみることにもつながるだろう。例えば、本当に全く言うことを聞かないアスリートがいたら、心理療法という手法も視野に入れることができる。もし身体的な苦痛を与えることによる改善が本当に唯一の方法であるとすれば、そこには何らかの正当性が認められるかもしれないが、そのような正当性のための科学的根拠はなく、むしろ体罰のような身体的な苦痛を与える方法には悪影響を及ぼすことのほうが多いという研究もある。[26] 例えば、体罰それ自体が身体的な害悪を与えるものであるし、メンタルヘルスにも悪影響を与える。また、体罰を受けることで道徳の内在化の減少傾向や反社会的行動の増加傾向があるという悪影響も被ってしまうのである。中には、「愛情があれば体罰は許される」と主張するコーチもいるが、そのような科学的な知見に基づけば、そもそもコーチの愛情の有無が問題なのではないのはよくわかるだろう。スポーツ心理学を専門とする土屋裕睦は、「愛の鞭」は「愛の無知」というように表現しているが、[27] その表現は正鵠を射ている。「愛情」は極めて主観的な要素であり、それを根拠に体罰の許容性を考えることは不条理である。確かに、愛情を持って接することはコーチとアスリートの関係性の土台ともなりうるもので重要であるが、それが暴力的な指導法の免罪符になることは決してないのである。

　体罰を有効なものと考える傾向は経験的に自分が体罰を受けながらも優れた競技成績をあげてきたコーチに多いが、科学的な知見に基づけば総合的に悪影響のほうが大きいという現実を直視する必要がある。結局、コーチ自身が受けてきた経験をそのまま無反省に使用しているだけで、自分の思考力と創造力をフルに活用してさまざまなやり方を試すことをしていないのである。しかし、現代においては、人を育成することに関してこれまでに実施されてきたさまざまな研究の蓄積がある。例えば、心理学や教育学の研究成果があるし、さらには倫理学や宗教学から紡ぎ出された知恵もある。それらを組み合わせた、教育心理学や倫理教育といったさまざまな分野もあり、そこには果てしない叡智が築かれている。こうした叡智を紐解くことで、コーチたちは本当にさまざまな方法を学ぶことができる。自らの経験にすがった体罰の有効性はどれほどの根拠があるだろうか。むしろ、コーチ自身が確固たる知識と技能を身につけ、人柄の徳に基づいてコーチングを実践することが求められるのである。

チームの模範としての家族と部族

それではここからは、コーチとアスリートの関係性およびその接し方について具体例を見ていくことにしたい。コーチとアスリートの関係性が基本的には「有用性に基づく友愛」であることは見てきたが、これから見ていく例では、そうした関係性のなかにあっても、それを超えた「集団」になることを目指している事例である。そうした集団には、家族や部族が含まれる。日本では――現在はそうではないと信じたいが――スポーツのチームが軍隊のような統率のとれた集団を目指すことが多かったという一般通念がある。軍隊は勝利を第一の目標とした戦う集団であるが、それとは異なった家族や部族のようなチームがどのようにして成立するのかを見ていくことにしたい。

コーチKの事例：家族のようなチームを目指して

コーチKは、チームづくりをするうえで、家族のようなチームを理想として考えている。それは、どんなときでもお互いを信頼して助け合う家族のようなチームである。このようなチームになるためには、チームにいるメンバー間での関係性が重要になってくる。そして、この関係性のうちにはいくつかの要素が鍵になってくる。その一つは「愛」である。この点についてコーチKは次のように述べている。

わたしは自分の妻や娘たちを愛するようにアシスタントコーチたちや選手たちひとりひとりを愛しています。アシスタントや選手たちとともに――わたしがまさに自分の妻や家族たちと一緒にそうしているように――、わたしたちは自分たちの関係をより良くするためにいろいろと働きかけなければなりませんし、相手に自分の愛情を示す方法を見つけなければなりません。[28]

この一節で注目すべきはチームと家族を並列《パラレル》に考えていることと、たとえ愛情をもっていたとしてもそれに見合った形で示す方法が必要だという点である。そのうちでも方法論としてコーチK自身が特に重要視しているのは「コミュニケーション」である。それぞれのスポーツにおいては競技固有のスキルや戦術があるが、戦術についてのシステムと同じくらいコミュニケーションのシステムも重要になるという。それは「他人と話すときには、お互い相手の目を見て話をする」[29]といった共通認識である。しかし、そうした決まりごとのようなものがあればお互いの意思疎通《コミュニケーション》が上手くいくというわけでもないのは明らかである。

そこで、コーチKが強調しているのは、「正直」[30]という人柄の徳である。それはコミュニケーションという表面的なやり取りを支えている土台である。自分自身がこの正直という徳に基づいていついかなるときでも隠しごとをせずに相手に真実に告げることで、相手としてもこちらのことを疑ったり勘ぐったりすることはなくなる。そこにこそ迅速な意思疎通が成立するというのである。コーチがプレーヤーにとって不都合なことを告げなければ、プレーヤーは不審に思うかも知れない。例えば、プレーヤーが自分の出場機会が少ないことを気にかけて、「自分のどこが駄目なのか」と問うているのに対してコーチが「君はよく頑張っている。今のままやってくれればよい」といったことしか告げなければ、プレーヤーは自分の質問に対して正直に答えてくれていないと感じて、質問をしなくなるだろうし、そのうちコーチの言葉にも耳を傾けなくなるだろう。やはりコーチの視点から見て何か他のプレーヤーと比べて劣っているから試合に出られていないわけで、そうでなければ出場機会が与えられるべきである。また、プレーヤーが試合に出場したいからと言って、本当は痛い怪我のことをコーチに隠してプレーを続けた結果、より悪化させてしまえば、コーチとしてはそれからいつもそのプレーヤーを疑いの目で見なければならなくなってしまう。それゆえ、プレーヤーの側でも、コーチの側でも、「正直」の徳に基づいてコミュニケーションを取ることがお互いを信頼するうえで重要になってくる。そして実際、お互いが正直であることによって、そこから二人の間には本当の意味での信頼が生まれる。これはコーチとプレーヤーだけでなく、コーチ同士でもプレーヤー同士でも事情は同じである。

ただし、信頼関係が正直から築かれるといっても、そこに何ら摩擦がないわけではない。むしろ、正直であるからこそ、そこにはさまざまな「対立」も生じてくる。これは、個人競技であっても、集団競技であっても、共通に起こりえることである。この点についてコーチKは、「信頼し合える関係を構築するために欠かせないのは「対立」[31]だと強調している。つまり、コーチが他の同僚コーチに対して「十分なほど一所懸命に取り組んでいない」と対立を引き起こすような事実を指摘したり、プレーヤーに対して衝突を引き起こすような率直な言葉を言ったりするが、そうした言葉がそれぞれをよりよい状態へといざなう道を示すことを考えれば、やはりそれは必要なことなのである。

このコミュニケーションについては、コーチKの実体験で興味深いエピソードがある。[32] 練習前にチーム全体に向かって話をするコーチKは、熱の込もったスピーチがとてもうまくいったと感じていた。一五分にも及んだ「熱いスピーチ」に、プレーヤーたちも他のコーチたちもモチベーションを高めていることだろう、とコーチKは誇らしさを感じていた。しかし、その期待とは裏腹に、コートに入ったプレーヤーたちは明らかに覇気のない様子だった。どうしたものかと思い、アシスタントコーチにスピーチはよかったかと聞いてみると、「選手たちはコーチの言ったことをなにひとつ理解していないと思います」という意外な答えが返ってきた。自分ではうまくいったと思っていたコーチKは、その返答に一瞬怒りを覚えるが、コートにいるプレーヤーたちを見てみれば、それも確かに納得のいくことだった。アシスタントコーチは、その意味で「正直」だった。そこでコーチKはプレーヤーたちにも思い切ってちゃんと理解したかを尋ねてみることにした。そうすると、キャプテンのシェーン・バティエは「ほとんど理解できなかった」とこれもまた「正直」に答えてきた。コーチKからしてみれば、自分の意図に反して、他のコーチもプレーヤーたちもよくわからずに困惑していたのであれば、その困惑をしっかりと取り除くことができたことに感謝の気持ちすら感じたことだろう。そこで、自分自身の伝えたかったことを簡潔にまとめると、キャプテンに対してまた同じことが起こったらすぐに教えるように伝えて、再び練習に戻った。このエピソードには、「正直」という徳に基づいてコミュニケーションを取ることが、摩擦を生じさせながらも、結果としてよりよい方向へと向かうことをよく示している。

また、強い関係性のなかには「信頼」だけでなく、「尊敬の念《リスペクト》」もあるべきだとコーチKは主張する。この尊敬の念を持つためには、まず相手のよさに気づく必要がある。人は人間として一人ひとり尊厳を持っており、確かにそれも尊重に値するものであるが、それ以上に、その人にしかないものを持っている相手や自分がないものを持っている相手に対して尊敬の念を抱くだろう。コーチKが敬意を抱いている人として例に挙げているのは、デューク大学の体育館で管理人をしているウィリアムズという人物である。[33] ウィリアムズは、自分たちのチームが使っているロッカーの清掃も請け負っており、その仕事に対して誇りを持って、いつも高い意識で臨んでいた。コーチKはいつもその姿に尊敬の念を抱いていたという。こうした尊敬の念は、アスリートに対しても、他のコーチたちに対しても向けられる。

そうしてチーム内での関係性が強くなっていくと、そこに「絆」が生まれてくることになる。ただし、その絆は練習や試合やミーティングの場だけでは生まれないもので、それ以外での交流も必要になってくる。[34] コーチK自身は、機会を見つけて、学生プレーヤーたちを自宅に招き、できるだけリラックスしてもらうように心がけて、楽しいときが送れるように配慮する。[35] こういった場面では「ユーモア」のような人柄の徳も必要になってくる。[36] つまり、楽しい場面には、やはり楽しいことを言うことがふさわしいのである。ただし、「ユーモア」は、練習やミーティングでプレーヤーたちの集中力を持続させるために、ジョークを入れるといった点でも重要になってくる。その意味で、この人柄の徳も強い関係性を築きあげるうえでは無視できない性向と考えることができるだろう。

以上のようにコーチKが目指す家族のようなチームをつくるなかでは、信頼や尊敬の念や絆といったものが関係性のうちにあり、さらにそれを支える人柄の徳として「正直」や「ユーモア」が必要になることがわかる。しかし、こうした人柄の徳に基づいた関係性は、スポーツの場に限定されず、ひろく人としての関係性にまで及ぶことは想像に難くない。先に挙げたアリストテレスの友愛論における「徳に基づく友愛」は、「勇気」や「穏和」といった徳のみならず、「正直」や「ユーモア」といった徳に基づくものであると言えるだろう。

アリストテレスの社会的な徳とコーチKの説く人柄の徳

アリストテレスは、さまざまな人柄の徳のなかで私たちの日常のなかに現れてくる徳についても扱っているが、そのうちでも、とりわけ二つの徳が、コーチKが関係性を築くうえで重要だと挙げた性格特性と概ね一致している点は興味深い。この点については特に中庸の観点から補足的に説明しておくことにする。

その一つは、「へつらう人」と「目くじらをたてる人」の中間にあるような人が持っている性格特性である。[37] 人づきあいのなかで、とにかく相手を気持ちよくさせたいと思っている人は「へつらう人」であり、何らかの利益を得るためにヘコヘコする人は「取り入る人」と考えられる。そうした人々はそれぞれ悪徳を持っているが、反対に、相手が言うことになんでもかんでもいちゃもんをつける人も、「目くじらをたてる人」として悪徳を持っている。それらの中間にある性格特性を持っている人が徳を持っているが、その人は行為の立派さと有益さをしっかりと考慮に入れつつ、相手に異を唱えるべきことには異を唱え、受け入れるべきことはしっかりと受け入れる。アリストテレスの時代にはこれにぴったり対応するようなギリシア語がなく、「無名称の徳」とされているが、日本語の訳者たちは、この優れた性格特性に「篤実《とくじつ》」[38]という語をあてている。この徳を持っている人は、できるだけ人には嫌な想いをさせないように気をつけるものの、結果として何か重大なことにかかわってくる場合には、そこにある立派さと有益性を考慮に入れて、相手に異を唱えたり、相手の言っていることを受け入れなかったりするのである。アリストテレスによれば、「後の大きな快楽のために、今はわずかながらのいやな思いをさせる」[39]のである。これは先のコーチKの例で言えば、正直に自分たちの気持ちを伝えたアシスタントコーチやキャプテンのシェーン・バティエがまさに示した徳性である。また、「受け入れるべきことはしっかりと受け入れる」という点については、アシスタントコーチやバティエから指摘されたことをしっかりと受け入れたコーチKが示した徳性である。お互いがこの篤実という美徳をもって接することで、その関係性は真実によって結ばれた強固なものになるのである。

また、アリストテレスは「機知」という徳についても取り上げている。[40]この徳に対して、いつもくだらない冗談ばかり言っている人は「悪ふざけ」という悪徳を持っていることになるし、反対に自分自身で冗談も全く言わないし、他の人の冗談を聞けば機嫌を損ねるような人は、「野暮」や「堅苦しさ」といった悪徳を持っていることになる。それらの中間にある人は、適切な場で、しかるべき仕方で、冗談を言うことができる人である。この人は、下ネタのような下品な話で笑いを取るのではなく、切れのある、機知に富んだ仕方で笑いを取ることができる。これは「機知」という徳であるが、これもまたコーチKが楽しい場での重要な要素として挙げていた「ユーモア」と重ね合わせて考えることができるだろう。[41]

本書では、善いコーチに求められる人柄の徳について触れたが、こうした「篤実」や「機知《ユーモア》」といった徳も、人間としての関わり合いが不可欠であるコーチとアスリートの関係性のうちでは、当然、求められる徳と言ってよいだろう。

フィル・ジャクソンの事例：部族のようなチームを目指して

コーチKが家族のようなチームを目指したのに対して、フィル・ジャクソンは部族のようなチームを目指した。家族は血縁関係を中心としたどちらかというと同質的な人々の集まりであるのに対して、部族は共通の価値観や言語などに基づいた異質な人々の集まりと言えるだろう。さらに、理想的な部族としては、精神的に強固なつながりの共同体と言い換えることができる。そうした部族のようなチームが、実際にどのような結びつきを持っているのかを見ることで、その関係性の根幹にあるものも示すことにしたい。

そこでまず、ジャクソンが部族のようなチームを作るうえで活用している部族の基本的な性格を見てみよう。ジャクソンは、部族とスポーツのチームに共通する点として発展的な段階があると見なしている。[42] それは、(1) 自分の人生に絶望し、不良《ギャング》たちのように他者に敵意を向けずにいられない状態、(2) 自分たちを犠牲者だと見なして、積極的に物事に関心を持つことができない人たちの集まり、

（3）能力は持っているが、個々が自分の成功ばかりを求めており、孤立している状態、（4）一人称が単数ではなく複数になり、自分たちは他の集団よりも優れていると考えるような集団、（5）自他の枠を超えて人生そのものを喜ぶ人々の集まり、である。ジャクソンは、集団がそうした段階を経て、より強固な部族やスポーツのチームになることを目指すことをいわば旅路のように考えている。ただしこの五つの段階は機械的なプロセスではなく、競技の伝統的な知識のみならず「開かれた心と明晰な頭脳、人間の魂についての深い関心を必要とする神秘的な曲芸のような難事」[43]だとジャクソンは考えている。

ジャクソン自身は、さまざまな思想的背景を持っており、その思想がチーム作りにおいて大きな役割を果たしている。ジャクソンはキリスト教のなかでもペンテコステ派の信仰が篤い家庭で育った。幼い頃から特に母親から信仰を迫られるものの、それをどうしても受け入れることができず苦悩していたが、そうした苦悩を救ってくれたのがバスケットボールだった。そして、そのプレーヤー時代にジャクソンは自分自身の精神の旅を始めた。そのなかでは、仏教思想、スーフィズム、ネイティブアメリカンの思想、老子の思想、現代心理学など実に多くの思想や考え方を実践して、そのうちにあるさまざまな要素を学んで、有益だと実感したものを自らのコーチングに取り入れた。

ジャクソンのチームづくりで思想的な土台となっているのは、「規則よりも自由を重んじる」という考え方であり、その根底には、鈴木俊隆の禅仏教の思想がある。[44] 狭い庭に閉じ込められた牛は窮屈さから逃げ出そうとするが、歩き回れる広大な土地を与えれば、満足して脱走することもなくなるように、規則でプレーヤーを縛れば反発するか表面上は従うということになるだろうが、動き回る自由を与えてあげることが個々人の自律や創造力につながる。日本でも悪童として有名なデニス・ロッドマンもジャクソンのことを深く慕っていたが、自らに自由を与え、一人の大人と見なして、暖かく見守ってくれたことをその理由として挙げている――他方で、他のコーチたちはとにかく規則を強化することでロッドマンを押さえつけようとしたのでそれに対しては強く反発している。またジャクソンは、ただ自由を与えるだけでなく、さまざまな場面で、できる限り自分の持っているリーダーとしての権限をプレーヤーに委ねようとする。[45] スポーツの試合では、プレーヤーたち自身が考え、判断して、さまざまな状況を打開しなくてはならないから、そのように権限を委ねることは、スポーツ本来のあり方に即したものである。しかし、それは放任主義とも異なっている。ジャクソン自身は、放任主義にも、支配中毒にも陥らないように細心の注意を払い、また、おべっか使いにも、厳格すぎる性格にも陥らないように気をつけたうえで、プレーヤーたちが率先して中道的なリーダーシップを発揮できるように権限を委譲している。

ジャクソンはコーチとして、一風変わった環境や課題をプレーヤーたちに与えることで個々人の気づきを促し、チームとしての連帯感を高めていった。さらに、近年では珍しくなくなった仏教的な気づき《マインドフルネス》の考えを一九九〇年代から取り入れており、練習の前にチームで一緒に坐禅を行うことで、非言語的な方法を通して関係性を築こうとした。[46] また、個人のレベルでは、そうした坐禅を行うことで、プレーヤーたちはそれぞれ「今この瞬間」に集中することを学んだ。こうした坐禅の実践を通じて、チームのうちに「調和」を、自己のうちに「自律」を育てようとしたのである。

また、プレーヤーたちが自律して自由を享受できるように環境設定の点でも工夫している。[47] 例えば、文字通りに、環境を整えるという意味では、チームがビデオミーティングなどで集う部屋をネイティブアメリカンの生き方を象徴する熊の爪のネックレス、フクロウの中羽、白水牛の写真などで装飾した。このことがその部屋をチームという部族の部屋だと見なす共通認識を強めることに貢献した。[48] そこは、外部からの干渉が遮断された内なる空間でもあった。また、初回の練習時にはラインを跨いでコートに入ることでプレーヤーたちの覚悟を確かめる厳かな儀式を行った。これは、自分たちの運命がチームと共にあるという感覚をもたらした。[49] さらに、練習時に一言も発しないようにさせたり、電気を消して暗闇のなかで練習をさせたりすることもあった。そうした奇抜な方法を使うことでプレーヤーたちはそのような状況を自分たちで乗り越えなければならなくなるが、そのことを通じて主体的に考えるように促すという狙いがあった。[50] 対人競技の種目では、試合において常に予期せぬ混乱が起こりうるからそれを再現しようとしたのである。

コーチとプレーヤーの関係性、あるいはプレーヤー同士の関係性を強めるために、極めて厳しい練習を与えて、それを乗り越えさせることで強固なつながりを作ろうとするコーチがいるが、ジャクソンはそのような方法は取らない。ジャクソンは自分が築こうとした関係性について、「私は一人ひとりの選手と、互いを尊重し合い、共感し合い、信用し合った、真実の思いやりのある関係を作ろうとした」と述べているが、その鍵となったのは、「誠実さ」や「率直さ」であった。コーチがプレーヤーをごまかそうとしているとき、関係性は築くことができないと語っており、その点ではコーチKと同じような考えを持っている。それに加えてジャクソンは、関係性を築くうえで、「慈悲」の大切さを訴えている。つまり、相手がどんなに屈強な人間であろうと、「優しく思いやりに溢れたその一言二言が、人間関係にとてつもなく強い影響を与える」[51]のである。これはジャクソン自身の現役時代の体験に基づいている。自分が試合に出ることができなかったときでも、試合後にコーチが自分の元にきて自分を気にかけていることやできるだけ試合に出場させてあげられるように努めることを伝えてくれただけで、自分を一人の人間として配慮してくれているのだと感じて、それが安心につながることをよく知っていたのである。自分自身がトップアスリートとして活躍して、ほとんど挫折を知らない場合には、苦境に立たされているプレーヤーにコーチとして共感し、このような「慈悲」を持つことが難しいこともあるかもしれない。しかし、コーチは誰であれ、プレーヤーの弱い部分に自覚的になり、一人の人間として接することが重要なのである。

ただし、ここで誤解しないでもらいたいのは、ジャクソンも常に何でも受け入れるという姿勢をとっているわけでない点である。ジャクソンも自己中心的な振る舞いをするプレーヤーに対しては、そのことを鋭く指摘するし、それが言い争いに発展することもあった。ジャクソンは、プレーヤーは自分勝手なエゴではなく、「無私の精神《セルフレスネス》」を持ったときに、逆説的に自分自身の力を最大限に発揮できると考えている。自分本位にならず、チーム内での自分の役割をしっかりと果たすことが、むしろ自分を活かす近道になるからである。何より、チームにいる全員がそのような「無私の精神」に従ったとき、第四段階の「自分たちは優れている」という状態に至ることができる。それをさらに超越すると、第五段階の生きる喜びを享受するような純粋な集団へと至ることができるとジャクソンは考えている。

このジャクソンの方法の一つの難点は、そのような集団になることが簡単ではないということだろう。それは、形だけ真似ても確実にうまくいかない。つまり、形だけチームに坐禅をさせたり、チームの部屋を精神を高揚させる品々で飾ったりしても、求められる精神的なつながりは決して作り上げることができないに違いない。コーチ自身が持つ多大なる知恵と豊かな体験に基づいてこそ、こうした類のコーチングは可能になるのである。

最後にジャクソン自身の人間観を強く表す次の一節を記しておこう。

ブルズのオーナー、ジェリー・レインズドルフは、かつて私に、ほとんどの人は二つの力、つまり恐れと欲のどちらかによって動機づけられると思う、と語ったことがあった。これは、たぶん真実だろう。でも私は、人は愛によっても動機づけられると思う。本人達が認めようと認めまいと、ほとんどのバスケットボールの選手を動かしているのは、金や賞賛などではなく、バスケットボールへの愛なのである。彼らは、完全にその行為に没頭する瞬間のために生き、競争の純粋な喜びを経験するのだ。[52]

この一節に出てくる「バスケットボール」という部分には、どのようなスポーツ競技でも入れることができる。そのうえでジャクソンは、プレーヤーたちのうちに眠るそうした精神を目覚めさせて、プレーヤーたちが自然と一つになれるようにすることがコーチの仕事の一つだと力強く述べている。

以上見てきたように、ジャクソンは、「誠実さ」や「慈悲」などの徳も重要視しているが、全体として見れば、「自由」や「自律」や「調和」といった概念を根底に据えるものとして、「徳に基づく友愛」とは異なる関係性を追求しているように思われる。それは、個々の徳に基づく友愛というよりも、むしろそれぞれの関係性を結びつけている「価値に基づく友愛」と言ったほうがいいだろう。

本章後半で見てきたように、コーチKの求める家族のようなチームに対して、ジャクソンの求める部族のようなチームがあることが明らかになった。これらのチームとしての善し悪しは、何か絶対的な基準によって評価されるものではない。コーチとしてどのような価値観を持ち、どのような目的を据えて、さらにどのような基本的な方針に基づいてコーチングをするか、つまりどのような「コーチング哲学」を持つかによって、その目指すべきあり方も当然変わってくる。[53] そこには「徳」や「幸福」といった概念がコーチングに強固な基盤を与えることもあれば、もちろんそれ以外の価値に基づいたコーチングも存在する。本書では、徳と幸福に基づいた「善いコーチ」とそのコーチングのあり方を見てきた。さらに、そうしたコーチングを通じてどのようにして善く生きることができるようになるのかということについても見てきた。そうしたことを元に、自分自身のこれまでのコーチングがどのようなものであり、これからのコーチングをどうしていくべきかを考えてもらえれば幸いである。

結語

本書では、「美徳なきコーチングの時代」という現状に対して、アリストテレス倫理学の考え方に基づいて、徳を備えた「善いコーチ」がどのような存在であるか、さらにどのようにしてスポーツを通じて善く生きていくかを示してきた。これまでの議論を簡潔にまとめれば、次のようになるだろう。

まず、美徳なきコーチングの時代にあっては、悪徳を備えたコーチたち、有徳とは言えないコーチたちが多数おり、コーチング環境《コンテキスト》のなかでも勝利や名誉や快楽といった事柄が美徳よりも重んじられる傾向にある。それに対して、本書の第5章から第8章で描いた「善いコーチ」は、自らの卓越した技能や知識に基づいてコーチングを実践するが、その際、思慮と人柄の徳がその導き手となっている。また善いコーチは、競技におけるアスリートやチームの卓越性や諸徳を向上させ、発揮させることだけでなく、それを通じてアスリートの人生がより善いものとなるようにさまざまな仕方で寄与することも目指す。それと同時に、当のコーチ自身も、自らの卓越性・徳を発揮するなかで、コーチとしても人間としても善く生きることを目指す。さらに、コーチはアスリートと活動するなかで、単なる有用性に基づいた友愛のみならず、優れた人柄に基づいた友愛も築いていこうとする。何より、本書において「善いコーチ」は、単なる理想的で空疎な偶像ではなく、アリストテレスの倫理学説とコーチ

Kの実践をもとに描き出された具体性を持った規範であると同時に現実に存在しうるコーチ像でもある。

また、そうした「善いコーチ」の特徴を踏まえると、さらに踏み込んで以下の二つの点を外枠として付けくわえることができると思われる。

一つは、善いコーチはさまざまある選択肢のうちから敢えてコーチングに従事することを選択しているという点である。まず、これまで述べられた特徴から考えれば、善いコーチはどのような競技に携わったとしても、そのなかでコーチとしての自らの役割をしっかりと果たすことができるだろう。現状日本では、一人のコーチが複数のスポーツ競技に関わることは稀であるが、自分の馴染みのない競技に関わったときにこそ、コーチとしての真価が問われるものである。確かに、それぞれの競技におけるコーチングには固有の専門的知識や経験が必要になるので、それぞれの競技に適したコーチングを実践できるようになるためには、それなりの時間と試行錯誤を要する。その一方で、あらゆる競技に通じるコーチングの基盤となる人柄の徳や思慮や技能を善いコーチがすでに持ち合わせていることを考えると、当該競技に固有の専門的知識を養うことさえできれば、どのような競技であっても卓越したコーチングを行うことが可能だということになる。つまり、自らの思慮や人柄の徳に基づいて競技に対する専門的知識を学ぶことができるだろうし、それに基づいてコーチングの実践に向き合い、技能を洗練させていくのである。さらにこの考えを拡張させれば、善いコーチは、おそらくコーチング以外の仕事についたとしてもしっかりとその責務を果たすことができるはずである。そうしたなかでも敢えてコーチングに関わるとすれば、その場合、自らの思慮に基づいて人生におけるさまざまな要素を考慮に入れつつ、何より自分と自分の周りの人たちが善く生きるため、幸福になるためにはどうしたらよいかを考えて、進むべき道を選択しているだろう。善いコーチがコーチングに従事するのは、コーチングしかできないからではない。むしろ、他にもさまざまな選択肢があるなかでも、そうしたことの自分にとっての意味や意義を踏まえたうえで、積極的にコーチングを選んでいるのである。

もう一つは、善いコーチはコーチング本来の目的を理解しているがゆえに、介入としてのコーチングや、自分が積極的に関与することには固執しすぎないという点である。つまり、これは極めて逆説的であるが、コーチが自らの責務を十全に果たせば果たすほど、本来アスリートは自分自身で自らの卓越性を向上させ、発揮できるようになっていくはずであるから、善いコーチはその可能性をはっきりと自覚し、自分自身の役割が小さくなっていく方向へ向かっていくことを受け入れるのである。いわば「コーチがいらなくなること」をコーチングの究極形態として想定していると言える。もちろん、これは現実にはアスリートがどのように成長していくかとも連動しているので、あくまでコーチングの「究極形態」と言うだけにとどめるべきであろうが、こうした想定が善いコーチのうちにある以上、善いコーチは自分のコーチングがどこに向かうべきかを理解し、何がなんでも自分の手でコーチングをし続けるということには固執せず、状況に応じたしかるべき距離感を保ちつつ、アスリートの成長を見守るのである。これは「アスリート・センタード・コーチング」の考え方にも通じるものと言えるだろう。以上の二点が、これまでの善いコーチの特徴からさらに想定できることである。

さて、こうして本書を読み終えた後、本書が目指した「善いコーチ」とその卓越したコーチングのその一方で、あり方を読者の皆様が自分のなかに具体的に描き出すことができていれば幸いであるが、本書の記述内容に疑問を持った人もいるかもしれない。一つ取り上げるとすれば、本書の記述は一見すると、美徳なきコーチを非難して、排除しようとする試みにも見えてしまうかもしれない点である。しかし、そのような意図はない。むしろ、自分が美徳なきコーチに該当すると心当たりのある人にこそ、本書は必要だと思われる。さらに言えば、自分にその心当たりがあり、たびたび胸の痛い想いをしながらも、本書の文言を最後までお読みなり、この結語にたどり着いた方々がいれば、心より敬意を表すると同時に、著者として感謝したい。実のところ、アリストテレスの倫理学では、ひとたび悪徳を身につけてしまった人は、容易にそれを拭い去ることができず、徳を備えた「善き人」になる可能性も極めて低いと見積もられている。そうした考えに基づけば、美徳なきコーチになってしまえば、善いコーチになるのは極めて困難ということになるかもしれない。しかし、その可能性は完全に閉ざされているわけではない。私としては、どのような人であれ善いコーチになることができるかどうかは、年齢や経験を問わず本人次第だと考えている。もちろん、それは簡単なことではない。

一方では、若いときからさまざまな美徳の涵養に努め、その結果、順調に善いコーチになることができる人もいるかもしれないが、他方で、その道のりが比較的遅い時期にはじまり、多大なる苦労をする人もいるかもしれない。その場合、すでに何らかの悪徳を身につけてしまっていることもあるかもしれない。それでも、長い人生においては、自分の考えや精神を一変させるような大きな転機となる出来事に直面することもある。大切なのは、その転機となりうる出来事を見逃さず、真摯に向き合うことである。あるいは、まだ悪徳にはまみれていないながらも、ふとした瞬間に自分のよろしくない言動にこのままではいけないと気がついて、現状を変えることを強く決意し、自分自身に対する後悔や他者に対する羞恥心に苛まれつつも、少しずつ自分の考えと言動を改善していくこともあるだろう。本書の序章では、「人はみな祖父伝来のものではなく、善いものを求めている」[1]というアリストテレスの言葉を指針として紹介した。この言葉は私たち人間の本性を述べたものであるが、極めて広い射程を持っており、そこには一人ひとりのうちに備わっている善いものへの本性的な欲求も含まれていると解釈できる。その意味で、たとえ一時的に仕方なく美徳なきコーチングをしてしまっている人であっても、そのことに後悔の念や羞恥心を感じて、自分のうちにある善への欲求に従おうとする限り、善いコーチへの道は常にひらかれているはずである。そのとき、周囲からの理解と支援は大きな力となるだろう。

ただし、善いコーチになるために支援を必要としているのは美徳なきコーチだけではない。どのようなコーチであれ、自分だけで善いコーチになるのは簡単なことではないのである。その途上では、アスリートとその保護者の理解のみならず、コーチングの関係者、特にコーチを採用する側、コーチを雇う側、コーチを配置する側での理解、慧眼、配慮、期待が必要不可欠である。

この点については、コーチKにも有名なエピソードがある。[2]それは、コーチK自身がデューク大学でコーチングを始めた最初の数年間、良い成績が残せずに苦労していたときの話である。チームは三八勝四七敗と低迷しており、それを見た周囲の人たちは「あんなコーチ、解雇してしまえ」と公然と批判していたという。それでも、コーチの人事権を持っていたトム・バッターズという大学体育局《アスレティックデパートメント》のディレクターがコーチKの人柄とコーチングの手腕を見抜き、それを信じて職務を託したのである。そのおかげで、コーチKはコーチの職を失うことなく、その数年後には、コーチとして大きな成功を遂げることができた。最初の数年間で、成績が芳しくないことだけを理由にバッターズがコーチKを解雇していたら、人々の記憶に残る名将になることはなかっただろう——さらにそうなれば、本書が書かれることもなかっただろう。このように考えると、美徳なきコーチであっても、自らの徳や卓越性を発揮できていないコーチであっても、より善いコーチとなるために常に何らかの形で周囲の支援を必要としていることになるのである。

そうしてコーチたちが自らの徳に基づいてアスリートと共に自分たちのより善いあり方を求めて活動できるようになれば、結果的に「美徳なきコーチングの時代」という現状を打破することができるだろう。それでも、この「美徳なきコーチングの時代」を打破することは、あくまで一連のプロセスのなかでの一つの結果にすぎず、一人ひとりのコーチが目指す最終目的にはなりえない。本書を読み終えた読者の皆様はもうおわかりだろう。コーチたち一人ひとりが目指すべきは、コーチングという営みを通じて自らの徳を発揮して善く生きることである。これまでの考察が何らかの形でその一助となることを期待して、本書を締めくくることにしたい。

あとがき

もう二年以上前になりますが、研究室で仕事をしていると、本書が刊行されるきっかけとなった一本のメールをもらいました。そのことは今でも鮮明に覚えています。送り主である梅原進吾さんと実際にお会いして色々とうかがってみると、刊行されている拙論を全て読んだとのことで、アリストテレスの倫理学に基づくコーチングの本を執筆しませんかとお話をいただきました。思いもよらない嬉しいお話であった反面、不安もありました。コーチとして何か大きな実績を残したわけでもないし、研究者としても大した業績もない任期つきの研究員である自分にとって、読者の皆様に読んでもらえるようなものを書くことができるのか、わからなかったからです。それに、アリストテレスが規範としている「善き人」に自分がまだ遠く及ばないことも自覚していました。それでも、自分自身が学んできたことをしっかりと形にして、それを多くの方々に役立ててもらう絶好の機会ではないかと思い、専門とするアリストテレスの徳倫理学とそれまで翻訳してきたコーチング関連書籍を軸とした、「コーチングの哲学」の本を書くことを決意しました。また、本務校である日本体育大学に着任してからはコーチデベロッパーとしてもさまざまな活動をしており、その観点から現在のコーチングに対して自分なりに考えていることもあったので、そのことについても随所に織り交ぜていくことにしました。

そうして試行錯誤を重ねながら書き上がった本書ですが、類書はほとんどないというささやかな自負があります。私の印象では、コーチングについて書かれた本には、おおよそ次のような系統があるように思われます。

(1) 自分がどのようにコーチングをしてきたか(私的コーチング論)を述べた著作：多くの場合、自分がどのような方法を駆使しアスリートを育てて成功してきたか、あるいは、自分が育てたアスリートとの秘話を明かしたもの。

(2) それぞれの競技に特有のスキル・戦術・練習方法などを紹介する著作：いわゆるコーチングやスポーツに関するハウツー本で、写真や図入りで簡潔にまとまった一般的なものから、辞書ほどの厚みを持った極めて詳細かつ網羅的な専門的なものまで、多岐にわたる。

(3) さまざまな学問分野の研究者がコーチングに関する自らの研究成果をまとめた著作：基本的には量的な調査や研究に基づいてコーチのあり方を示した研究書などがある。

(4) いわゆる「ビジネス・コーチング」の著作：ビジネス・コーチングの有効性を提示し、その具体的な方法論と実践例を豊富に含んだもの。

本書をお読みになった皆様は、本書がそのどれとも異なることがおわかりいただけると思います。そのなかでも、本書には一定の限界があることを私自身よく理解しています。何より、アリストテレスの倫理学に関する複雑な内容も含まれており、そうした議論に馴染みのない方々には理解が難しい部分もあるかと思います。しかし、早わかり式の知識を提供するだけでは現場で活きるような理解につながらないと考え、本書第3章と第4章では、目的論、幸福論、徳論の全体像のみならず詳細な議論についてもお伝えしたという事情があります。その点はご理解いただければ幸いです。また、もう一つの点として、自分が長きにわたりバスケットボールに関わってきたことから、それに関連する内容が多くなっています。それでも、本書では、バスケットボールだけでなく、スポーツ全般のコーチングに通じる内容となるように心がけました。同じ判定スポーツにはすぐに適用可能であるように工夫し、測定スポーツや採点スポーツのコーチングにも出来る限り配慮したつもりです。それでも、その詳細に関しては省かざるを得ず、申し訳ない気持ちもありますが、読者の皆様が専門としているスポーツ競技の事例にあてはめて、読み進めていただければと思います。

さて、本書は基本的に書き下ろしですが、いくつかの箇所に関しては次に示した刊行済みの拙論を元にして大幅に加筆・修正したものとなっていることをお断りしておきます。

・「M.シャシェフスキーのコーチング哲学における基本要素――「スタンダード」および「思慮」の意義」、『バスケットボール研究』第一号、二〇一五年、四七―六一頁（第6章）
・「「コーチング哲学」の基礎づけ」、『体育学研究』第六三巻二号、二〇一八年、五四七―五六二頁（第1章）
・「アリストテレス倫理学に依拠したコーチの「幸福」」、『体育・スポーツ哲学研究』第四〇巻第二号、二〇一八年、一三一―一四四頁（第4章）

最後になりましたが、本書を刊行するにあたり、この場を借りて感謝の意をお伝えしたい方々がいます。少し長くなりますが、はじめての出版ということで、ご容赦ください。

大学院博士前期・後期課程では、荻野弘之先生にご指導いただきました。当時は想像もつかなかったコーチングと哲学に関わる書籍を出版することができましたが、これもひとえに、在学時代から、コーチングの分野での実践や研究に取り組むことに大きな後押しをいただいたおかげです。これまでの学恩とさまざまなご配慮に、心より感謝いたします。

現在勤務している日本体育大学のコーチデベロッパーアカデミーでは、具志堅幸司先生、伊藤雅充先生、平島志織さん、中山紗織さんにお世話になっています（なりました）。特に伊藤先生には、先生がコーチデベロッパーの世界を開拓していくなかで、世界中のさまざまな環境や知識や技能に触れる機会を提供していただきました。深甚の謝意を表します。また本書では、先生の見解をそのまま繰り返すのではなく、出来る限りそれを自分なりに咀嚼し、「改善」する心持ちで執筆に臨みました。今度はまたそれをもとに色々とお話をされてもらえればと思います。

コーチングの現場ではこれまで、小松隆之先生、木下貴行先生、本間大輔さん、植村誠さん、徳永雄介さん、藤田将弘先生、小谷究さんをはじめとする多くの方々から学ぶことができました。また、哲学の場においては、左近司祥子先生、中島義道先生、小島和男先生をはじめとする多くの方々にさまざまな場面で教えをいただきました。改めて御礼申し上げます。

また、本書でも多く登場するコーチKの翻訳本を世に出すことができたのは、島本和彦さんと松澤篤さんのご尽力のおかげでした。感謝いたします。

また、ゲラの段階で目を通していただき、さまざまな助言をくれた相澤康隆さん、尾川翔大さん、中山紗織さん、片岡秀一さん、森成海さん、荒幡智佳さん、佐良土賢樹に感謝いたします。

執筆している過程では、上廣倫理財団からコーチの思慮に関する研究の助成を受けることができました。その研究成果は本書の一部としても組み込まれています。関係者の皆様に感謝いたします。

執筆のきっかけを与えてくださった編集者の梅原進吾さん、その後を引き継いでくださった瑞田卓翔さん、そして、この本が完成するときに担当編集者として多大なるサポートをくださった加藤峻さんに、感謝申し上げます。

これまで最も大きな助けをもらったのは家族からでした。そのなかでも、両親には学問の道に進む際に特に大きな支援をもらいました。妻には生活におけるあらゆる面で多くの支えと気づきを与えてもらいました。子どもたちからは日々大きな学びを得ることができました。ありがとうございます。

私が本格的に哲学を学ぶようになったのは、父の影響を受けてです。父が仕事を終えて帰宅した後、いつも夜遅くまで机に向かい哲学の思索に取り組む姿を子どもの頃から見てきましたが、そのときの父の年齢に近づきつつある今、ようやく父がやっていたことの意味や楽しさが自分にも少しわかるようになってきたと感じています。本書を書く中では、父の「考えることは書くことである」という言葉が支えになりました。そして何より、この哲学という同じ道を歩けることを誇りに思っています。心より感謝いたします。

二〇二一年三月　日本体育大学 総合スポーツ科学研究センターにて

佐良土　茂樹

注

序章

1　哲学の研究に携わっている多くの人はすぐに気づくだろうか、この「美徳なきコーチングの時代」は、マッキンタイアの著作 "After Virtue" の邦題『美徳なき時代』(1993) を擬したものである。また、本書では virtue のギリシア語であるアレテーについては、美徳の他に、徳や卓説性の訳語をあてており、文脈に応じて使い分けている。

2　本書においては、アスリートとプレーヤーと選手を無理に一語で統一することはせず、文脈に応じて使い分けている。それでも、それぞれの言葉で基本となるのは「スポーツをする者」という意味であり、その点においては共通の含意を持っていると見なして使用している点をお断りしておく。

3　この「コーチとしての環境」と「コーチングそれ自体」の区別は、アナス (2019: 250) の「人生の環境」と「生きることそれ自体」の区別に相当する。

4　渋沢 (2010: 161) は「ときに悪徳重役のような人物が出て、株主から託されている資産をまるで自分のもののように心得て、好き勝手に運用して自分の利益にしようとする者がいる」と表現している

5　神奈川県バスケットボール協会「体罰等不適切な指導に関するアンケートについて　二〇一八年度結果報告」、https://www.kanagawabk.or.jp/news/121318.html (二〇一九年七月一日閲覧)；同「体罰等不適切な指導に関するアンケートについて　二〇一九年度結果報告」、https://www.kanagawabk.or.jp/news/2019-23.html (二〇二〇年八月一日閲覧)

6　例えば、元永 (2020) などを参照。また、新聞のオンラインデータベースで「スポーツ　体罰」と検索すれば、近年でも体罰などの事例が数多く報告されていることがわかる。

7　HUMAN RIGHTS WATCH (2020)

8　その凄まじいスピーチの一例をお聞きしたい方がいれば、https://www.youtube.com/watch?v=uMVmhI1SUq0 (二〇二〇年八月一日閲覧) を聞いていただきたい (ただし、音量注意)。

9　アリストテレス『ニコマコス倫理学』1106b33-7a1 尚、アリストテレス著作の引用・参照については、慣例に従ってベッカー版のページ数と欄と行数を付した。

また、翻訳については、Oxford Classical Texts を参照しつつ、基本的に文献表に挙げた各種邦訳を用いている。ただし、筆者の判断で訳語や訳文を変更している箇所もあること、そして煩雑を避けてそれを逐一記載していないことをお断りしておく。また、『ニコマコス倫理学』は、渡辺・立花訳では、1094a1-1138b14 が上巻、1138b18-1181b23 が下巻に収められ、『形而上学』は、出訳では、980a21-1045b23 が上巻、1045b27-1093b29 が下巻に収められている。

10 アリストテレス『ニコマコス倫理学』1126a13-15

11 アリストテレス『ニコマコス倫理学』1126a18-19

12 アリストテレス『弁論術』1378b1-10

13 プラトン（1979b: 290-293）『国家』588B-9B 尚、プラトンの引用・参照については、通常の参照箇所に加えて、慣例に従ってステファノス版の頁数と段落づけを併記している。

14 ホメロス（1992: 20）

15 アリストテレス『ニコマコス倫理学』1146b23-24

16 アリストテレス『ニコマコス倫理学』1146b22-23

17 アリストテレス『ニコマコス倫理学』1146b8-7b19. また、その専門的な議論については、高橋（2005）、相澤（2009）を参照。

18 実践的な行為における「実践的推論」の働きについては、荻野（2003: 273-274）と荻野（2013: 9-12）を参照。

19 アリストテレス『ニコマコス倫理学』1152a20-24

20 アリストテレス『ニコマコス倫理学』1149a24-50a1

21 アリストテレス『ニコマコス倫理学』1150b32-34

22 元永（2017: 177）

23 川上（1992: 101）

24 佐々木・谷本（2011: 198-201）

25 この科学的知見に対するしかるべき態度については佐良土（2019）を参照。

26 さまざまな学問がどのようにコーチングに寄与し、役立つかについては、平野・土屋・荒井（2019）を参照。

27 American Psychological Association, Resolution on Physical Discipline of Children By Parents, https://www.apa.org/about/policy/physical-discipline.pdf（二〇二〇年七月一日閲覧）

28 図子（2012: 151）

29 花本・野村・林（2008: 136）

30 アリストテレス『ニコマコス倫理学』1148b15-1149a24

31 アリストテレス『ニコマコス倫理学』1148b19-24

32 アリストテレス『ニコマコス倫理学』1148b30-31

33 落合（2001: 101）

34 マキアヴェッリ（1998）

35 ただし、鹿子生（2019: 40）の指摘によれば、『君主論』はマキアヴェッリにとって就職論文のようなもので、ある特殊な状況におかれた新君主ロレンツォ・デ・メディチのために厳密な主題設定のもとで執筆された書物であり、そうした状況でその君主がどのように振る舞うべきかが示されている。つまり、「マキャヴェッリが政治的な指針を示そうとした相手は、統治経験がないために統治の方法を知らず、かつ、軍事力を持たない新君主」を想定している（鹿子生（2019: 68））。その意味で、「あらゆる君主のあるべき姿を示した普遍的な著作」とまでは言うことができない。それでも本書での論点はマキアヴェッリが描く君主のようなコーチがいるという点であるので、そのマキアヴェッリの位置を逐一の説明を加えることはしていない。

36 マキアヴェッリ（1998:132）

37 マキアヴェッリ（1998:127）

38 マキアヴェッリ（1998:116-117）

39 孔子の思想については、加地（2009）を参照。そのなかでは、マキアヴェッリが美徳として挙げたものとは異なる徳（仁や礼や信など）が挙げられているが、優れた美徳が政を行うために必須の要素とされていることには疑いの余地はない。

40 マキアヴェッリ（1998: 123）

41 マキアヴェッリ（1998: 116-117）

42 マキアヴェッリ（1998: 126-127）

43 マキアヴェッリ（1998: 133）

44 マキアヴェッリ（1998: 134）

45 マキアヴェッリ（1998: 135）

46 ジャクソン・ディールハンティー（2014: 120）

47 石原（1969）

48 石原（1969: 40-41）

49 島沢（2014: 178）

50 アリストテレス『弁論術』1371b26

51 プラトン（1967b）そのうちでも、カリクレスの積極的な主張が展開されるのは、一一四―一五二頁である。また、正義と幸福をめぐる一連の議論の流れについては荻野（2003: 103-125）を参照。

52 プラトン（1967b: 121）『ゴルギアス』482D-484C

53 プラトン（1967b: 142-143）『ゴルギアス』

491E-492C

54 プラトン（1967b: 144）『ゴルギアス』492C

55 プラトン（1967b: 143）『ゴルギアス』492A

56 プラトン（1967b: 144）『ゴルギアス』4942D

57 落合（2001: 101）

58 悪徳とは別に、アリストテレス自身は無条件的な不正も考えている（『ニコマコス倫理学』1131a2-9）。つまり、いかなる場合であれ、どのような仕方であれ、それを行うのは悪であるような行為のことである。暴力による強制を伴う不正としては暴行、監禁、殺人、強盗、障害、誹謗中傷、虐待などがあり、また相手の意図に反して秘密裏に行われる不正としては窃盗、投毒、暗殺などである。これは、コーチングという特定の領域において不正ということではなく、人間のありとあらゆる領域において避けられるべき悪である。それゆえコーチであれば、大前提として、そのような不正に意図的に手を染めてはならない。

59 アリストテレス『政治学』1269a3-4

60 シャシェフスキーという名字は多くの人にとって呼びづらいため、頭文字のKを取って「コーチK」と呼ばれている。

第1章

1 プラトン（1967a: 37）『パイドロス』237B-C。尚、文章には若干の修正を加えている。

2 佐藤（2014: 3）

3 井村（2015: 3）

4 栗山（2013: 28-29）

5 伊藤雅充も「コーチは馬車」という表現に疑問を投げかけており、むしろ「一緒に歩む旅人のようなもの」と表現している。この点については、以下の映像を参照。日本体育大学コーチング研究チーム 伊藤雅充ほか（2013）「プロセス・コーチング」https://www.nittai.ac.jp/coaching/movie/process/coaching02.html（二〇二〇年七月一日閲覧）

6 アリストテレス『エウデモス倫理学』1216b3-4

7 それぞれプラトンの『ラケス』、『国家』、『プロタゴラス』をそれぞれ参照。

8 アウグスティヌス（1968: 414）

9 スポーツ指導者の資質能力向上のための有識者会議（2013: 2）

10 伊藤（2017: 14）

11 「有能さ（Competence）の向上」、「自信（Confidence）、関係性（Connection）、人間性（Character）の涵養」で

あり、四つとも頭文字がCであるので、「四つのC」と言われる。

12　伊藤（2017: 15）

13　図子（2014: 149）

14　図子（2014: 150）

15　図子（2014: 150）

16　図子（2014: 155-156）

17　佐藤（2014: 11-14）

18　佐藤は、「クリエイティブ」の部分を英語表記でcreativeとしているが、本書では読みやすさを考慮してカタカナ表記に修正している。

19　佐藤（2014: 12-14）

20　ビジネスにおけるコーチングの側から、コーチングという営みを見ていった場合、西垣（2015: 5-6）の指摘によれば、日本ではコーチングの定義として「コミュニケーションスキル」だと強調しているものが多いという。しかし、スポーツであれビジネスであれ、コーチングをある種のスキルと同定することは「カテゴリー・ミステイク」にほかならない。コーチングをある人が行う「ある種の営み」であるとすれば、それを「スキル」とするのは、明らかな誤りと言わざるを得ない。

21　アリストテレス『ニコマコス倫理学』1097a19

22　オーフリ（2016: 360）

23　ウドゥン（2000: 3-4）

24　サボック（1988: 92-95）

25　アリストテレス『ニコマコス倫理学』1097a19-20

26　荻野（2013: 10-12）

27　ここには大きくわけて「クローズドスキル」を使う競技と「オープンスキル」を使う競技が対応するように思われる。また試合中のコーチの役割については、坂井（2017: 273-275）を参照。

28　Federation Internationale De Basketball (2020) Official Basketball Rules 2020, 4.2.1（二〇二〇年一〇月一日施行）

29　Standal and Hemmestad（2011）

30　これは、アリストテレス『魂について』412a22-23の例を使えば、「(1) 知識を所持する段階」と「(2) 知識の行使として観想活動をする段階」に相当する。

31　この2つの要素については、佐良土（2018b）も参照。

32　このようなコーチの規定であれば、「測定スポーツ」、「評定スポーツ」、「判定スポーツ」などの競技にも適用可能であろう。

33 このコーチングの二つの目的に対して、International Council for Coaching Excellence et al.（2013）と、その内容を洗練させたLara-Bercial et al.（2017: 29）は、より広い視点から「コーチの機能」として次の六つを挙げている。「ビジョンと戦略の設定」、「環境の構築」、「関係性の構築」、「練習の実施と試合への準備」、「現場で起きていることへの対応」、「学びと省察」である。

34 アリストテレス『形而上学』1050a23-24

35 アリストテレス『形而上学』1050a13-15

36 この「コーチング」と「ティーチング」の違いは、現在の日本のスポーツ界にかなり広く浸透している。例えば、海外のコーチの指導を受けた菊池（2020: 48）は、そのコーチが「目標を達成するための計画・戦略など知識を〝Teaching. 教えること〟をしてから、普段の指導のスタイルは〝Coaching. 考えさせること〟をしてくれた」と述べており、「コーチング＝考えさせること」としている。

37 奥野・磯（2011: 78-79）

38 日本バスケットボール協会（2014: 4）

39 日本バスケットボール協会（2014: 4）

40 日本バスケットボール協会（2014: 6）尚、傍点は筆者による。

41 例えば、奥野・磯（2011: 78-80）は、ビジネスコーチングの新書本である本間・松瀬（2006）を参照して、スポーツコーチングのあり方を解説している。

42 それでは、「教えること」と「引き出すこと」をどのような言葉で言い表せばいいのだろうか。例えば、「教えること」を「プッシュ」と言い、「引き出すこと」を「プル」と言うことができる。これらは私自身がコーチデベロッパーのプログラムで学んだ用語であるが、コーチングという営みでも適用可能である。

43 伊藤（2020: 40-41）

44 ジャクソン・ディールハンティー（2013: 295）

45 Knudson (2013: 134)

46 この点については、アリストテレスの「異質部分と等質部分」から着想を得ている。その「異質部分と等質部分」については、茶谷（2019: 55）を参照。

47 このコンテキストに対する認識能力は本書第6章で「思慮」として詳細に論じられることになる。

48 そのような要素をどのように考えるべきかは、「善いコーチ」について考える本書第2章で触れることになる。

第2章

1 木村（2014: 54）

2 小出（2000: 107）

3 苫野（2013: 14-26）。「一般化のワナ」は、要約すれば、自分がこれまで出会ってきた経験的な事柄を「一般化」してしまうということである。スポーツの例で考えて見ると、ある指導方法を受けて自分が学生の時に輝かしい栄光を掴んだ経験があると、それを一般化して「そのやり方で練習をすれば必ず勝利することができる」と考えてしまう。あるいは、これまでにうまくいった戦術があると、それを一般化して「この戦術を使えば絶対に勝つことができる」と考えてしまう。苫野（2013: 20）によれば、「とくに成功体験が積み重なると、わたしたちは、そんな自分の経験を一般化して物事を考えてしまいやすくなります。いつどんな時でも、自分のやり方は正しいのだという錯覚に陥ってしまう」という。

4 野村（2009: 234）

5 平井（2008: 41-43）

6 Basket Count「東京医療保健大と女子日本代表を支える恩塚亨（前編）「自分の人生は自分で作る」」https://basket-count.com/article/detail/8725（二〇二〇年八月二〇日閲覧）

7 松井（2016: 57）

8 松井（2016: 25）

9 ジャクソン・ディールハンティー（1997: 129）

10 しかし、ここには次元の違う二つの話が含まれていることに注意したい。一つは「よいコーチ像とは何であるかを考えること」であり、もう一つは「自分自身がそのよいコーチであるかどうかを考えること」である。

11 『ノーサイド・ゲーム』第二回（二〇一九年七月一四日放送）

12 公益財団法人日本体育協会（2016: 33）

13 ラルフ・サボック（1988: 54-90）

14 吉井（2018b: 38-42）

15 吉井（2018a: 38-42）

16 吉井（2018a: 44-45）

17 吉井（2018a: 84-86）

18 吉井（2018a: 98-121）

19 吉井（2018a: 163-165）

20 川上（1992: 78）

21 International Council for Coaching Excellence et al.（2013: 30）

22　こうした三つの知識は国際的なフレームワークのみならず、日本国内でも公益財団法人日本スポーツ協会（2019）に活用されるなど、小さくない影響力を持っている。

23　英語はそれぞれ（1）専門的知識（Professional knowledge）、（2）対人の知識（Interpersonal knowledge）、（3）対自己の知識（Intrapersonal knowledge）である。

24　Côté and Gilbert (2009: 309-311)

25　International Council for Coaching Excellence et al. (2013: 30)

26　Gilbert and Côté (2013: 147)

27　Gilbert and Côté (2013: 147-159)

28　Côté and Gilbert (2009: 310)

29　Gilbert and Côté (2013: 151)

30　公益財団法人日本スポーツ協会（2019: 33-39）では、このコミュニケーションスキルに焦点を当てている。

31　オックスフォード大学出版局（2015: 866）

32　新村（2018: 1868）

33　鈴木（2017: 154）

34　ウドゥン（2000: 12-13）

35　ウィンター（2007: 151-161）

36　例えば、吉井理人の著書ではその傾向が強く、よいコーチは「教えない」、「選手に内省をさせて、選手自身に解決策を探らせる（答えを与えない）」（吉井（2018a: 38-42））と方法論（ハウツー）に関する主張をしている。

37　吉井（2018a）、（2018b）ちなみに吉井（2018b）では「この本では、個人の能力を最大限に引き出し、高い成果を挙げる方法を紹介する。その方法は、「教える」のではなく、自分の頭で考えさせるように質問し、コミュニケーションをとる「コーチング」という技術だ」と述べられており、本自体がハウツーを扱い、ビジネス的な意味で「コーチング」という言葉を使用することを明言している。

38　小出（2000: 83）

39　権藤（2010: 23）

40　インターネット上ではジョン・ウッデンの言葉と考えられることが多いが、正確な出典は不明である。https://www.goodreads.com/quotes/8592114-a-good-coach-can-change-a-game-a-great-coach（二〇二〇年七月一日閲覧）

41　この重要性が特に浮き彫りになるのは、近年に高校や大学のバスケットボールに顕著であるが、留学生の問題を考えるときである。身体能力で日本人プレーヤーを凌駕する留学生プレーヤーはコート上では重宝されるが、その一方で、勉学を中心とした学生生活や私生活、さらに卒業後までコーチたちはそのプレーヤーのことを大切にしているだろうか。留学生を一人のプレーヤーとしてチームに迎え入れる以上、単に突出したプレーヤーとして見るだけでなく、チームにいるときにも卒業した後にも、人間としてどのように生きていくかまでコーチは考える必要があるだろう。

42 プラトン（1998: 137）『クリトン』48b. 尚、訳には若干の修正を加えている。

43 杉岡（2019: 60）

44 杉岡（2019: 62）

45 杉岡（2019: 66-73）

46 オーフリ（2016: 8-9）

第3章

1 https://www.youtube.com/watch?v=ybbHgQG-7mc（二〇二〇年九月一日閲覧）また、二〇二〇年八月二〇日に棋聖と王位の二冠となった後の記者会見で、記者に「どんな未来を思い描くのか？」と質問されて、「強くなるという目標は、どこまで行っても変わらない。成長につなげていきたい」と答えている。（朝日新聞、朝刊、二〇二〇年八月二一日）

2 平井（2008: 161-162）

3 アンド（2019: 98）

4 逆算して見えてきたプロセスに基づいて、練習のなかでは一つの練習メニューについてもその目的を考えておくことは重要である。そうした目標もなしに、ただ「流行りのスキルだから」という理由でアスリートやチームに練習をさせても、決してよい結果には結びつかない。

5 日本バレーボール協会（2017: 128-130）

6 スキルのシステムや戦術のシステムはそれぞれの競技ごとに異なっており、それをここで逐一論じることは不可能であるから、そうした競技内でのスキルや戦術およびそれを効果的に身につけるための目的手段の話についてはここでは触れないという事情もある。

7 吉田（2015: 19）

8 哲学史的に言えば、こうした直観は、古代ギリシアの快楽主義といわれるアリスティッポスやエピクロス、さらにはベンサム『道徳および立法の諸原理序説』の「第一章　功利の原理について」に顕著である。

9 アリストテレス『弁論術』1367a23-24

10 アリストテレス『ニコマコス倫理学』1147b29-31
11 アリストテレス『ニコマコス倫理学』1123b35-36
12 アリストテレス『ニコマコス倫理学』1148a28
13 例えば、野村（2009: 116）は、個人記録やタイトルが「選手の成長のために」なるものとしてよいものだと考えている。
14 プラトン（1979a: 95-96）『国家』353C
15 井村（2015: 250）
16 川谷（2005: 24）
17 この点についてコーチKは、「試合はあなたが成長するための踏み台を与えてくれる。試合の勝ち負けがなければ、能力を完全に発揮することはできない」と述べている（シャシェフスキー・スパトラ（2012: 258））。ただし、訳文には若干の修正を加えている。
18 それに対して、川谷（2015: 857）は、『21 世紀スポーツ大辞典』の「勝利至上主義」の項目でスポーツの目的を「強さの比較」として、それを達成するために、「競技者が何よりも追求すべき目的は勝利である」と述べている。そして、「競技者が勝利至上主義的であることによってはじめて、「強さの比較」というスポーツの目的が達成され得る」とも主張している。しかし、こうした言葉にも、その適用範囲に問題がある。つまり、強さの比較はスポーツをすることの目的ではなく、むしろ試合の目的である。
19 井村（2015: 251）
20 鈴木（2017: 174）
21 ウドゥン（2000: 14）
22 川谷（2015: 827）
23 井村（2016: 29-30）
24 関根（2013: 38）。尚、傍点は筆者による。
25 アリストテレスは過度の金銭の追求については『ニコマコス倫理学』第4巻第1章で論じており、名誉の過度な追求については第4巻第4章で扱っている。
26 テックス・ウィンター（2007: 150）。尚、傍点は筆者による。
27 落合（2011: 96）
28 具志堅（2015: 68）
29 アリストテレス『ニコマコス倫理学』1094a21-22
30 これはつまり「フローターサーブのために、（1）構え、（2）トスアップ、（3）足の踏み出し、（4）テイクバックという引き動作、（5）重心移動と腕のスイング、（6）ボールヒット、（7）ボール回転の調整、（8）ボールヒット後の姿が求められる」という意味である。

31 それゆえ、第1章で触れたように、コーチングの目的は図子（2014: 150-151）が語るような単純な「ダブルゴール」ではない。もちろん人間力の向上も、アスリートとしての卓越性の向上と発揮に資する限りで中間的な目的にはなる。むしろ、それらを、幸福のもとに一元論的に考えるべきである。

32 アリストテレス『ニコマコス倫理学』1097a30-b6

第4章

1 ジャクソン・ディールハンティー（2014: 14）

2 公益財団法人日本体育協会（2016）

3 日本サッカー協会 技術委員会テクニカルハウス（2015）；日本バスケットボール協会（2018）

4 三木（1978: 15）

5 荻野（2018: 5-6）

6 朝日新聞、一九九二年七月二八日、夕刊、一面

7 アリストテレス『ニコマコス倫理学』1098a6-17

8 ここでは功利主義について詳しく触れることができないが、さらに知りたい方は児玉（2012）を参照してもらいたい。

9 ベンサム（1967: 113-124）

10 ミル（2010: 265）

11 荻野・桑原（2016: 114-117）

12 松井（2007）

13 この点と関連して、アスリートにとってストア派の考え方が有用であることを論じたものとしては、佐良土（2019: 174-177）を参照。

14 ディオゲネス・ラエルティオス（1989: 127-178）

15 ディオゲネス・ラエルティオス（1989: 128-179）

16 ディオゲネス・ラエルティオス（1984: 171-205）

17 アリストテレス『ニコマコス倫理学』1094a1-2

18 アリストテレス『ニコマコス倫理学』1094a18-21

19 アリストテレス『ニコマコス倫理学』1094a22

20 アリストテレス『ニコマコス倫理学』1095a19-22

21 この語は「快楽」とも訳される。渡辺・立花（訳）（2015: 38）を参照。尚、本書においては文脈に応じて「快楽」、「快」、「喜び」などと使い分けている。

22 アリストテレス『ニコマコス倫理学』1095a23

23 アリストテレス『ニコマコス倫理学』1095b14-96a11

24 アリストテレスの「目的の階層秩序」については、特に加藤（1974:101-113）と荻野（1985: 85-103）を参照。

25 アリストテレス『ニコマコス倫理学』1097a26-b5

26 加藤（1974: 111-112）
27 荻野（1985: 99）
28 アリストテレス『ニコマコス倫理学』1097b5
29 マッキンタイア（1993: 226）はこれを、通常の「手段―目的関係」と区別して、「内的な手段―目的関係」と呼んでいる。
30 アリストテレス『ニコマコス倫理学』1097b6-21
31 アリストテレス『ニコマコス倫理学』1097b24-25
32 ラッセル（2015b: 19）によれば、分別は、「実践的推論」を行う思慮のことである。
33 アリストテレス『ニコマコス倫理学』1098a16-18で言われているように、もちろん人間にとって卓越性は多数あるから、そのうちでも「最も優れた（よい）卓越性に基づく活動」が幸福に該当することになる。
34 例えば、『国家』（プラトン（1979: 95-96））で言われているように、よく見える目は目としての「よさ（卓越性）」を持っており、また足の速い馬は、馬としての「よさ（卓越性）」を持っていると考えられていた。
35 アリストテレス『ニコマコス倫理学』1098a19
36 アリストテレス『ニコマコス倫理学』1103a6-7
37 アリストテレス『ニコマコス倫理学』1106b36-7a2
38 アナス（2019: 16）
39 元の言葉は、公共事業などに対して私財を投じることに関わる性向である。渡辺・立花訳では「物惜しみのなさ」、神崎訳では「度量の大きさ」と訳される。
40 『ニコマコス倫理学』1103a4-6
41 アリストテレスの考える「思慮」については、荻野（2013: 1-19）を参照。
42 アリストテレス『ニコマコス倫理学』1044b31-32
43 この点は一般的に日本語で考えられている「勇気」とは異なる側面だろう。
44 アリストテレス『ニコマコス倫理学』1115b17-21
45 アームソン（1998: 108）
46 ヌスバウム（2015: 109-113）
47 アリストテレスは他にも、自分自身の価値を偽りなく示すような「正直」や、相手から受け入れるべき事柄をしっかりとしかるべき仕方で受け入れ、同じように相手に異を唱えるべきことに対してしかるべき仕方で意を唱える「篤実」などを加えているが、これらは古代ギリシアの世界には対応する用語がなく、「無名称の徳」とされている。
48 ここで「適切な功名心」としているのは内容に鑑みて筆者が名づけたものである。アリストテス自身は

「名誉に関する無名称の徳」といった呼び方をしている。

49　ヌスバウム（2015: 112）ただし、邦訳は徳と悪徳の図式に合わせて若干修正している。

50　アリストテレス『政治学』1334a22-25

51　Irwin (2019: 380) は、happiness を快楽や満足感と同一視する場合、happiness という語はエウダイモニアの訳語としては誤解を招きやすいと指摘している。

52　Hornby (1995: 560)

53　living well や acting well であり、英訳は、Crisp (2014: 5) を使用した。

54　アリストテレス『ニコマコス倫理学』1095a18-20

55　神崎（2006: 275-277）

56　ラッセル（2015b: 14）は、アリストテレスの「『幸福』は、ある種の気分でも感情でもなく、生を営む当人にとって豊かで充実した生を意味する」と指摘している。

57　神崎（2006: 276）

58　ウィリアムズ（1993: 58）また、心理学でも happiness の代わりに well-being が使われるようになってきているが、ここにもおおよそ同じような事情があると言ってよいだろう。

59　松村（2006: 867）

60　相田（1995）

61　『ニコマコス倫理学』1098a18-20

62　アリストテレス『ニコマコス倫理学』1098a18-20

63　渡辺・立花（訳）（2015: 275-277）

64　アームソン（1998: 19）

65　アリストテレス『ニコマコス倫理学』1094a12-13

66　川谷（2015: 24-25）は、これを「勝利の追求という大原則」と表現している。

67　アリストテレス『ニコマコス倫理学』1099b24-25

68　アリストテレス『ニコマコス倫理学』1095b23-24

69　アリストテレス『ニコマコス倫理学』1095b27-28

70　アリストテレス『ニコマコス倫理学』1095a22-23

71　ジャクソン・ディールハンティー（2014: 29-30）

72　マートン（2013: 135-164）はこれを「技術的スキルの指導」と「戦術的スキルの指導」と表現している。

73　シャシェフスキー・スパトラ（2011: 85-89）

74　ここでコーチKは、ギロビッチ・ロス（2018: 131-168）がいう「行動の優越」を体現している。いわば自らの行動を示すことで自分と他の人たち信じることを喚起させているのである。

75　オークリー（2015: 317）

76　オークリー（2015: 317）
77　他方で、そのプレーヤーやチームはコーチ自身の「利益」を得るための「手段」ではない。これは性格の卓越性を兼備しているコーチであれば容易に理解できるはずである。
78　この点について詳細な論述は、佐良土（2018）を参照。
79　荻野（2003: 257）
80　アリストテレス『ニコマコス倫理学』1175b13-15
81　アリストテレス『ニコマコス倫理学』1174b23
82　ラッセル（2015b: 29）アリストテレスは、幸福には自足性（αὐτάρκεια（アウタルケイア））が必要であると考え、逆に必要なものが欠けている状態では幸福は実現されないと考えている（『ニコマコス倫理学』1097b14-15）。
83　アリストテレス『ニコマコス倫理学』1099a31-b2
84　これはギリシア哲学の諸学派（ペリパトス派、キュニコス派、ストア派、エピクロス派）のなかでさまざまな見解が分かれる点である。詳細については佐良土（2017: 116-117）を参照。
85　アリストテレス『ニコマコス倫理学』1178a28-29
86　シャシェフスキー・スパトラ（2012: 97-98）
87　ディオゲネス・ラエルティオス（1989: 117）
88　アリストテレス『ニコマコス倫理学』1100a8、1101a8
89　アリストテレス『ニコマコス倫理学』1100b22-01a6
90　「立派さ、美しさ」を意味する「カロン」についての詳細は、Richardson Lear（2006）を参照。
91　ジャクソン・ディールハンティー（2014:199-200）
92　アリストテレス『ニコマコス倫理学』1100b33-01a7
93　アリストテレス『ニコマコス倫理学』1177a16-18、1178a5-6
94　アリストテレス『ニコマコス倫理学』1177b17-18
95　アリストテレスは、『ニコマコス倫理学』第一〇巻第七章において、（1）最も善き徳としての「知性」の活動としての観想、（2）観想の持続性、（3）観想に伴う快楽、（4）観想の自足性、（5）観想の自己目的性、（6）余暇における目的としての観想といった観点から、観想的な生の優位を主張している。
96　アリストテレス『ニコマコス倫理学』1115a30
97　アリストテレスは自らの倫理学のなかで、「コーチの幸福」や「政治家の幸福」、「医者の幸福」といった個別的な役割における「幸福」ということを論じているわけではない。それでも、倫理学より大きな枠組みとされる『政治学』では卓越性において「よりいっそう優れた国家はそれだけ幸福」と述べて、人間以外の存在にも「幸福」というあり方を許容している。

第5章

1 戸田山 (2012: vi)

2 この「白菜」や「角煮」の説明については、西村 (2014)、故宮博物院 (2014)、美術手帖編集部 (2014) などを参考にしている。また、以下の説明も参考にしている。東京国立博物館、「「翠玉白菜」への道」https://www.tnm.jp/modules/rblog/index.php/1/2014/07/28/%E7%BF%A0%E7%8E%89%E7%99%BD%E8%8F%9C%E3%81%B8%E3%81%AE%E9%81%93/ および「特別展とあわせて見たいトーハクの名品」https://www.tnm.jp/modules/rblog/index.php/1/2014/06/28/%E3%81%82%E3%82%8F%E3%81%9B%E3%81%A6%E8%A6%8B%E3%81%9F%E3%81%84%E3%83%88%E3%83%BC%E3%83%8F%E3%82%AF%E3%81%AE%E5%90%8D%E5%93%81/ (二〇二〇年二月一一日閲覧)

3 「可能態」と「現実態」については、アリストテレス『形而上学』第九巻で議論が展開されている。また、専門的な内容については桑子 (1993) を参照。

4 落合 (2001: 18-20) ただし、これは「何もしない」ということとは異なる。というのも、常にコーチはアスリートの安全などに気を配っていなければならないので、あくまで「見守る」のであって、「何もしない」のではない。

5 尚、このコーチとアスリートの関係性については本書第8章で詳細に取り上げることになる

6 アリストテレス (2011: 58)『ニコマコス倫理学』1140a7-8

7 アリストテレス『哲学のすすめ』第四章

8 アリストテレス『ニコマコス倫理学』1094a7

9 杉岡 (2019: 87-88)

10 アリストテレス (2011: 58)『哲学のすすめ』第四章

11 木村 (2014: 208-209)

12 シャシェフスキー・スパトラ (2011: 180)

13 シャシェフスキー・スパトラ (2012: 257) ただし、翻訳には若干の修正を加えている。

14 シャシェフスキー・スパトラ (2011: 110-111)

15 シャシェフスキー・スパトラ (2011: 111)

16 このようにスポーツにおける卓越性を三つに区分することは、アリストテレスの理論ではなく、シャシェフスキー・スパトラ (2011: 110-115) に負っている。

17 アリストテレス『自然学』199a15-17

18 アリストテレスの本文では「思惟（νόησις（ノエーシス））」という訳語が使われているが、実践的な場面では「思案」や「熟慮」などと訳されるβούλευσις（ブーレウシス）と同じような意味で使われているので、日本語のわかりやすさから本文では「思案」や「熟慮」とした。

19 アリストテレス『形而上学』1032b5-9

20 ここに技能として、身体的技能と思考的技能があることが見えてくる。他にも、ピアノの演奏やスポーツのパフォーマンスは身体的技能であり、数学の問題を解くことや弁論のための文章を書くことは思考的技能と言えるだろう。さらに、実際に、法廷で何らかの弁論をする場合には、言語的技能と言えるかもしれない。

21 Knudson（2013: 134)。クヌッソンは、「質的運動診断」の段階として（1）準備、（2）観察、（3）評価と診断、（4）介入を挙げている。

22 シャシェフスキー・スパトラ（2011: 169)

23 Krzyzewski and Phillips（2004: 96-100)

24 この点は第6章で述べるように、技能そのものの働きというよりも「思慮」による働きのほうが大きい。

25 シャシェフスキー・スパトラ（2011: 168)

26 Krzyzewski and Phillips（2004: 98)

27 アナス（2019: 23)

28 羽生（2011: 92）によれば「何かを上達したいなら、「繰り返し」をすることがとても大切だ。繰り返しをしなければ基本を体得することはできないし、いったん覚えたこともすぐに忘れてしまうだろう」

29 アナス（2019: 30)

30 アナス（2019: 34)

31 シャシェフスキー・スパトラ（2011: 115)

32 アナス（2019: 118-119)

33 チクセントミハイ（1996:51)

34 チクセントミハイ（1996:40)

35 Krzyzewski and Phillips（2004: 208-209)

36 アリストテレス『ニコマコス倫理学』1101a3-5

37 Krzyzewski and Phillips (2004: 209)

38 伊藤（2016: 32-37)

39 この点については、文部科学省ホームページ内の「学校教育法第一一条に規定する児童生徒の懲戒・体罰等に関する参考事例」で（1）体罰（通常、体罰と判断されると考えられる行為）、（2）認められる懲戒（通常、懲戒権の範囲内と判断されると考えられる行為）（ただし肉体的苦痛を伴わないものに限る）、（3）

正当な行為（通常、正当防衛、正当行為と判断されると考えられる行為）が具体的に示されている。https://www.mext.go.jp/a_menu/shotou/seitoshidou/1331908.htm（二〇二〇年八月一日閲覧）

40　この点と関連して、技能は対象を作り出すという意味で明確な目的を持っているが、その目的自体が善いものも悪いものもありえる。例えば、天才的な泥棒の技術などが考えられる。

41　この点については、エピクテトス（2020: 20-21）を参照。そのなかでは、「もし君たちが仲間に手紙を書こうとして、書くべき言葉に困るような場合には、読み書きの能力が教えてくれるだろう。しかし、その仲間に書くべきか書くべきでないかについては、読み書きの能力は教えてくれない」、むしろ「理性的な能力」がそれを教えてくれるとされている。つまり、それこそが「それ自体が何であり、何をすることができ、どれだけの価値を有するものであるか、そしてほかのすべての能力についても同様に考量するものとして備わっている」のである。

42　アリストテレス『ニコマコス倫理学』1140b21-22

第6章

1　プラトン（1992: 267）

2　ギロビッチ・ロス（2018: 11）

3　ギロビッチ・ロス（2018: 10）

4　ギロビッチ・ロス（2018: 10）

5　ギロビッチ・ロス（2018: 13）

6　アリストテレス『ニコマコス倫理学』1144b31-32

7　アリストテレス『ニコマコス倫理学』1145a5-6

8　アリストテレス『ニコマコス倫理学』1140b20-21

9　アリストテレス『ニコマコス倫理学』1142a14-16

10　マッキンタイア（1993: 189）しかも、そうした思慮への注目は徳倫理学という規範倫理学の一分野で現在でも続いている（カムテカー（2015: 49-78））。

11　野中・紺野（2007: iii, 32）

12　野中・紺野（2007: 68）では、フロネーシスの訳語としては「賢慮」が用いられている。それでも、この語がアリストテレスに由来することを明示していることから、その意味でのフロネーシスを指していることは明白である。

13　野中・紺野（2007: 103）は、「賢慮」型リーダーの要素として、次の六つの要素を挙げている。（1）善悪の判断基準を持つ能力、（2）他者とコンテキストを共有して共通感覚を醸成する能力、（3）コンテキスト（特殊）の特質を察知する能力、（4）コンテキスト（特殊）を言語・観念（普遍）で再構成する能力、（5）概念を共通善（判断基準）に向かってあらゆる手段を巧みに使って実現する能力、（6）賢慮を育成する能力である。
14 Pellegrino and Thomasma（1993: 84）
15 Pellegrino and Thomasma（1993: 84-91）
16 Quinn（2018: 74-79）
17 想定外の事態に対応する柔軟性としての「思慮」については、荻野（2013: 10-11）を参照。
18 シャシェフスキー・スパトラ（2011: 18-21）
19 シャシェフスキー・スパトラ（2012: 170-183）
20 アリストテレス『ニコマコス倫理学』1143b5
21 シャシェフスキー・スパトラ（2012: 183）
22 シャシェフスキー・スパトラ（2012: 171）
23 レイゼンビー（2016: 215）
24 シャシェフスキー・スパトラ（2011: 123）
25 シャシェフスキー・スパトラ（2012: 50-51, 65）
26 シャシェフスキー・スパトラ（2012: 57）
27 アリストテレス『政治学』1252a1-6
28 マッキンタイア（1993: 271）
29 シャシェフスキー・スパトラ（2012: 65）
30 マッキンタイア（1993: 265）
31 Krzyzewski and Phillips（2004: 278）では「自分の医者に耳と傾けること」と明言している。
32 Krzyzewski and Phillips (2004: 262-263)
33 シャシェフスキー・スパトラ（2012: 93-94）、シャシェフスキー・スパトラ（2011: 132-136）
34 シャシェフスキー・スパトラ（2012: 89-90）
35 シャシェフスキー・スパトラ（2011: 72）
36 シャシェフスキー・スパトラ（2011: 71-72）
37 シャシェフスキー・スパトラ（2011: 223-224）、Krzyzewski and Phillips (2004: 99-100)
38 ギロビッチ・ロス（2018: 22-24）
39 ギロビッチ・ロス（2018: 26-27）
40 ヘロドトス（2007: 354-355）
41 ギロビッチ・ロス（2018: 25）
42 "The Golden State Warriors' 70-Year-Old Truth-Teller" https://www.nytimes.com/2018/02/28/sports/basketball/warriors-ron-adams-age-70.html（二〇二〇年七月一日閲覧）ちなみに、NBAでは年上のアシスタントコーチがメンターのような立場として年下のヘッドコーチのもとで活動することが珍しくない。

43 野村（2009: 143）

44 ギロビッチ・ロス（2018: 55）

45 荻野（2013: 10-12）

46 Krzyzewski and Phillips（2004: 9-12）

47 補足しておくと、自分自身のせいで劣悪な間違いを犯してしまったプレーヤーに対しては非難を与えるという意味で叱ることが必要な場合もある。そして、思慮あるコーチはしかるべきときに、しかるべき仕方で、しかるべき相手を叱ることができる。それゆえ、コーチKも全てのことを許す「仏」というわけではないし、何度も許す慈愛に満ち溢れたイエス・キリストでもない。最悪のケースとして、過去には、自分自身に著しく害をもたらすことをしたためにチームを去ることになったプレーヤーもいる。そうでなければ、何でもあり、ということになってしまうからである。

48 Krzyzewski and Phillips（2004: 10）

49 マートン（2013: 105）

50 マートン（2013: 105）

51 金谷（2000: 186-189）

52 島沢（2014: 135-174）

53 この点に関しては、ジャウィ・ロッソ（2015: 187-190）による、元日本代表サッカー監督のハリルホジッチの厳罰と見せしめの例があてはまるかもしれない。

54 シャシェフスキー・スパトラ（2012: 115-116）

55 ズウォリンスキー・シュミッツ（2015: 340-343）は、同様の対比を、規則（rules）と原則（principles）の対比として描き出している。そのうえで規則を忠実に守ることで引き起こされる悲惨な結果を問題視している。

56 シャシェフスキー・スパトラ（2012: 102）

57 スタンダードの内容については、シャシェフスキー（2012: 2012: 115-116, 124-126）を参照。

58 Krzyzewski and Phillips（2004: 49）では、「真実を告げること」をdiscipline（規律）という言葉で表現している。

59 シャシェフスキー・スパトラ（2012: 102）この箇所は拙訳を一部改変した。

60 実践における内的な善と卓越性の基準の役割については、マッキンタイア（1993: 233-235）を参照。

61 この考え方はコーチKの小さい頃の経験に由来する。シャシェフスキー・スパトラ（2011: 190）によると、幼少期に平均よりも貧しい暮らしをしており自身の家庭も隣人たちも日々の生活に苦労していたが、近所の人たちが質素ながらも自分たちの所有しているものを大事にしており、それが地域という共同体をより良くすることに一役買っていることを目の当たりにして、「当事者意識」の大切さを学んでいる。そうした自身の経験から「当事者意識」を持てるよう配慮することを徹底しており、その配慮により各人は積極的にチームにかかわれるようになる。

62　コーチKは本務校のデューク大学でもスタンダードを確立しているが、その内容は米国代表チームのものとは異なっている（この点についてはシャシェフスキー・スパトラ（2012: 115-116、124-126）を参照）。

63　アリストテレス『ニコマコス倫理学』1140a25-31

64　Krzyzewski and Phillips（2004: 54）

65　アリストテレス『ニコマコス倫理学』1111b24

66　Krzyzewski and Phillips（2004: 28）. 傍点は筆者による。

67　Krzyzewski and Phillips (2004: 29)

68　「勇気」と「思いやり」の役割については、それぞれシャシェフスキー・スパトラ（2011: 75-81）と（2011:45-47）を参照。傍点は筆者による。

69　シャシェフスキー・スパトラ（2011: 110）

70　アリストテレス『ニコマコス倫理学』1098a16-17

71　アリストテレス『ニコマコス倫理学』1140a25-31

第7章

1　プラトン（2010: 65）

2　マッキンタイア（1993: 234）ただし、訳文は若干修正を加えている。

3　加地（2009: 53）

4　ヒポクラテス（1963: 87）

5　ビーチャム・チルドレス（2009: 40-47）ただし、邦訳で「正直さ」となっているintegrityは、「誠実」と修正している。

6　ビーチャム・チルドレス（2009: 40-41）

7　オーフリ（2016: 19）

8　オークリー（2015: 317）尚、傍点は筆者によるもので、翻訳は若干の修正をしている。Benevolenceの訳は「善行」となっていたが、徳が性向であることを考えると「慈善心」のほうが適切だからである。

9　ちなみに、私の経験上、コーチの資格講習会でコーチの持つべき徳目を問うと、「情熱」は「感謝」と共に必ずといっていいほど上位に挙げられるものである。

10　木村（2014: 137）

11　コーチKは、オリンピックの決勝戦を控えた前日に、それまでの期間ずっと正直であることを心がけてきたから、前の試合のパフォーマンスが乏しかったことを正直に伝えている。そのなかでは「ただ勝利するためだけでなく、自分たちのスタンダードを体現するために、明日しっかりやろうじゃないか」（シャシェフスキー・スパトラ（2012: 277））と述べている。

12　岩出（2018: 142）

13　ハートマン（2015: 377-379）

14　尚、近年スポーツ界ではスポーツの高潔さや完全性を保つことを目指して「(スポーツ) インテグリティ」の重要性が叫ばれるようになってきたが、この英語のインテグリティには「誠実」の意味も含まれており、コーチにとっての「誠実」はまさにこのインテグリティを指すものである。

15　マッキンタイア（1993: 238-239）

16　アリストテレス『ニコマコス倫理学』1108a4-9

17　アリストテレス『ニコマコス倫理学』1125b31-33

18　アリストテレス『ニコマコス倫理学』1140b11-12
「節制《ソーフロシュネー》」に対して、「思慮を救う」は「ソーゼイン・フロネーシス」というギリシア語である。アリストテレスは「ソーフロシュネー」が「ソーゼイン・フロネーシス」が短くなったものと考えている。

19　中島（2015: 113-117）

20　アリストテレス『ニコマコス倫理学』1105b28-29

21　徳倫理学については、ハーストハウス（2014）、ラッセル（2015a）、アナス（2019）を参照。

22　義務論については、カント（2004）、堂園（2018）を参照。

23　功利主義については、ベンサム（1967）、ミル（2010）、児玉（2012）、ラデク・シンガー（2018）を参照。

24　これら三つの立場の特徴や実践における位置づけなどについては、サンデル（2011）、ハーストハウス（2014）を参照。

25　徳倫理学の学術的な基本文献としては、ラッセル（2015a）がある。このなかでは、徳倫理学の歴史的な側面と応用的な側面が幅広い観点から詳細に論じられている。

26　ウィリアムズ（1993: 232-233）

27　アームソン（1998: 47-48）

28　アリストテレス『ニコマコス倫理学』1102b28

29　アナス（2019: 126）

30　Krzyzewski and Phillips (2004: 112-113)

31　ホメロス（1992: 61）

32　アリストテレス『ニコマコス倫理学』1116a17、27

33　アリストテレス『ニコマコス倫理学』1115b17-19

34 アリストテレス『ニコマコス倫理学』1116a10-12
35 アリストテレス『ニコマコス倫理学』1120a23-24
36 アリストテレス『ニコマコス倫理学』1097b2-4
37 アリストテレス『ニコマコス倫理学』1116b5-12
38 アリストテレス『ニコマコス倫理学』1116b17-19
39 アリストテレス『ニコマコス倫理学』1117a4-5
40 アリストテレス『ニコマコス倫理学』1105a33
41 アリストテレス『ニコマコス倫理学』1117a9-28
42 アリストテレス『ニコマコス倫理学』1105a31-33
43 羽生（2016: 73-76）
44 羽生（2013: 133）
45 羽生（2011: 45）
46 羽生（2011: 45）
47 アナス（2019: 35）
48 本稿におけるアリストテレス倫理学における「徳の学び」の解釈は、多くの点でバーニェト（1986: 86-121）に負っている。
49 アリストテレスは『ニコマコス倫理学』第四巻第九章において「羞恥心」が劣悪な行為を抑止するうえで重要な役割を果たすのかを論じている。羞恥心は感情の一種であって、徳ではないが、とりわけ若者は「自分がいまそのような不正な行為をしたら恥ずかしい（あるいは、恥じることになる）」と恥じらいの気持ちを感じることで劣悪な行為を差し控えるようになる。ただし、そこから徳を身につけるためには、羞恥心という感情に終始するのではなく、分別という思慮によって行為が導かれるようにならなければならない。
50 シャシェフスキー・スパトラ（2011: 164-165）
51 アナス（2019: 36）
52 アナス（2019: 29-55）
53 アリストテレス『ニコマコス倫理学』1104b3-9
54 アリストテレス『ニコマコス倫理学』1144b31-32
55 アリストテレス『ニコマコス倫理学』1099a17-18
56 上智学院新カトリック大事典編纂委員会（1998: 711）
57 カトリック中央協議会「尊者・福者・聖人とは？」https://www.cbcj.catholic.jp/faq/saints/（二〇二〇年六月一日閲覧）
58 アリストテレス『ニコマコス倫理学』1145a17-20
59 レイゼンビー（2016: 292）
60 レイゼンビー（2016: 543, 556-557）
61 アナス（2019: 332）を参照。

第8章

1　ハイト（2011: 342）

2　こうした上下関係に対する『論語』および儒教の影響については、守屋（2020: 46-48）を参照。また、同書では「結果が出ないのは努力不足」、「集団に馴染み、そこから外れないという美徳」、「気持ち主義」など、日本のスポーツ界にもよく見られる考え方や現象についても、『論語』をその出処として参照しつつ、論じられており、いわゆる「日本的なコーチング」の根源を考え、その実践を省察するのに大いに役立つと思われる。

3　宇津木（2008: 166）

4　藤木（2020: 50）

5　アリストテレス『ニコマコス倫理学』1097b11

6　アリストテレス『ニコマコス倫理学』1156a12-14

7　アリストテレス『ニコマコス倫理学』1156a31-b1

8　アリストテレス『ニコマコス倫理学』1156ab1-b4

9　アリストテレス『ニコマコス倫理学』1156a10-12

10　アリストテレス『ニコマコス倫理学』1156b7

11　アリストテレス『ニコマコス倫理学』1156b7-8. アリストテレスは善に基づく友愛こそが本当の意味での友愛に値するものであり、それ以外の快や有用性に基づく友愛は、善に基づく友愛に類似するものとして友愛と呼ばれているにすぎないと言っている。

12　アリストテレス『ニコマコス倫理学』1156b7

13　アリストテレス『ニコマコス倫理学』1157b31-32

14　アリストテレス『ニコマコス倫理学』1156b17-19

15　アリストテレス『ニコマコス倫理学』1157a22-23

16　ドゥルー（2012: 264-266）も、アリストテレスの友愛論に基づいてコーチとアスリートの関係性を論じているが、その中では「スポーツ上の目標を達成するために必要な情報を共有するためには、指導者と選手は功利的な友人関係を育むべきである」と述べている。ここでの「功利的な友人関係」は、本書で言うところの「有用性に基づいた友愛」にあたる。それでも、ドゥルー（2012: 266）は「選手は、スポーツの外部で深い友人関係を発展させるべきである」として、コーチとアスリートが「善に基づく友愛」を育むことには否定的である。

17　ハーストハウス（2012: 218-219）ただし、ハーストハウスが述べているように、パキスタンで子どもの権利を守るために戦って、一二歳で命を落としたイクバル・マシーのように極めて厳しい環境に育った人にとっては例外的な場合もある。

18　アリストテレス『ニコマコス倫理学』1172a11-12 そこでは「人々は活動をおこない、お互いを矯正しあうことにより、より善い人になるように思われる」と言われる。
19　アリストテレス『ニコマコス倫理学』1171b32
20　HUMAN RIGHTS WATCH（2020: 23）
21　井村（2016: 52）
22　自律や主体性は、チームが強くなることにも結びついていると岩出（2018: 112）は指摘している。
23　為末大（@daijapan）のツイート（二〇二〇年二月一一日）https://twitter.com/daijapan/status/1226986006663942144（二〇二〇年七月一日閲覧）
24　例えば、野々村（2013）など。
25　元永（2017: 224）
26　たとえば、「子どもたちへの体罰：その影響と関係性に関する研究総括」http://endcorporalpunishment.org/wp-content/uploads/research/Research-effects-review-2016-06.pdf（二〇二〇年七月一日閲覧）がある。そのなかでは体罰の影響として、「直接の身体的な害」、「道徳の内在化の減少、反社会的行動の増加」、「攻撃性の増加」、「成年後の暴力や反社会的行動や違法な行動による犯行」、「メンタルヘルスへの悪影響」、「間接的な身体への害」などが挙げられている。
27　大阪体育大学「体罰を考察する土屋ゼミが読売テレビで紹介されました～「愛のムチは単に『無知』」https://www.ouhs.jp/news/2020-11-05-15459/（二〇二一年二月一一日閲覧）
28　シャシェフスキー・スパトラ（2011: 174-175）
29　シャシェフスキー・スパトラ（2011: 66）
30　シャシェフスキー・スパトラ（2012: 67）。honestyが拙訳では「誠実さ」と訳されているが、integrity との訳語の重複の問題で、ここでは「正直」と訳す。
31　シャシェフスキー・スパトラ（2011: 245）
32　シャシェフスキー・スパトラ（2011: 71-74）
33　シャシェフスキー・スパトラ（2011: 223-226）
34　シャシェフスキー・スパトラ（2012: 86）
35　シャシェフスキー・スパトラ（2011: 47）
36　シャシェフスキー・スパトラ（2012: 86）
37　アリストテレス『ニコマコス倫理学』1108a26-30、1126b11-16
38　渡辺・立花（訳）（2015: 303）。アリストテレスの言葉遣いでは、「人づきあいのなかで発揮される名前のない徳」と言われている。
39　アリストテレス『ニコマコス倫理学』1127a5-6

40 アリストテレス『ニコマコス倫理学』1108a23-26、1128a10

41 ちなみに、アリストテレスは、若い頃に書いたとされる『エウデモス倫理学』のなかで「篤実」にも「機知」にも触れてはいるものの、その記述はより成熟した著作の『ニコマコス倫理学』ほどには充実しておらず、極めて簡潔な説明がされているだけである。もしかすると、アリストテレスは研究を進めるうちに人間の社会的なつきあいのなかではそうした徳が重要な位置を占めていることに気づいたのかもしれない。

42 ジャクソン・ディールハンティー（2013: 19-20）

43 ジャクソン・ディールハンティー（2013: 22）

44 フィル・ジャクソンは、鈴木俊隆の思想を知るうえで、基本的に鈴木（2012）の英語版を参考にしているようである。

45 ジャクソン・ディールハンティー（2013: 24-25）

46 ジャクソン・ディールハンティー（2013: 29-30）

47 ジャクソン・ディールハンティー（1997: 192-193）

48 ジャクソン・ディールハンティー（1997: 22）

49 ジャクソン・ディールハンティー（2013: 29）

50 ジャクソン・ディールハンティー（2013: 33-34）

51 ジャクソン・ディールハンティー（2014: 31）

52 ジャクソン・ディールハンティー（1997: 106）

53 「コーチング哲学」の内実とその構築については、佐良土（2018a）および佐良土（2019: 188-191）を参照。

結語

1 アリストテレス『政治学』1269a3-4

2 シャシェフスキー・スパトラ（2011: 62-66）

索引

事　項

人　名

参考文献

邦語文献

相澤康隆（2009）「アリストテレスのアクラシア論——伝統的解釈とその修正」、『哲学』第 60 号、pp. 121-135

相田みつを（1995）『しあわせはいつも』、文化出版局

アウグスティヌス（1968）『告白』、山田晶（訳）、『世界の名著第 14 巻』、中央公論新社

ジュリア・アナス（2019）『徳は知なり——幸福に生きるための倫理学』、相澤康隆（訳）、春秋社

J. O. アームソン（1998）『アリストテレス倫理学入門』、雨宮健（訳）、同時代ライブラリー、岩波書店

アリストテレス（1959）『形而上学（上）』、出隆（訳）、岩波文庫

————（1961）『形而上学（下）』、出隆（訳）、岩波文庫

————（1992）『弁論術』、戸塚七郎（訳）、岩波文庫

————（1994）『形而上学』、岩崎務（訳）、講談社学術文庫

————（2011）『哲学のすすめ』、広川洋一（訳）、講談社学術文庫

————（2014）『ニコマコス倫理学』、神崎繁（訳）、『アリストテレス全集　第 15 巻』、岩波書店

————（2014）『魂について』、中畑正志（訳）、『アリストテレス全集　第 7 巻』、岩波書店

————（2015）『ニコマコス倫理学（上）』、渡辺邦夫、立花幸司（訳）、光文社古典新訳文庫

————（2016）『ニコマコス倫理学（下）』、渡辺邦夫、立花幸司（訳）、光文社古典新訳文庫

————（2016）『エウデモス倫理学』、荻野弘之（訳）、『アリストテレス全集　第 16 巻』、岩波書店

————（2017）『自然学』、内山勝利（訳）、『アリストテレス全集　第 4 巻』、岩波書店

————（2019）『政治学』、神崎繁、相澤康隆、瀬口昌久（訳）、『アリストテレス全集　第 17 巻』、岩波書店

アンド（2019）『思考法図鑑——ひらめきを生む問題解決・アイデア発想のアプローチ 60』、翔泳社

石原慎太郎（1969）『スパルタ教育』、光文社

伊藤雅充（2016）「アスリートセンタードコーチング——伝わらないのは理由がある」、『Training Journal』第 38 巻第 5 号、pp. 32-37

――――（2017）「コーチとコーチング」、日本コーチング学会（編）、『コーチング学への招待』、大修館書店、pp. 12-32
――――（2020）「学び続けるコーチ　私の成長計画」、『Sport Japan』Vol. 50、pp. 40-41
井村雅代（2012）『あなたが変わるまで、わたしはあきらめない――努力する心の育て方』、松瀬学（writing）、光文社知恵の森文庫
――――（2015）『シンクロの鬼と呼ばれて』、松井久子（聞き書き）、新潮文庫
――――（2016）『井村雅代コーチの結果を出す力――あと「1ミリの努力」で限界を超える』、PHP 研究所
岩出雅之（2018）『常勝集団のプリンシプル――自ら学び成長する人材が育つ「岩出式」心のマネジメント』、日経 BP 社
バナード・ウィリアムズ（1993）『生き方について哲学は何が言えるか』、森際康友、下川潔（訳）、産業図書
テックス・ウィンター（2007）『バスケットボール　トライアングルオフェンス』、笈田欣治（監訳）、大修館書店
宇津木妙子（2008）『宇津木魂――女子ソフトはなぜ金メダルが獲れたのか』、文春新書
ジョン・ウドゥン（2000）『UCLA バスケットボール』、武井光彦（監訳）、大修館書店
エピクテトス（2020）『人生談義（上）』、國方栄二（訳）、岩波文庫
荻野弘之（1985）「善の類比と目的の秩序――「ニコマコス倫理学」1096b26-29」、『東京大学教養学部人文科学科紀要』第 83 号、pp. 85-103
――――（2003）『哲学の饗宴』、NHK 出版
――――（2013）「「賢慮」（フロネーシス）について――アリストテレスにおける知識と行為の一側面」、『哲学科紀要』第 39 号、pp. 1-19
――――（2018）「「幸福とは何か？」という問いを考えるために」『哲学科紀要』第 44 号、pp. 1-26
荻野弘之、桑原直己（2016）『西洋哲学の起源』、放送大学教育振興会
奥野景介、磯繁雄（2011）「コーチの役割と責任」、早稲田大学スポーツ科学学術院（編）、『教養としてのスポーツ科学――アクティヴ・ライフの創出をめざして 改訂版』、大修館書店、pp. 78-81
ジャスティン・オークリー（2015）「徳倫理学と生命倫理学」、相澤康隆（訳）、ダニエル・C・ラッセル（編）、『ケンブリッジ・コンパニオン――徳倫理学』、春秋社、pp. 305-338
落合博満（2001）『コーチング――言葉と信念の魔術』、ダイヤモンド社
――――（2011）『采配』、ダイヤモンド社
オックスフォード大学出版局（2015）『オックスフォード現代英英辞典』、第 9 版、旺文社
ダニエル・オーフリ（2016）『医師の感情――「平静の心」がゆれるとき』、堀内志奈

（訳）、医学書院
加地伸行（全訳注）（2009）『論語 増補版』、講談社学術文庫
加藤信朗（1974）「「何かのために」と「誰かのために」目的の構造」、『理想』第 497 号、pp. 101-113
金谷治（訳注）（2000）『新訂 孫子』、岩波文庫
鹿子生浩輝（2019）『マキァヴェッリ『君主論』をよむ』、岩波新書
ラチナ・カムテカー（2015）「古代の徳倫理学」、稲村一隆（訳）、ダニエル・C・ラッセル（編）、『ケンブリッジ・コンパニオン　徳倫理学』、春秋社、pp. 49-78
川上哲治（1992）『川上哲治の坐禅入門——自分に勝ち、組織に勝ち、敵に勝つ』、ゴマブックス
川谷茂樹（2005）『スポーツ倫理学講義』、ナカニシヤ出版
————（2015）「勝利至上主義」、中村敏雄、髙橋健夫、寒川恒夫、友添秀則（編）、『21 世紀スポーツ大辞典』、大修館書店、pp. 827-828
神崎繁（2006）「幸福」、大庭健、井上達夫、川本隆史、加藤尚武、神崎繁、塩野谷祐一、成田和信（編）、『現代倫理学辞典』、弘文堂、pp. 275-278
イマヌエル・カント（2004）『道徳形而上学の基礎づけ』、新装版、宇都宮芳明（訳・注解）、以文社
菊池彩花（2020）「Let's プレーヤーズセンタード！⑧」、『Sport Japan』 Vol. 50、p. 48
木村元彦（2014）『オシムの言葉 増補改訂版』、文春文庫
トーマス・ギロビッチ、リー・ロス（2018）『その部屋のなかで最も賢い人——洞察力を鍛えるための社会心理学』、小野木明恵（訳）、青土社
具志堅幸司（2015）『立ちはだかる壁を越える！』、日本体育大学
栗山英樹（2013）『伝える。——言葉より強い武器はない』、ベストセラーズ
桑子敏雄（1993）『エネルゲイア——アリストテレス哲学の創造』、東京大学出版会
小出義雄（2000）『君ならできる』、幻冬舎
公益財団法人日本スポーツ協会（2019）『Reference Book（リファレンスブック）』、公益財団法人日本スポーツ協会
公益財団法人日本体育協会（2016）「平成 27 年度コーチ育成のための「モデル・コア・カリキュラム」作成事業報告書」、www.japan-sports.or.jp/Portals/0/data/ikusei/doc/curriculum/modelcore.pdf（2017 年 6 月 20 日閲覧）
故宮博物院（2014）『故宮 100 選 皇帝の至宝』、国立故宮博物院
クリスティーン・コースガード（2005）『義務とアイデンティティの倫理学——規範性の源泉』、オノラ・オニール（編）、寺田俊郎、後藤正英、三谷尚澄、竹山重光（訳）、岩波書店
児玉聡（2012）『功利主義入門——はじめての倫理学』、ちくま新書
権藤博（2010）『教えない教え』、集英社新書
坂井和明（2017）「判定スポーツ」、コーチング学会（編）、『コーチング学への招待』、大修館書店、pp. 270-275

佐々木一茂、谷本道哉（2011）「運動すると風邪を引かなくなる？」、谷本道哉（編著）、石井直方（監修）『スポーツ科学の教科書——強くなる・うまくなる近道』、岩波ジュニア新書、pp. 198-201
佐藤臣彦（2014）「コーチング概念の哲学的考究——［知の構造］の視点から」、『身体運動文化研究』、第19巻第1号、pp. 1-17
ラルフ・J. サボック（1988）『ザ・コーチ』、大神訓章、久保正秋、講武達雄、坂井純子、妹尾江里子、玉井朗、大門芳行、日高哲朗、森下義仁、山本雅之（訳）、日本文化出版
佐良土茂樹（2015）「M. シャシェフスキーのコーチング哲学における基本要素——「スタンダード」および「思慮」の意義」、『バスケットボール研究』第1巻、pp. 47-61
————（2017）「アリストテレス倫理学における「誇り高さ」と「外的な善」の研究」（博士論文）、上智大学
————（2018a）「「コーチング哲学」の基礎づけ」、『体育学研究』第63巻第2号、pp. 547-562
————（2018b）「アリストテレス倫理学に依拠したコーチの「幸福」」、『体育・スポーツ哲学研究』第40巻第2号、pp. 131-144
————（2019）「そもそも科学とは何か？」「科学からプレーを考える」「アスリートのためのストア哲学」、「コーチング哲学を持つ」、小谷究、柏倉秀徳（監修）、『科学でバスケットボールが科学で強くなる！』、日東書院、pp. 24-27、174-177、188-191
マイケル・サンデル（2011）『これからの「正義」の話をしよう——今を生き延びるための哲学』、文庫版、鬼澤忍（訳）、早川書房
渋沢栄一（2010）『論語と算盤』、角川ソフィア文庫
島沢優子（2014）『桜宮高校バスケット部体罰事件の真実——そして少年は死ぬことに決めた』、朝日新聞出版
ローラン・ジャウイ、リオネル・ロッソ（2015）『ハリルホジッチ勝利のスパイラル』、楜澤美香（訳）、日本文芸社
フィル・ジャクソン、ヒュー・ディールハンティー（1997）『シカゴ・ブルズ勝利への意識革命』、中尾真子（訳）、PHP研究所
————（2014）『イレブンリングス——勝利の神髄』、佐良土茂樹、佐良土賢樹（訳）スタジオタッククリエイティブ
マイク・シャシェフスキー、ジェイミー・K. スパトラ（2011）『コーチKのバスケットボール勝利哲学』、島本和彦（監修）、佐良土茂樹（訳）、イースト・プレス
マイク・シャシェフスキー、ジェイミー・K. スパトラ（2012）『ゴールドスタンダード——世界一のチームを作ったコーチKの哲学』、佐良土茂樹（訳）、スタジオタッククリエイティブ
上智学院新カトリック大事典編纂委員会（編）（1998）『新カトリック大事典 第2巻』、

研究社
マット・ズウォリンスキー、ディヴィッド・シュミッツ（2015）「環境徳倫理学」、佐良土茂樹（訳）、ダニエル・C・ラッセル（編）、『ケンブリッジ・コンパニオン　徳倫理学』、春秋社、pp. 339-366
杉岡良彦（2019）『医学とはどのような学問か――医学概論・医学哲学講義』、春秋社
図子浩二（2014）「コーチングモデルと体育系大学で行うべき一般コーチング学の内容」、『コーチング学研究』第 27 巻第 2 号、pp. 149-161
鈴木俊隆（2012）『禅マインドビギナーズ・マインド』、松永太郎（訳）、サンガ新書
鈴木良和（2017）『バスケットボールの教科書 4――指導者の哲学と美学』、ベースボール・マガジン社
スポーツ指導者の資質能力向上のための有識者会議（2013）『スポーツ指導者の資質能力向上のための有識者会議（タスクフォース）報告書』、文部科学省 https://www.mext.go.jp/b_menu/shingi/chousa/sports/017/toushin/__icsFiles/afieldfile/2014/06/12/1337250_01.pdf（2021 年 2 月 25 日閲覧）
関根正美（2013）「体罰の温床――勝利至上主義とフェアプレイの狭間」、『体育科教育』第 61 巻第 11 号、pp. 38-41
高橋久一郎（2005）『アリストテレス――何が人間の行為を説明するのか？』、NHK 出版
M・チクセントミハイ（1996）『フロー体験 喜びの現象学』、今村浩明（訳）、世界思想社
茶谷直人（2019）『アリストテレスと目的論――自然・魂・幸福』、晃洋書房
ディオゲネス・ラエルティオス（1984）『ギリシア哲学者列伝（上）』、加来彰俊（訳）、岩波文庫
――――（1989）『ギリシア哲学者列伝（中）』、加来彰俊（訳）、岩波文庫
堂園俊彦（2018）「義務論」、赤林朗、児玉聡（編）、『入門・倫理学』、勁草書房、pp. 105-127
シェリル・ベルクマン・ドゥルー（2012）『スポーツ哲学の入門――スポーツの本質と倫理的諸問題』、川谷茂樹（訳）、ナカニシヤ出版
戸田山和久（2012）「はじめに」、黒田光太郎、戸田山和久、伊勢田哲治（編）、『誇り高い技術者になろう――工学倫理ノススメ』、第二版、名古屋大学出版会、pp. i-ix
苫野一徳（2013）『勉強するのは何のため？――僕らの「答え」のつくり方』、日本評論社
中島義道（2015）『差別感情の哲学』、講談社学術文庫
新村出（編）（2018）『広辞苑』、第七版、岩波書店
西垣悦代（2015）「コーチングおよびコーチング心理学とは何か」、西垣悦代、堀正、原口佳典（編）、『コーチング心理学概論』、ナカニシヤ出版、pp. 3-27
西村泰彦（2014）「工芸がわかる」、板倉聖哲、石川九楊、今井敦、西村泰康（監修・

著者)、『故宮——流転の名品を知る 美を見極める』、NHK 出版、pp. 86-97
日本サッカー協会 技術委員会テクニカルハウス（編）（2015）『合言葉は Players First!!』、公益財団法人日本サッカー協会
日本バスケットボール協会（2014）『バスケットボール指導教本　上巻　改訂版』、大修館書店
————（2018）『マンツーマン推進の運用における一部変更およびリーフレット第 3 版の発行について』、http://www.japanbasketball.jp/training-news/43417（2018 年 7 月 20 日参照）
日本バレーボール協会（編）(2017)『コーチングバレーボール：基礎編』、大修館書店
マーサ・ヌスバウム(2015)「相対的ではない徳」、渡辺邦夫(訳)、加藤尚武、児玉聡(編・監訳)、『徳倫理学基本論文集』、勁草書房、pp. 105-149
野中郁次郎、紺野登（2007）『美徳の経営』、NTT出版
野々村直通（2013）『強育論——悩める大人たちに告ぐ！「いじめの芽を摘む」特効薬』、講談社
野村克也（2009）『野村ノート』、小学館文庫
ジョナサン・ハイト（2011）『しあわせ仮説——古代の知恵と現代科学の知恵』藤澤隆史、藤澤玲子（訳）、新曜社
エドウィン・ハートマン（2015）「ビジネス倫理に対する徳倫理学的アプローチ」、佐良土茂樹、稲村一隆（訳）、ダニエル・C・ラッセル（編）、『ケンブリッジ・コンパニオン　徳倫理学』、春秋社、pp. 367-403
ロザリンド・ハーストハウス（2014）『徳倫理学について』、土橋茂樹（訳）、知泉書館
花本金吾、野村恵造、林龍次郎（編）（2008）『オーレックス英和辞典』、旺文社
羽生善治（2011）『大局観』、角川新書
————（2013）『捨てる力』、PHP新書
————（2016）『迷いながら、強くなる』、三笠書房
M. F. バーニェト（1986）「アリストテレスと善き人への学び」、神崎繁（訳）、井上忠、山本魏（編訳）、『ギリシア哲学の最前線2』、東京大学出版会、pp. 86-121
美術手帖編集部（2014）『美術手帖 7 月号増刊 特集 台北 國立故宮博物院』、美術出版社
トム・ビーチャム、ジェームズ・チルドレス（2009）『生命医学倫理 第五版』、立木教夫、足立智孝（監訳）、麗澤大学出版会
ヒポクラテス（1963）『古い医術について：他八篇』、小川政恭（訳）、岩波文庫
HUMAN RIGHTS WATCH（2020）「「数え切れないほど叩かれて」日本のスポーツにおける子どもの虐待」、https://www.hrw.org/sites/default/files/media_2020/07/japan0720jp_web.pdf（2020 年 8 月 1 日閲覧）
平井伯昌（2008）『見抜く力——夢を叶えるコーチング』、幻冬舎新書
平野裕一、土屋裕睦、荒井弘和（共編）（2019）『グッドコーチになるためのココロエ：Web アシスト付』、培風館

藤木麻祐子（2020）「“人”を育む　第33回」、『コーチング・クリニック』第34巻第10号、ベースボール・マガジン社、pp. 48-51
プラトン（1967a）『パイドロス』、藤沢令夫（訳）、岩波文庫
――――（1967b）『ゴルギアス』加来彰俊（訳）、岩波文庫
――――（1979a）『国家（上）』、藤沢令夫（訳）、岩波書店
――――（1979b）『国家（下）』、藤沢令夫（訳）、岩波書店
――――（1992）『第七書簡』、内山勝利（訳）、R. S. ブラック、『プラトン入門』、岩波文庫
――――（1998）『ソクラテスの弁明・クリトン』、三嶋輝夫、田中享英（訳）、講談社学術文庫
――――（2010）『プロタゴラス――あるソフィストとの対話』、中澤務（訳）、光文社古典新訳文庫
ヘロドトス（2007）『歴史（上）』、改版、松平千秋（訳）、岩波文庫
ジェレミー・ベンサム（1967）『道徳および立法の諸原理序説』、山下重一（訳）、『世界の名著　第38巻』、中央公論社
ホメロス（1992）『イリアス（上）』、松平千秋（訳）、岩波文庫
本間正人、松瀬理保（2006）『コーチング入門 第2版』、日経文庫
ニッコロ・マキアヴェッリ（1998）『君主論』、河島英昭（訳）、岩波文庫
松井秀喜（2007）『不動心』、新潮文庫
――――（2016）『エキストラ・イニングス――僕の野球論』、文春文庫
アラスデア・マッキンタイア（1993）『美徳なき時代』、篠崎榮（訳）、みすず書房
レイナー・マートン（2013）『スポーツ・コーチング学――指導理念からフィジカルトレーニングまで：カラー版』、大森俊夫、山田茂（監訳）、西村書店
三木清（1978）『人生論ノート』、新潮文庫
J. S. ミル（2010）『功利主義』、川名雄一郎、山本圭一郎（訳）、『功利主義論集』、京都大学学術出版会
元永知宏（2017）『殴られて野球はうまくなる⁉』、講談社＋α文庫
――――（2020）『野球と暴力』、イースト・プレス
守屋淳（2020）『『論語』がわかれば日本がわかる』、ちくま新書
吉井理人（2018a）『吉井理人コーチング論――教えないから若手が育つ』、徳間書店
――――（2018b）『最高のコーチは、教えない。』、ディスカヴァー・トゥエンティワン
吉田輝幸（2015）『吉田基準――価値を高め続ける吉田カバンの仕事術』、高井尚之（構成）、日本実業出版社
カタジナ・デ・ラザリ＝ラデク、ピーター・シンガー（2018）『功利主義とは何か』、森村進、森村たまき（訳）、岩波書店
ダニエル・C・ラッセル（編）（2015a）『ケンブリッジ・コンパニオン　徳倫理学』、立花幸司（監訳）、春秋社

――――（2015b）「徳倫理・幸福・善き生」、相澤康隆（訳）、ダニエル・C・ラッセル（編）、『ケンブリッジ・コンパニオン　徳倫理学』、春秋社、pp. 13-47
ローランド・レイゼンビー（2016）『ジョーダン――父さん。僕の人生をどう思う?』、佐良土茂樹、佐良土賢樹（訳）、東邦出版

欧文文献

Côté, Jean and Gilbert, Wade (2009) "An Integrative Definition of Coaching Effectiveness and Expertise", *International Journal of Sports Science and Coaching*, 4, pp. 307-322

Crisp, Roger (2014) *Aristotle: Nicomachean Ethics*, Revised Edition, Cambridge University Press

Federation Internationale De Basketball (2020) *Official Basketball Rules 2020*, http://www.fiba.basketball/documents/official-basketball-rules-yellow/2020.pdf (accessed 2021-2-11)

Gilbert, Wade and Côté, Jean (2013), "Defining Coaching Effectiveness: A Focus on Coaches' Knowledge", Paul Potrac, Wade Gilbert, and Jim Denison (eds.), *Routledge Handbook of Sports Coaching*, Routledge, pp. 147-159

Hornby, Albert Sydney (1995) *Oxford Advanced Learner's Dictionary of Current English*, 5th Edition, Oxford University Press

International Council for Coaching Excellence, Association of Summer Olympic International Federations, and Leeds Beckett University (2013), *International Sport Coaching Framework*, Version 1.2, Human Kinetics

Irwin, Terence (2019) *Aristotle: Nicomachean Ethics*, Third Edition, Hackett

Knudson, Duane (2013), *Qualitative Diagnosis of Human Movement: Improving Performance in Sport and Exercise*, Human Kinetics

Krzyzewski, Mike and Phillips, Donald T. (2004) *Leading with the Heart: Coach K's Successful Strategies for Basketball, Business, and Life*, reissued edition, Grand Central Publishing

Lara-Bercial, Sergio, North, Julian, Hämäläinen, Kirsi, Oltmanns, Klaus, Minkhorst, Jan and Petrovic, Ladislav (2017) *European Sport Coaching Framework*, CoachLearn, http://www.coachlearn.eu/_assets/files/project_documents/european-sport-coaching-framework.pdf (accessed 2017-7-11)

Pellegrino, Edmund D. and Thomasma, David C. (1993), *The Virtues in Medical Practice*, Oxford University Press

Quinn, Aaron (2018), *Virtue Ethics and Professional Journalism*, Springer

Richardson Lear, Gabriel (2006) "Aristotle on Moral Virtue and the Fine", Richard Kraut (ed.), *The Blackwell Guide to Aristotle's Nicomachean Ethics*, Blackwell, pp.116-136

Standal, Øyvind Førland and Hemmestad, Liv B. (2011) "Becoming a Good Coach: Coaching and Phronesis", Alun R. Hardman and Carwyn Jones (eds.), *The Ethics of Sports Coaching*, Routledge, pp. 45-55

［著者］佐良土茂樹（さろうど・しげき）
1981年神奈川県生まれ。日本体育大学体育学部准教授。上智大学大学院哲学研究科博士後期課程満期退学。博士（哲学）。専門はコーチング学、古代ギリシア哲学。現在、日本バスケットボール協会では指導者養成部会ワーキンググループメンバーとして、日本スポーツ協会ではコーチトレーナーとして活動している。主な著作に『グッドコーチになるためのココロエ』（共著、培風館）、主な訳書にM・シャシェフスキー、J・K・スパトラ『コーチKのバスケットボール勝利哲学』（イースト・プレス）やD・C・ラッセル編『ケンブリッジ・コンパニオン　徳倫理学』（共訳、春秋社）、主な論文に「「コーチング哲学」の基礎づけ」（『体育学研究』第63巻第2号）がある。

コーチングの哲学
スポーツと美徳

2021年3月15日　第1刷印刷
2021年4月 1 日　第1刷発行

著者——佐良土茂樹

発行者——清水一人
発行所——青土社

〒101－0051　東京都千代田区神田神保町1-29　市瀬ビル
［電話］03-3291-9831（編集）　03-3294-7829（営業）
［振替］00190-7-192955

組版——フレックスアート
印刷・製本——シナノ印刷

装幀——大倉真一郎

ISBN978-4-7917-7372-5　C0075